中野高行　著

古代国家成立と国際的契機

同成社　古代史選書　25

目　次

序　章　問題の所在……1
一　明治維新と「国際的契機」　1
二　律令制国家成立と「国際的契機」　5
三　「国家」の定義　9
四　『日本書紀』に対する考え方　11
五　「王権」および「専制主義」　15
六　「世界帝国」論および「帝国性」　17
第一章　天智朝の帝国性と東アジア情勢……25
本章の課題　25
一　倭国内の「百済王権」　26
二　「小高句麗国」　29
三　「東夷の小帝国」論と「帝国性」概念について　34
四　天皇号の成立　36
五　天智朝の内面的構造　37

六 『書紀』の史料的背景について 46
七 高宗・武則天期の東アジア情勢―「小百済国」・「小高句麗国」・無上可汗・渤海建国― 49
第二章 日本国号の成立……67
一 日本国号研究の問題点 67
二 『百済本記』 70
三 『禰軍墓誌』 71
四 『日本世記』 72
五 第一回渤海国使がもたらした王啓 73
六 日本国号の変更時期 75
第三章 加耶諸国滅亡と吉備……83
一 日・唐・羅の帝国構造 83
二 加耶諸国の滅亡と編戸・屯倉と「任那の調」 84
三 吉備と漢氏 86
四 白猪屯倉・児島屯倉設置の史的意義 89
第四章 加耶諸国滅亡と上毛野・東北……97
一 古墳時代の上毛野 97

二　上毛野における朝鮮半島系移住民（渡来人）　104
三　東北地方の古墳文化　111
四　背景としての継体朝　117
付　論　榛名山二ツ岳と浅間山天明三年の噴火……125
一　六世紀前半期における榛名山二ツ岳噴火　125
二　天明の浅間山大噴火　132
第五章　舒明朝―遣唐使・百済大宮・八角形墳―……141
一　蘇我本宗家討滅の背景―大王権力を脅かす蘇我氏の支配体制―　141
二　ヤマト王権の宮都・寺院造営　144
三　八角形墳　149
四　天命思想　151
五　ヤマト王権の中華的変貌の背景　153
第六章　皇極朝～孝徳朝―百済大乱・中華的王権・阿倍氏・「大化改新」―……159
一　百済大乱　159
二　諸氏族を超越しようとする大王家の指向　162
三　ヤマト王権の近衛軍的軍事力　169

四　「大化改新」について　172

第七章　斉明朝―百済滅亡・「興事」・蝦夷―……189

一　百済滅亡　189

二　「興事」（飛鳥京周辺の整備事業）　194

三　漏刻設置の歴史的意義　201

四　蝦夷征討と斉明朝倭国の〈小中華世界〉　203

第八章　天皇号成立と中国・朝鮮の祭天思想……211

本章の課題　211

一　推古朝における倭王と「天」の関係　212

二　「阿輩雞弥」「阿毎多利思比孤」「天児」「天子」「天王」　215

三　「スメラミコト」の成立　224

四　「天皇」号の成立　226

五　天皇号成立の背景　231

結　語　235

第九章　天武・持統朝……253

一　飛鳥浄御原令の性格　253

二　天武朝における鸕野讃良皇后の再検討　255
三　壬申の乱の史的意義　260
四　天武・持統朝の歴史的意義　262
終　章　総　括……269
一　「天智系」・「天武系」の再検討　269
二　日本古代国家成立過程と「国際的契機」「帝国性」　275
初出一覧
あとがき
索　引

古代国家成立と国際的契機

序章　問題の所在

一　明治維新と「国際的契機」

石母田正は、古代国家成立史において対外関係が契機になるという歴史的特質に注目した。[1]「対外関係という一つの契機が一国の内政に転化してゆき、また逆に内政が対外関係を規定する基礎となるという相互関係と不可分の統一を[2]」、古代国家の諸段階についてあきらかにする必要がある。従来の「対外交渉史」や「外交史」が内政と外政を単純に分離してきたために醸成されてきた伝統的な思考方法を克服すべきとの問題意識をもった石母田は、対外関係や外交が「内政とは区別された別個の性質をもち、独自の領域を形成しており、内政から相対的に独立した契機であること[3]」を正しく評価すべきであると主張する。

石母田の提言は古代国家成立史に関してのものだが、国家体制や社会組織が大きく転換する契機の一つに対外関係があることは汎時代的な特徴である。日本史における別の事例として明治維新をみてみよう。

明治維新は二重の意味で日本史の転換点である。一つは、いうまでもなく、徳川将軍の江戸幕府による支配（幕藩体制）が終焉し、天皇をいただく明治維新政府による支配がはじまったという画期である。いま一つは、八世紀の律令制国家から続いていた中華帝国の制度を基盤とした日本独自の政治体制（前近代国家）が終焉し、欧米型の法体系や政治制度による統治体制（近代国家）がはじまったという画期である。

このような重大な変化の背景や要因は一言でいい表せられるものではない。しかし以下に述べるように、明治維新政府の成立要因を旧体制の打倒過程である戊辰戦争にみるのではなく、ペリーの来航や日米修好通商条約締結後の自由貿易・領事裁判権などによる政治的経済的な矛盾にみるのが一般的である。

まず芝原拓自氏の所説を引用する。

このような短期間の激動を規定した要因は、もちろん一様ではない。明治維新が、日本人みずからの力で実現した数少ない歴史的大変革であったという意味においても、幕藩体制下に累積された、国内における変革の客観的かつ主体的な諸条件の成熟として、明治維新をとらえなければならないことはいうまでもない。変革の推進主体は、それまでのわが国の歴史のみが具体的に与えるほかはないからである。

けれども、その変革のプロセスを促進させ、変革の各段階の歴史的課題をそれぞれ制約し、政争の具体的様相や大義名分のあり方を規定するうえで、明治維新のばあい、アジアと日本をめぐるまったく新しい国際的要因の決定的な意義が、とくに強調されなければなるまい。一八五〇年代以降、いまだアジアの東海上に「鎖国」していたわが封建小国が、突如として先進資本主義列強との従属的な外交関係を強いられ、近代的大工業が支配する世界市場の底辺にくみこまれたという背景こそ、維新変革の基本的な契機でさえある。

それ以前にも、幕藩封建制の弛緩や解体傾向、それと表裏をなす資本主義的諸関係の萌芽や政治改革の端緒をしめす徴候は、もちろん存在した。しかしながら、「黒船」の渡来なくして、幕藩体制が一九世紀の六〇年代に倒壊したなどと仮定することは、まったく不可能なことである。(4)

日本人自らの力で実現した歴史的変革である明治維新は、幕藩体制下で累積された諸条件の成熟としてとらえられなければならない。しかし、変革のプロセスを促進させ各段階の歴史的課題を制約し具体的諸相を規定するうえで、アジアと日本をめぐる国際的要因が決定的な意義をもっていた。「封建小国」だった日本が先進資本主義列強から従属的外交関係を強いられ、近代的大工業が支配する世界市場の底辺に組み込まれたという世界史的背景が「維新変革の基本的な契機」なのである。幕藩体制が醸成してきた諸矛盾や独自の資本主義的諸関係の萌芽を認めつつも、明治維新の根本的な契機は〈「黒船」の渡来〉という対外的契機だったのである。(5)

次に、日本の歴史的事項に関する代表的な解説として『国史大事典』の該当項目（田中彰執筆）を引用する。

維新変革を「外から」規定した外圧と、幕藩体制を「内から」、そして「下から」つき崩し、倒壊せしめたエネルギー、およびそうした状況の中で明治天皇制国家を「上から」創出・形成した力が、構造的に結合して作動し、旧体制の温存と新体制の創出とが重層的かつ「非連続の連続」という形で展開したところに特質がある。(6)（中略）。中・下層武士や知識人、あるいは地主・豪農商層の一部は、外圧の危機感の中で急速に民族的自覚を促され、政治運動へと走った。（中略）「上から」の力は、（中略）明治天皇制国家を創出・形成する力を指し、討幕派―維新官僚―天皇制政治家という系譜をもつ勢力をいう。彼らは当初は西南雄藩という旧勢力に拠りつつ、次第に上昇・転回して「朝臣」化し、「朝臣」化することによって天皇中心のイデオロギーのもとで欧米の近代的国家にならいながら、中央集権的な近代官僚機構を整備し、天皇をその権力の中核にすえて絶対化し、明治天皇制国家を創出・形成し、やがて確立していったのである。(7)

明治維新を二期に分け、第一期は「ペリー来航」からはじまる。(8)

田中は維新変革の背景として①「外から」の〈外圧〉、②「内から」と「下から」崩壊させた〈エネルギー〉、③明

表1　明治維新関連事件略年表

年月日	事　項	
1853年　7月	ペリー来航	
1863年　8月	薩英戦争	
1864年　8月	四国連合艦隊下関攻撃	
1867年11月9日	大政奉還	
1867年11月9日	討幕の密勅	
1868年　1月	王政復古の大号令	
1868年　1月	鳥羽・伏見の戦い	戊辰戦争
1869年　6月	箱館戦争	戊辰戦争

註　「年月日」は新暦（西洋暦）。

治天皇制国家を「上から」創出・形成した〈力〉を指摘している。具体的に①は列強資本主義、②は民族的自覚を促された中・下層武士・知識人・地主・豪農商層の一部の政治運動、③は討幕派—維新官僚—天皇制政治家という系譜をもつ勢力を指す。しかし明治維新は、「黒船」来航とそれ以降における日本の歴史的変革であり、世界資本主義の法則がアジア的状況のなかで日本に貫かれる一方、それに対する日本の対応＝変革の発現形態として捉えることができる以上、その最も根源的な契機は〈「黒船」来航〉という対外的契機に求められる。田中が明治維新を二期に分けた時、第一期を「ペリー来航」からはじめたのは右のような明治維新の歴史的背景を考慮すれば当然のことであった[9]。「ペリー来航」から明治維新政府樹立までの主要な事象を整理してみると表1のようになる。

これをみてみると、「日本列島外からの政治的・軍事的圧力」という意味での対外的契機は「ペリー来航」だけではない。むしろ激しい戦闘と人的・物的被害を伴った「四国艦隊下関砲撃事件」や「薩英戦争」の方が衝撃的といえるかも知れない。しかし、日本社会の大変革を引き起こした「国際的契機」を考える時、それは可視的な被害の深刻さや物理的衝撃の多寡ではなく、日本国外の大きな社会・経済のうねりが日本国内に影響を及ぼしたという特質が重要である。その意味で、高度に産業化した欧米列強が惹起した資本主義的巨大波動が日本に襲来した「ペリー来航」こそが対外的契機として特筆されるべきなのである。

明治維新の歴史的背景や要因について、幕藩体制下における諸矛盾や日本固有の資本主義的諸関係の萌芽、民族的自覚に覚醒した一般国民の政治運動などを認めつつも、基本的にその主たる要因を〈「黒船」の渡来・来航〉という対外的契機に求める分析視点は最近の諸研究においても継承されている[10]。

二　律令制国家成立と「国際的契機」

本書の課題である日本古代国家成立過程における対外的契機に関する石母田の視点について考察する。石母田が注目しているのは、律令制国家成立以前では「推古朝」（『日本の古代国家』第一章第二節）と「大化改新」（同第三節）である[11]。

まず、冠位十二階・天皇号・十七条憲法・国史（天皇記と国記）など推古朝における諸改革について、国際的諸関係を一つの重要な契機として実施されたとする。

大化改新については、改新の前年末から開始された唐の太宗による大規模な高句麗征討が倭国の政変の背景にあるとの認識が、明治時代の歴史家によってもたれた。対朝鮮政策をめぐる支配層の不統一という課題を抱えていた倭国では、いかなる権力集中の形態を取るのかが課題となっていた。石母田は推古朝に関する考察のなかで、朝鮮三国の権力集中の諸類型を比較分析する。新羅型の権力集中の基礎である「和白」（全会一致による合議制度[12]）は宗教的伝統によって権威づけられていたために新羅型のもつ諸矛盾を緩和していた。一方、高句麗型は淵（泉）蓋蘇文の独裁が孤立していた弱さをもち、百済型は後半期の義慈王の権力が専制君主独特の頽廃を伴い道義的基礎が薄弱だったため、朝鮮三国間では新羅が優越を獲得したのである。このような分析にもとづいて石母田は、倭国には新羅型の和白が欠けていたため、高句麗型の方向のみが残されていたとする。

高句麗型の統一を志向したのかどうかは不明だが、蘇我本宗家が権力集中を図ったのは自然のことであった。和白のような伝統的・宗教的基礎をもった合議体がない倭国では、①「国家」という新機構の創出により群卿・大夫層を編成して権力基盤を拡大するか、②大臣個人によるむきだしの専制支配の道をとるかの選択を迫られていた。蘇我氏には②の道しか残されておらず、山背大兄王襲撃事件は高句麗型専制の到来を予告したものであった。

これに対して、支配層が内部矛盾から解体しないために、階級としての共同利害を貫徹するのに必要な機構としての「国家」を創出することを目指した勢力が発生し、大化改新における権力核を形成していった。改新政府は新羅を媒介として親唐路線をとることにより、蘇我本宗家専制による対外関係の不統一を解消した。外交課題を打開した改新政府は、施策の重点を置いていた国内政治の改革にのりだすことができた。

「推古朝」と「大化改新」にメルクマールを設定した石母田が、つぎのメルクマールとして注目するのは「天平期」(『日本の古代国家』第一章第四節)である。しかし私見では、古代国家成立の核心は天智朝にある。石母田は天智朝を「過渡期」(同第三章第一節)と設定し、天武・持統朝に東洋的専制国家の成立をみている(同第二節・第三節)。天皇制と太政官の先駆的形態の成立を天武・持統朝にみるとしても、最も原初的な萌芽は天智朝に発生したとみるべきである。

石母田は、改新には事前にプランとプログラムが周到に準備されていたとし、この点において改新がたんなるクーデタや政変とは区別される証左とする。[13] この指摘は妥当であるが、律令制国家の成立に最も大きな影響を与えた国際的契機は白村江の戦いであり、効果的な諸改革は天智朝からはじまり天武・持統朝で根幹部分が完成したと考える。

ところで学説史的には、大化改新についての厳しい史料批判が展開される一方、[14] 壬申の乱の史的意義に注目するのが近年の動向であった。

昭和二十六年（一九五一）十一月の史学会大会での井上光貞報告「大化改新詔の信憑性」を端緒に開始された郡評論争は「改新之詔」に対する厳密な史料批判の必要性を痛感させた。井上は『日本古代国家の研究』（一九六五年一一月）のなかで、「改新之詔」の原詔を探求し、古代国家形成過程における固有法的世界と中国の律令法の受容の実態を析出しようと試みた。昭和三十八年十一月の読史会大会における岸俊男報告「造籍と大化改新詔」は、八世紀の戸籍の淵源をさかのぼることで「改新之詔」の戸籍規定を論じ、大化二年造籍と白雉三年造籍に疑問を呈した。

このような一連の研究動向のなかで、昭和三十九―四十四年、日本史研究会古代史部会を基盤として門脇禎二・原秀三郎両氏らによって大化改新論批判が提起された。原氏は、昭和三九年九月に日本史研究会古代史部会で「公民の成立―民部・家部を中心として」、同年十一月の読史会大会で「民部・家部論」を口頭報告した。日本史研究会古代史部会は昭和四十一・四十二年の大会で「大化改新」を論ずる報告を行った。門脇禎二『「大化改新」論―その前史の研究』（昭和四十四年四月）において、乙巳《いっし》年の政変の前史としての七世紀前半政治史の再検討から既成の大化改新像を批判した。原氏は大化改新批判を基盤にした律令制国家成立過程に関する研究を『日本古代国家史研究』（昭和五十五年一月）として公表した。原氏の研究のなかでは、大化期〜天武朝の諸詔に対して厳しい批判が施され、各詔のもつ意味を再検討した結果、並べ替えられる（再編年される）こととなった。

律令制国家の基盤が整備される重要な画期とされてきた「大化改新」は、根拠史料に対する厳しい批判により、その史的意義が大きく動揺した。一方で吉田孝氏は次のように述べ、律令制国家成立の基礎にある古代官僚制の成立契機は乙巳の変ではなく、壬申の乱であるとする。

飛鳥の宮中のクーデター（乙巳の変）によっては、朝廷の構成する畿内の大豪族たちの権力は揺るがなかった。壬申の乱によって近江朝廷が瓦解し、畿内の大豪族の権威と権力が失墜したことによって、はじめて本格的な古代官僚制への道が開かれた[15]。

律令制国家成立過程において最も重要な確立期における為政者層の権力闘争として壬申の乱が重大な史的意義を有しているとの判断に誤りはないと思われる。しかし、この権力闘争を詳細にみてみると、一部の地方豪族が関与してはいるが基本的にヤマト王権の構成員が主たる関係者であり、軍事的展開もヤマトとその周辺（美濃国・近江国・伊勢国・伊賀国）に限定されている。前節で概観した明治維新期における下級武士・知識人・豪農などの広範な政治運動や戊辰戦争における戦闘地域の広がり（鳥羽・伏見〜会津〜箱館）とは面的にも量的にも比ぶべくもない。また内乱という観点からみるならば、東西両軍であわせて二〇〜三〇万人ともいわれる応仁の乱と比較しても、関係した兵力や影響範囲においてきわめて限定されたものといわざるをえない。

壬申の乱に比して、唐軍一三万・新羅軍五万[16]の大軍に数万人規模と思われる倭・百済連合軍[17]が激突した白村江の戦いは動員兵力の面においてはるかに大規模であり、西日本の諸豪族の兵力が参加したため、倭国社会への影響は甚大であった。

ところで、律令制度の成立過程についても天智朝における近江令は存在自体が否定され、初源的法典としては飛鳥浄御原令が確実とされている。大宝律令制定に先立つ律令的施策や規定については、天武・持統朝や浄御原令が重視されている。しかし、確実な諸氏族統制である甲子の宣（天智三年）、日本最古の全国的造籍である庚午年籍（天智九年）など、天智朝における先行的施策・法令は看過できない。庚午年籍については造籍のための公的規定（依拠法）の存在が不可欠であり、戸令を想定することが自然である。付随して、田令・賦役令などを想定できるのであれば、部分的ながら令が存在したことになる。

律令制国家成立の直接的な要因は壬申の乱ではなく、白村江の戦いとするべきであり、最も重要な揺籃期は天武・

持統朝ではなく、天智朝と考えるべきである。

三　「国家」の定義

本書が「日本古代国家」の成立過程を論ずる以上、「国家」の概念規定をする必要がある。法学上（ドイツの法学者G・イェリネックの学説）では、「国家」は領土・国民・主権の三要素をその承認要件とする。社会学的にはM・ヴェーバーの、警察・軍隊などの暴力手段の合法的独占と、官僚・議員など統治組織の維持を職業とする専門家により構成される政治的共同体であること、という二点が指標となる。

近年の国家論では歴史学のみならず、文化人類学や考古学における論争も盛んである。日本古代史においては、首長制論をめぐる鈴木靖民氏(18)と都出比呂志氏(19)による論争が注目される。鈴木氏は、二・三世紀を首長制社会の形成期、五・六世紀を倭王権中心の円錐クラン（序列社会）による統一首長国（首長国連合）の成立期、七世紀前半には統一首長国の確立期とみたうえで、同後葉に古代国家が成立するとする。これに対し都出氏は、弥生時代を首長制社会、邪馬台国～古墳時代を初期国家、七世紀以降を成熟国家（確立期の国家）の三段階に区分した。

首長制概念は、そもそも文化人類学の世界で使われた用語であり、E・サービスやM・サーリンズらは、社会進化の諸段階として「バンド社会」「部族社会」「首長制社会」「原初国家」の四段階を設定した。つまり、それは「人類社会一般に普遍化しうる社会進化の諸段階として考えられたもの」であり、首長制はチーフダム（chiefdom）とも表現される(20)。

石母田正の記述では「首長制—王制—王権」「首長制またはアジア的共同体」「共同体を代表する原始的首長制」「原

始共同体＝首長制」「アジア的首長制という生産関係」「首長制の生産関係は総体的奴隷制」などの意味で使用されており、「原始共同体」「原始首長制」「首長制」の三つの段階がすべて首長制概念で一括され、このうち原始共同体を除いた後半の二段階を「総体的奴隷制」と説明したのである。[21] 石母田は、K・マルクス『資本制生産に先行する諸形態』のドイツ語原文の正しい訳語としては使用できなくなった「総体的奴隷制」に替わる概念として首長制をあてはめようとしたと推測されるので、この「首長制」は石母田が全く新たな意味内容をこめて創造した概念と考えるべきものであった。[22]

鈴木氏は、日本の古代氏族に「円錐クラン（祖先を共有すると信じる出自集団の結合体）」と共通する要素を見出し、「互酬性」を示す社会現象が奈良時代にも認めうるとして、奈良時代までが首長制社会であり、古代国家の確立期は九世紀（平安時代前期）とするが[23]、都出氏は賛成できないとする。[24]

ところで首長制に関する近年の研究動向を概観すると、ポリネシアの首長制社会の多様性を論じたP・カーチ[25]などにより単系的な段階発展論は脱却され、首長制社会の多様性を明らかにする方向性が主流となる。またN・ヨッフィーは首長制社会は国家へ進化する前段階ではなく、「首長制社会」「国家」「部族社会」のいずれも社会進化の結果であり並置されるものであるとする。[26] 段階発展論を否定する立場から、近年はこうした論への支持が増えている、と石村智氏は指摘している。[27]

石母田以来の首長制論が文化人類学から首長という概念だけを借りてきたとする鈴木・都出両氏の批判は首肯できるが、文化人類学の首長制論自体が変質しており、歴史学における国家成立史研究に援用するには配慮が必要である。そもそも国家形成の観点から首長制を論じた研究のほとんどは考古学の側からなされたものであり、文化人類学側の動向は低調[28]という指摘もある。考古学においては、弥生時代と古墳時代が首長制に相当するとする説と、古墳前期以降を首長制から国家への過渡期である「初期国家」段階と規定し、弥生時代を首長制社会とする都出氏説が優勢のようである[29]。ただ首長制社会論の批判的継承にあたっては、「円錐クラン」による社会統合の原理と「互酬[30]」ないし「再配分」にもとづく経済原理を、考古学的にどのように見きわめていくかが課題だという滝沢修氏の指摘もある。

以上のように国家の定義は容易ではないが、都出氏の指標を援用することにより、国家の形成過程を考察する際の指標は設定できるように思う。都出氏は、以下の五点を国家形成の指標として提示している[31]。

①階級関係

②余剰の存否

③権力の形態と内容

④社会統合の原理

⑤物資流通

この五点はいずれも日本古代史研究の重要なテーマであり、すべてについて詳述することは困難である。本書の主要テーマである「国際的契機」との関連性が高い③〜⑤の三点にとくに注目して考察していくことにする。

四　『日本書紀』に対する考え方

本書は、日本古代国家成立過程について主に国際的契機に注目して考察する。その際、該当時期の日本側の基本史料である『日本書紀』（以下、『書紀』）を用いるが、行論に先立ち『書紀』に対する考え方を述べておきたい。

①『書紀』編纂による正史の成立

『書紀』には、『天皇記』など数多くの歴史書が乙巳の変の時に失われる一方、『国記』は難を逃れ中大兄皇子に献上されたとあるが、ともに現存しない。当時、諸家に伝えられていた「帝紀及本辞（旧辞）」には虚実が加えられはじめていたため、『天皇記』や焼亡してしまった『国記』に代わる『古事記』や『日本書紀』の編纂が天武天皇の命により行われている。

このような正史編纂の過程で、王権から正当性を認定された〈国史〉以外は必要がなくなり、むしろ異伝・別伝として排除されるべき存在となった。焼失したとされる『天皇記』はともかく、『国記』「帝紀及本辞（旧辞）」は諸家で所有することが許されず、これらの史書が後世に伝えられる事はなかったのではないだろうか。

② 『書紀』講筵による後世での反復

『書紀』は『古事記』と異なり、歌謡部分を除きおおむね当時の東アジア世界における〈国際標準〉である純粋漢文をもって叙述されているため、[32]そのままでは日本人にとってはきわめて読みづらいものであった。そこで完成の翌年である養老五年（七二一）には早くも『書紀』についての解説が実施された。漢文の素養のある講師が貴族たちを前にして公的に講義を行った。これは書紀講筵《こうえん》と呼ばれ、紀伝道などの歴史に通じた学者が博士・都講・尚復などに任命され、数年にわたって『書紀』全三〇巻を解説した。代々の講筵の記録は聴講者の手によって、開催された年次を冠する私記（年次私記）の形でまとめられるとともに、『書紀』の古写本の訓点（書紀古訓）として取り入れられた。長期にわたる大規模な行事であったために、ほぼ三〇年おきに一回開催され、尚復を務めた者が次回の博士・都講を務めるのが慣例であった。また、出席者も太政大臣以下の公卿や官人が出席して熱心な講義・意見交換が行われたとされている。[33]

『書紀』は、『漢書』『後漢書』など中国正史の帝紀の形式に倣って記述され、神話伝承には天皇の日本支配の正統性が述べられているなど、読み手が想定されていたと考えられる。[34]『書紀』は天武天皇についてのみ二巻で記述し、上巻は壬申の乱の記述にあてられている。壬申紀では、天智の後継者だった大友皇子の即位を認めず、勝者の立場からの作文とみられる記事も少なくない。[35]壬申の乱の叙述は、天武系の王統にとって自己の存在理由を立証するために不可欠な要素であり、勝者の側に「正義」が存したことを、具体的な戦乱の記述と織り交ぜながら描出する必要があった。[36]『書紀』には、天皇による統治や天武の権力の正統性を裏付ける政治的編纂物としての性格がある。大海人の反乱軍が「赤色を以て衣の上に着」（天武紀上、元年七月条）けたり、軍旗に赤色を用いたのは（『古事記』序）、赤帝の子と自負した漢の高祖のひそみにならったものであり、暗に自らを高祖に擬し、天智を秦の始皇帝に、大友皇子を二世皇帝にみたてたのではないかとさえいわれている。[37]壬申の乱により、天智崩御後に近江政権から権力を簒奪したことを正当化する論理は、天武以降の歴代天皇にはとくに欠かせないものであった。

『書紀』の記事中には、歴史的事実を伝える貴重なものが少なくないが、天武・持統紀における為政者の行動や、天智朝以前における政策に関する叙述に関しては慎重に検討がなされるべきである。

③『書紀』編纂者に対する注意

『書紀』の史料的特質について右のような認識にたったうえで、天智朝について再検討してみる。天智朝における諸政策について考察した本書第一章[38]での結論をまとめると、表2のようになる。

表2を通覧してみると、諸史料・諸研究が言及している天智朝の諸事績のうち、大津宮遷都から天智崩御までの時期のものの一部が『書紀』に記載されていないことが分かる。「不改常典」は「天武系」とされる天皇の一部（元明・聖武・孝謙の三天皇）で即位の根拠とされているにもかかわらず、『書紀』に具体的な記事がない。『書紀』に大友皇子即位の記事はないが、『西宮記』裏書や『扶桑略記』などは大友皇子が即位したとする。『大日本史』の大友天皇説

表2 天智朝の諸事績・諸政策

西暦	事柄	出典	天智紀への記載	分類
661年	**「倭王」に即位？**	（河内春人氏説）	△	
662年	豊璋を百済王に冊立	天智紀元年五月条	○	冊封
663年～664年	大量の亡命百済人に安置供給	天智紀四年二月是月条など	○	帰化？
664年	冠位二十六階 氏上・民部・家部等事	天智紀三年二月丁亥条（甲子の宣） 〃	○ ○	官人制 氏族制
667年	大津京？に遷都 「軍事的」畿内制を設定？	天智紀六年三月己卯条 （金田章裕氏説）	○ ×	宮都 畿内制
667年～669年	法隆寺西院伽藍建設開始？	部材の年輪年代測定	×	仏教
668年	**「天皇」に即位？** 無文銀銭 近江令制定？	（河内春人氏説） 崇福寺の三重塔心礎から出土 『藤氏家伝』大織冠伝・『弘仁格式序』	△ × ×	君主号？ 貨幣鋳造 律令
670年	庚午年籍 日本国号使用	天智紀九年二月条 『三国史記』新羅本紀・文武王十年一二月条	○ ×	戸籍 国号
671年	六官制成立？	天智紀十年正月庚子条	○	中央官制
671年？	不改常典	天智紀十年十一月丙辰条の「詔」？ 元明天皇、聖武天皇、孝謙天皇の即位詔	○？	皇位継承

註 「×」は天智紀に記述なし、「○」は天智紀に記述あり。

「△」は天智紀に記述があるが意味づけを変更している、という意味。

「無文銀銭」は、崇福寺が創建された時点に年紀を付した。

「不改常典」は、伊野部重一郎「『不改常典』小考」（『続日本紀研究』192、1977年8月）により、天智紀十年十一月丙辰条の「詔」に年紀を付した。


は幕末に通説化し、明治三年には「弘文天皇」追諡が行われた。現在では大友皇子即位否定説が大勢だが、(39)大友皇子が近江朝廷の主であり、事実上、天皇大権を有していたとみるのが自然であり、(40)天智崩御から壬申の乱開始まで大友皇子の事実上の称制だったという解釈が実態に近い(41)。大友皇子から権力を簒奪した天武とその皇親・群僚たちが編纂した『書紀』には、史料的限界がある。

水戸藩彰考館総裁だった人見野伝《ひとみやでん》による『書紀』選者舎人親王による曲筆

説（「天武紀を弁ず」『井井堂稿』三の序論）や、伴信友の「天武紀」改刪説《さん》（『長等《ながら》の山風《やまかぜ》』）は、大友皇子即位に関する所説だったために批判・否定されたが、(42)『書紀』の史料的背景を考えるうえでは示唆的である。正史編纂を命じた側（天武・持統グループ）とそれに滅ぼされた側（天智・大友グループ）の関係には、十分、留意すべきと考える。

存在に議論のある「近江令」が、天武・持統期に編纂された飛鳥浄御原令を賛揚するために、明確に記載されなかった可能性はないのだろうか。「六官制」や「日本国号」にも同様の背景はなかったのだろうか。天智朝後期（近江遷都〜天武即位直前）の諸事績が、実施されたり実在したにもかかわらず『書紀』に明記されていない可能性については、想定しておく必要があるだろう。従来、「治天下王」として即位していたものを、小帝国の主宰者である「天皇」として改めて即位したのであれば、天智天皇こそが小帝国の創設者となる。その画期性は重大で、天武系皇族や群臣たちには受け入れられなかったであろう。天皇号の案出とその始用記事が、天智紀から意図的に削除された可能性は検討されてしかるべきである。

五　「王権」および「専制主義」

本書では、主に五世紀から七世紀の日本国家の形成過程を検討対象とする。その際、当該時期における権力の中枢およびその機構全般を「ヤマト王権」と記すことにする。

「王権」については、荒木敏夫氏の見解にもとづいて概念規定をした。(43)氏は、『大漢和』『日本国語大辞典』『漢語大詞典』などの「王権」の項の典拠である、頼山陽『日本外史』（源氏前記、平氏）・蕭子顕《しようしけん》『南斉書』（巻四二、列伝

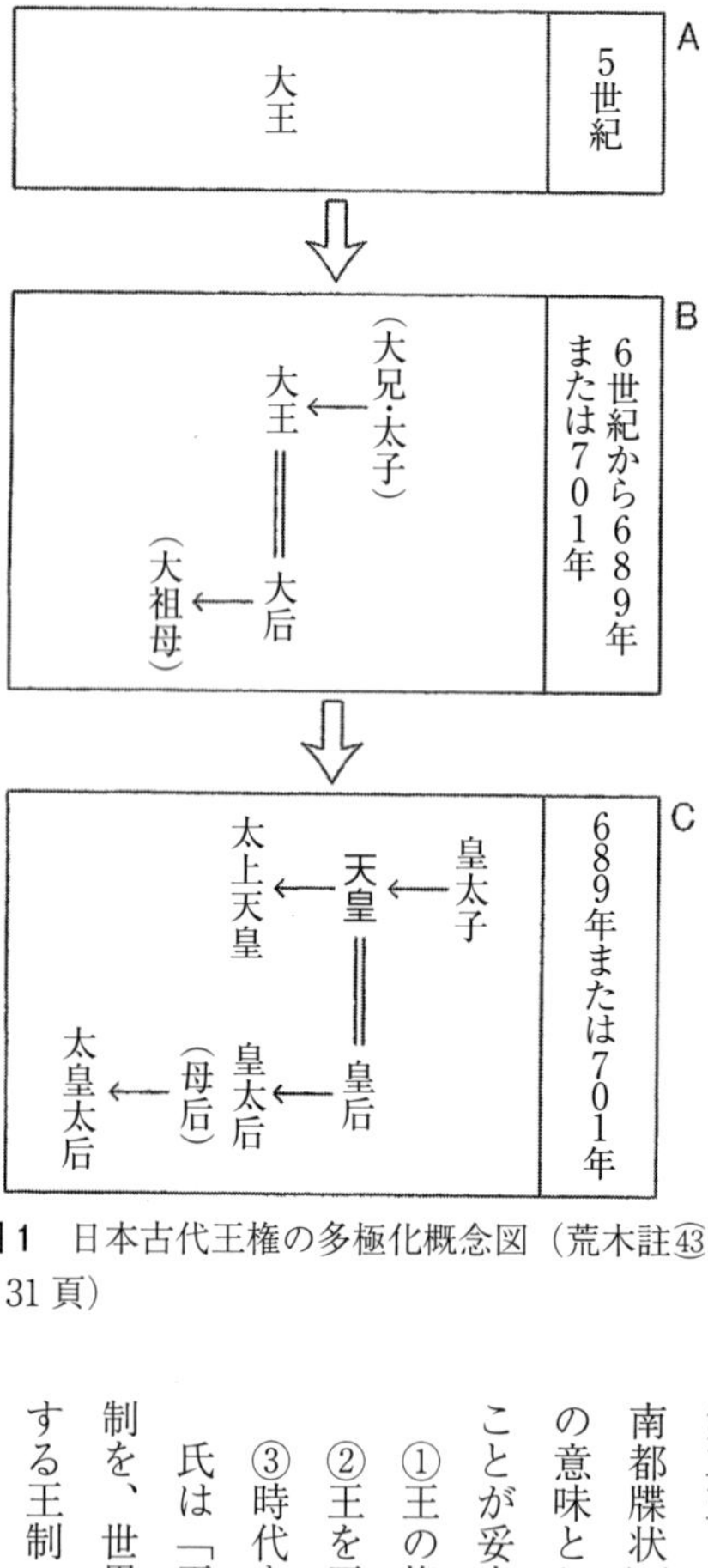

図1　日本古代王権の多極化概念図（荒木註㊸、31頁）

第二三、簫諶伝）・『平家物語』（巻第四、南都牒状）の原文を精査した末に、王権の意味として以下の三点に分けて考えることが妥当とした。

①王の権力

②王を王たらしめている構造・制度

③時代を支配する者・集団の権力

氏は「王権」という語は、天皇や天皇制を、世界各地域に歴史的に多様に存在する王制・君主制との共通性と差異性をみることで、天皇・天皇制（日本型王権）を相対化するだけでなく、その特質を把握する学術用語として定着させる必要があるとする。エヴァンズ＝プリチャードの神聖王権論において、王と王権が区別されるべきとされていることを念頭に、皇太子・皇后・太上天皇などを視野に入れれば、古代国家の権力の中軸は天皇だけで成り立っているわけではないことが鮮明になるとする。氏は、J・フレイザーの『金枝篇』完訳版の訳者である永橋卓介や、石母田正が『日本の古代国家』で用いている「王権」が「Kingship」の訳語であると指摘する。

荒木氏は、五世紀から七〇一年までの王権構造の変遷を図1のようにまとめたうえで、日本古代王権は「多極構造」であると説明する。

本書では荒木氏の見解に基本的にのっとり、大王・天皇を軸としつつ、王権を構成する他の「極」が「補完と対立」の関係を孕みながら存在する「多極構造」を特徴とした古代権力を総体として「王権」と呼ぶこととする。八世紀以降では、王権の政策実現機構としての律令制政府が機能しはじめるが、このような中国式の行政機構が未成立あるいは未成熟な七世紀以前において、王権の政策意思がどのように実現されていったのかを考察し、その変遷過程を明らかにしたい。

「専制主義」については、「独裁制」のことではなく、基本的には、共同体の意思が共同体首長に体現されるような政治形式を基礎とする統治形態を指す[44]。

六　「世界帝国」論および「帝国性」

発展不均等の論理を用いて東アジア地域の歴史発展の連関を指摘した前田直典説[45]を受け、松本新八郎は一九四九年の歴史学研究会大会報告で「世界帝国」論ともいうべき説[46]を提示した。松本は、古代国家のうち古典古代民主制とアジア的ディスポティズムに立脚するものは、国家の拡大再生産を行い、「世界帝国」の段階へと到達するとした。「世界帝国」は周辺への侵略や支配を通じ、各地の歴史発展の連関を媒介する存在であるとして、その例としてアレクサンドロス帝国・ローマ帝国・隋唐帝国・モンゴル帝国、それに小規模ながら同様の性格を有するものとして日本の律令制国家をあげた。前田・松本が発展段階論を前提とした生産関係の分析を基礎にしていたのに対し、中国王朝と周辺諸勢力との間に形成された政治体制の構造を分析したのが西嶋定生であった[47]。西嶋は、漢字・儒教・中国仏教・律令制を共通の文化条件とする「東アジア世界」という枠組みの存在を想定した。西嶋によれば、漢代にその原形が成立したあと、南北朝時代に中国王朝と朝鮮三国・倭国との間で冊封体制が形成されると右の共通条件は朝鮮諸国や倭国にも伝播し、隋代に「東アジア世界」が完成することとなった。十世紀初頭の唐・新羅・渤海の滅亡により「東アジア世界」は政治的整一性を失うが、宋代になると「東アジア交易圏」として再び自立性と完結性を保持するようになる。

一方、同じく松本の「世界帝国」論に影響を受けた石母田正は、「東夷の小帝国」論を提示した。[48] 石母田は中国を「世界帝国」と位置づける一方で、倭国・日本を「小帝国」とした。廣瀬憲雄氏は、石母田の「古代の帝国主義概念」に対する批判に反論して、その有効性を強調しながらも、石母田の「東夷の小帝国」論の問題点を認める。そのうえで「実態としての『帝国』ではなく、「帝国」である（あるべき）という理念、すなわち『帝国性』の問題として「東夷の小帝国」という枠組みを継承したい[49]」と提言する。

このように結論づけたうえで、酒寄雅志・筧敏生・山尾幸久・石上英一各氏の見解が「東夷の小帝国」の基盤を中国的な秩序・思想のみに求めている点を批判する。むしろ倭国・日本の国際関係が国内秩序に規定されて貢納・奉仕関係で表現されたという石上氏の指摘を重視し、「日本に限らず各勢力が設定した独善的な国際秩序を検討する際には、それぞれの内部での秩序・思想も視野に入れる必要があろう[50]」とする。

なお本書における「帝国」とは、自らの外部にある複数の集団（共同体・部族・政治集団）を支配する統合的な権力と定義したい。[51] また「帝国性」とは、帝国にふさわしい領土的広がりを有してはいないが、帝国として行動している国家や勢力の「行動のパターン、ふるまい[52]」を特徴とする傾向・方向性を意味する。

註

（1）石母田正『日本の古代国家』（岩波書店、一九七一年）。のち『石母田正著作集』三「日本の古代国家」（岩波書店、一九八九年）に所収。さらに、二〇〇一年に岩波モダンクラシックスとして再刊。以下、引用頁数は、『石母田正著作集』三「日本の古代国家」による。

（2）石母田前掲註（1）、一一頁。

（3）石母田前掲註（1）、一二頁。

（4）芝原拓自『世界史のなかの明治維新』（岩波新書、一九七七年）三頁。

（5）芝原氏の専門的著作としては『明治維新の権力基盤』（お茶の水書房、一九六五年）、「明治維新」（『岩波講座　世界歴史21・近代8』岩波書店、一九七一年）を参照。

（6）「明治維新」（『国史大事典』第一三巻、吉川弘文館、一九九二年）七一二頁。

（7）同右、七一三頁。

（8）同右。

（9）田中の専門的著作としては、『明治維新政治史研究』（青木書店、一九六三年）、『幕末の藩政改革』（塙書房、一九六五年）、『体系日本歴史5　明治国家』（日本評論社、一九六七年）。

（10）幕末から明治前期に至る「変革期」について「開発政策」という観点から考察した坂野潤治・大野健一は、「変革」を「開国のインパクトに対応するために政治体制を再編し、国家目標を定めなおし、その具体的内容、優先順位、工程表および実施者につき合意・決定する過程」と定義する（坂野・大野『明治維新　1858─1881』講談社現代新書、二〇一〇年）一九頁。

藤田覚氏は、幕末から維新への歴史は二つに大別され、第一段階は一八世紀末からペリー来航直前までの約五〇年間、第二段階はペリー来航から維新までの約一五年間とする。第一段階は大飢饉や一揆・打ちこわしの激発に示された国内の政治的社会的な秩序のゆらぎ、第二段階は産業革命の進展により圧倒的な生産力と軍事力を獲得した欧米勢力が日本を含む東アジア世界全域に自由貿易を強制するために接近してきた対外的危機の時期となる（『幕末から維新へ』岩波新書〈シリーズ日本近世史⑤〉二〇一五年）iii―iv頁。

明治維新は、「直接には、産業資本主義に支えられた西洋列強諸国の東進（ウェスタン・インパクト）への対応を端緒とする。これを機に東アジアの海禁体制から西洋主導の主権国家体制への移行が進み、政治的にはそれまでの幕藩体制が崩壊、天皇を頂点とした統一的な中央政権のもと、急進的な近代化が進められた」と定義されている（木村茂光監修・歴史科学協議会編『戦後歴史学用語事典』東京堂出版、二〇一二年）二九二頁、奈良勝司氏執筆。

(11) 邪馬台国の卑弥呼は、所与の国際的諸条件を内政のために利用し、それによって狗奴国との紛争という国内矛盾を解決しようとした。その意味で卑弥呼は素朴な「外交」を行ったとする（石母田前掲註（1））一四頁。

(12) 『新唐書』列伝第一四五（東夷・新羅）に、「事、必ず衆と議る。『和白』と号し、一人異なれば則ち罷む」とある。

(13) 石母田前掲註（1）、一四八―一四九頁。

(14) 大化改新批判に関する以下の先行学説紹介は、石上英一「大化改新論」（『岩波講座　日本通史』三〈古代2〉岩波書店、一九九四年）を参照した。

(15) 吉田孝「8世紀の日本」（『岩波講座　日本通史』四（古代3）、岩波書店、一九九四年）一一頁。

(16) 森公章『「白村江」以後―国家危機と東アジア外交』（講談社選書メチエ、一九九八年）一四六頁。

(17) 斉明七年九月、帰国する百済王子豊璋を護衛した兵士が五〇〇〇人（天智即位前紀）、天智元年五月に派遣された安曇連比羅夫の軍勢が一七〇隻余、同二年三月に派遣された軍勢が二万七〇〇〇人、同年八月十三日に派遣された廬原《いおはら》君臣が指揮する軍勢が「健児万余」とされている（いずれも天智紀）。安曇連比羅夫の水軍の兵士数は不明で、廬原君臣の軍は同年三月の派遣軍の先鋒だった可能性があり（日本古典文学大系『日本書紀』下、岩波書店、一九六五年、三五九頁、頭注一八）、単純に合計することはできない。しかし白村江の戦いに参加した倭・百済連合軍が一万を超える数だったことは確実であり、百済復興軍をあわせれば数万人規模だったと考えることは可能であろう。

(18) 鈴木靖民『倭国史の展開と東アジア』（第Ⅳ部　古代国家形成への道、岩波書店、二〇一二年）。

(19) 都出比呂志「国家形成の諸段階―首長制・初期国家・成熟国家―」（『前方後円墳と社会』塙書房、二〇〇五年、初出は『歴史評論』五五一（校倉書房、一九九六年））。
(20) 同右、九六—九七頁。
(21) 同右、九七頁。
(22) 同右、九七—九八頁。都出比呂志『日本農耕社会の成立過程』（岩波書店、一九九八年）四七四—四八二頁。
(23) 鈴木前掲註（18）、三五七頁。
(24) 都出前掲註（19）、一〇〇—一〇一頁。
(25) Kirch, P. V. *The Evolution of the Polynesian Chiefdoms*. Cambridge : Cambridge University Press 1984.
(26) Yoffee, N. and A. Sherratt（eds.）*Too many chiefs*. In N. Yoffee. Archaeological Theory 1993 : *Who Sets the Agenda?*, pp. 60-78. Cambridge : Cambridge University Press.
(27) 石村智「首長制」（『日本考古学協会二〇〇八年度愛知大会研究発表資料集』二〇〇八年）四三〇頁。
(28) 同右。
(29) 石村智「威信財交換と儀礼」（『弥生時代の考古学　7』同成社、二〇〇八年）一二七頁。樋上昇「威信財」（前掲註（27）、『日本考古学協会二〇〇八年度愛知大会研究発表資料集』）四三四頁。
(30) 滝沢修「首長制」（前掲註（27）、『日本考古学協会二〇〇八年度愛知大会研究発表資料集』）四二九頁。
(31) 都出前掲註（19）、八頁の表1。
(32) 西宮秀紀『奈良の都と天平文化』（日本古代の歴史　三（吉川弘文館、二〇一三年））一八七頁。
(33) 坂本太郎『六国史』（第二の六「講書」（吉川弘文館、一九七〇年））。関晃「日本紀講筵」・青木和夫「日本紀私記」（『日本史大事典』5（平凡社、一九九三年））。養老講書については、水口幹記「奈良時代の『日本書紀』講書」（新川登亀男・早川万年編『史料としての「日本書紀」』勉誠出版、二〇一一年）に詳しい。
(34) 西宮前掲註（32）。
(35) 篠川賢『飛鳥と古代国家』（日本古代の歴史　二、吉川弘文館、二〇一三年）二〇二頁。

(36) 加藤謙吉「『日本書紀』と壬申の乱」(前掲註(33)、『史料としての「日本書紀」』)一三九頁。
(37) 井上通泰『万葉集追巧』(岩波書店、一九三八年)。坂本太郎『日本全史』二(東京大学出版会、一九六〇年)。直木孝次郎「持統天皇と呂太后」(『日本書紀研究』一、塙書房、一九六四年)。
(38) 初出は、中野高行「天智朝の帝国性」(『日本歴史』七四七、二〇一〇年)。
(39) 星野良作『研究史壬申の乱』〈増補版〉(吉川弘文館、一九七八年)。
(40) 日本古典文学大系『日本書紀』下(岩波書店、一九六五年)五八六頁、補注28—三。
(41) 吉村武彦『古代王権の展開』(〈集英社版日本の歴史③〉、一九九一年)二七二頁。
(42) 星野前掲註(39)。
(43) 荒木敏夫「序章　王権とはなにか」(『日本歴史　私の最新講義　日本古代の王権』敬文舎、二〇一三年)一八—二三頁。
(44) 吉村武彦「東アジアにおける日本古代国家形成の諸問題(覚書)」(『日本古代学』八、二〇一六年)七三頁。
(45) 前田直典「東アジヤに於ける古代の終末」(『元朝史の研究』東京大学出版会、一九七三年)。初出一九四八年。
(46) 松本新八郎「原始・古代社会における基本的矛盾について」(歴史学研究会編『世界史の基本法則—歴史学研究会一九四九年度大会報告—』岩波書店、一九四九年)。
(47) 西嶋定生「東アジア世界と冊封体制—六～八世紀の東アジア—」「東アジア世界の形成と展開」(『西嶋定生東アジア史論集三　東アジア世界と冊封体制』岩波書店、二〇〇二年)。初出はそれぞれ一九六二年と一九七三年。
(48) 石母田「日本古代における国際意識」(『思想』四五四、一九六二年)。のち同『日本古代国家論』第一部(一九七三年)、さらに『石母田正著作集』四「古代国家論」(岩波書店、一九八九年)に所収。同「天皇と『諸蕃』」(『岩波講座　日本歴史』古代Ⅰ、一九六二年)。のち『石母田正著作集』一二「古代・中世の歴史」(岩波書店、一九九〇年)に所収。また、同「古代史概説」(『岩波講座　日本歴史』古代Ⅰ、一九六二年)。のち、前掲『石母田正著作集』一二で要約して再説された。
(49) 廣瀬憲雄『東アジアの国際秩序と古代日本』(吉川弘文館、二〇一一年)一三頁。
(50) 同右、一四頁。

(51)　杉山正明・吉村忠典両氏の定義を援用した（廣瀬憲雄『古代日本外交史』講談社選書メチエ、二〇一四年）一七九頁。

(52)　山下範久『世界システム論で読む日本』（講談社選書メチエ、二〇〇三年）六五頁。

第一章　天智朝の帝国性と東アジア情勢

本章の課題

石母田正が国際的契機の重要性を指摘(1)して以来、古代日本国家の成立過程における対外関係の動向が注目されるようになった。なかでも、律令制国家の形成に大きな影響を与えた事件として白村江の戦いは特筆されている。しかし、白村江の戦いが具体的に日本の古代国家形成にどのような影響を与えたのかについての検討は十分とはいえない。それは、白村江での敗北とその後に起きた軍事的危機（唐・新羅連合軍による倭への侵攻の危機）を直截的に倭国の国内政策や政局と結びつけてしまうための限界と考える。

本章では、白村江の戦いを契機として展開した東アジア世界の変動やヤマト王権の諸事業・諸政策・国家意識の実態について、天智朝を中心に考察する。その際、注目するのは「百済からの亡命者たち」「ヤマト王権による百済王の冊立」「日本・唐・新羅による高句麗後継王権の冊立の試み」「天智朝の内政」などの諸点である。

一　倭国内の「百済王権」

斉明六年（六六〇）七月、唐の将軍蘇定方の軍が百済王都（泗沘）を占領した。百済の義慈王は熊津に逃れたが間もなく降伏して百済は滅亡した。唐は百済の旧領に都督府を設置して直接支配を図ったが、唐軍の主力が撤収すると百済復興運動が活発になった。唐は劉仁軌が率いる増援軍を派遣した。唐・新羅連合軍と倭・百済連合軍は、天智二年（六六三）八月、白村江において激しい戦闘を展開することになる。この白村江の戦い(2)で倭・百済連合軍は大敗を喫し、百済は完全に滅びることとなった。

この戦いの前年、「質」として日本にいた百済の豊璋をヤマト王権は百済に送り百済王に冊立している。倭国に残った百済王善光など百済王族がヤマト王権の内部に「百済王権」の首班として存在していた経緯について、長瀬一平氏が詳細な考察を行っている(3)。長瀬氏は、百済の義慈王と太子隆の唐軍への投降、白村江の戦い、日本にいた百済王善光一族に対する持統朝における「百済王」姓の賜与など一連の動きについて先行学説を検討したうえで、「白村江の役敗戦後に倭国大王が百済国王を兼ねた」とする大石良材《よしき》・岡田精司両氏の見解に対し、亡命百済王族に対する「百済王」賜姓が理解できなくなると疑問を呈する。

『続日本紀』（以下、『続紀』）天平神護二年（七六六）六月二十八日条の百済王敬福の薨伝に、持統朝に百済王の号を賜与されたとある点について長瀬氏は、「百済王」の号は「姓」であると同時に、「百済王権の称号」としての側面を含むとした(4)。天智三年三月、百済王族はヤマト王権から本拠となる土地を与えられた(5)。長瀬氏は、『日本書紀』（以下、『書紀』）天武五年九月十三日条「諸蕃人等に禄を賜う」の「諸蕃人」と、『書紀』持統二年十一月四日条「諸蕃賓客、殯宮で慟哭」の「諸蕃賓客」を亡命百済王族と考え、この時期の百済王族は「蕃客」もしくは「百済王権」として存在していたと結論づけた。長瀬氏によると、亡命百済王族の立場は持統五年（六九一）に大きく転換する。(6)

持統五年正月七日、百済王族に冠位が与えられているが、五年前の朱鳥元年（六八六）九月三十日条には「百済王良虞」「百済王善光」としかみえず冠位の存した形跡がないため、亡命百済王族に対する冠位授与は持統五年正月一日に行われたと推測する。(7)

一方、『書紀』持統七年正月十五日条から、これ以前に百済王善光が死去していることが分かるが、『続紀』天平神護二年（七六六）六月二十八日条には「禅広」（善光のこと）の死を「卒」と記している。『養老喪葬令』薨奏条によると、「卒」は諸王・四位・五位官人の死亡に対する称である。これに対して、『書紀』天武三年（六七四）正月十日条では、善光の子の「昌成」の死亡を「薨」と表記している。『養老喪葬令』薨奏条によれば、「薨」は親王・三位以上の死亡に対する称である。つまり、持統初年まで、亡命百済王権は「蕃客」（百済王権）として存在していた事が分かるのである。

長瀬氏は、持統五年の冠位授与は亡命百済王族の官人化が目的だと考え、亡命百済王族余氏に対する「百済王」姓の賜与は、冠位授与後、持統七年正月（善光の死亡時）までの間に行われたと推測した。長瀬氏によると、天智七年九月に新羅使金東巌が来日し、同年十一月に日本が道守臣麻呂を新羅に派遣していることから、倭・羅間の和親が成っていた。(8)これにより、亡命百済政権は百済再興の目的を有していたとは考えられず、ヤマト王権のなかで新たな役割を担わされたと考えられる。すなわち亡命百済王族は「百済王」姓を賜与されることにより、「蕃客」から「王民（良人）」化され、「（良人）共同体」の一員となって日本天皇に従属し奉仕すべき存在として位置づけられた。亡命百済王族の「王民」化には、天皇の臣下という位置だけでなく、百済王権の代表としての百済王として天皇に対するという側面があった[9]。長瀬氏によれば、亡命百済王族に対する「百済王」賜姓の背景には、日本における古代国家―律令制国家の成立が存在したのであった[10]。

亡命百済王族の動向を、長瀬氏説を参照しつつ整理すると表3のようになる。

亡命百済王族の存在だけが、唯一、「東夷の小帝国」、「大国」としての倭国の立場を、王権の支配者に観念的に再認識せしめることができたのである。「百済王」姓の賜与により亡命百済王族は、①「王民」として組織されるとともに、②天皇の藩屏たる「百済王権」という、「東夷の小帝国」構造を認識し再生産しうる象徴的存在として位置づけられたのである[11]。

しかし長瀬氏は、倭国に残った亡命王族について詳細に分析している一方、「百済王権」成立の契機、すなわち豊璋の百済王冊立についてはほとんど取り上げていない。これ以前にも倭国（倭王）が外国に影響力を及ぼそうと試みたことはあった。しかし倭の五王の斉や武に賜与された「六国諸軍事」は、朝鮮半島諸国に対する軍事的支配権を認められたものであり、当該国の内政や主権を支配したわけではない[12]。また欽明二十三年の加耶諸国滅亡の後に設定された「任那の調」は、名目的な任那への支配を前提としたものであり[13]、任那を実効的に支配していたわけではない。両者ともに

表3　七世紀の日本における百済王族の動向

631年（舒明3）	3月	豊璋来日、弟の善光も来日	
661年（斉明7）	9月	豊璋に織冠を授与	
662年（天智元）	5月	豊璋を百済に送り、百済王に冊立	
663年（天智二）	8月	白村江大敗→豊璋は高句麗に逃走	
664年（天智三）	3月	百済王善光王などを難波に安置	→蕃客（百済王権）
668年（天智七）	9月	倭・新羅間の和親が成立	
674年（天武三）	1月10日	余昌成（善光の子）「薨」⇒蕃客	
676年（天武五）	9月13日	「諸蕃人等」＝亡命百済王族	
688年（持統二）	11月 4日	「諸蕃賓客誄」＝亡命百済王族	
691年（持統五）	1月 1日	亡命百済王族への冠位授与	
？年		「百済王」姓の授与⇒「王臣（良人）」化	→官人化
693年（持統七）	1月15日	百済王善光「卒」⇒王臣	

註　□内は長瀬一平氏説による（註③参照）

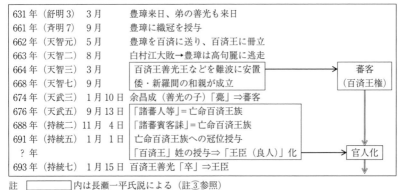

他国の君主を冊立していない。

豊璋の百済王冊立は、ヤマトの大王が外国の君主を冊立したという、日本古代史上未曾有の重大事として史的意義が論じられなくてはならない。この点については「小高句麗国」に関する一連の研究が示唆的だと思われるので、次節で先行学説を整理検討することにする。

二 「小高句麗国」

六六八年九月、唐の李勣《りせき》将軍が高句麗王都（平壌）を陥落させると宝蔵王らは投降し高句麗は滅んだ。ところが高句麗が滅亡したのち、高句麗王族を君主とする国家が樹立される。これらは日本・韓国の研究者により[14]「小高句麗（国）」と呼ばれている。小高句麗国には三種がある。

①金馬渚の小高句麗

高句麗滅亡後、新羅に入った安勝（宝蔵王の庶子とも、淵蓋蘇文の甥ともいわれる）が、剣牟岑とともに樹立した亡命政府。六六八年、高句麗・平壌城が陥落し宝蔵王が投降して高句麗は滅亡した。六六九年、高安勝は四千戸余りを率いて新羅に亡命し、六七一年八月、旧百済領の金馬渚（現在の全羅北道益山郡）に拠点を置き、新羅から高句麗王として冊封された。これを「金馬渚の小高句麗」と呼ぶ。六七四年、安勝が報徳王と称したため「報徳国」とも呼ばれる。安勝は六八〇年に新羅王の妹と結婚し、六八三年には、蘇判・姓金氏を授けられて京師に留められたため、「報徳国」は滅亡した。[15]

②漢城の小高句麗

「金馬渚の小高句麗」樹立より前、剣牟岑は高句麗遺民を従えて総章二年（六六九）はじめ頃に蜂起し、翌咸亨元年のはじめに平壌を占領していた。剣牟岑は東州道行軍摠管・高侃が率いる唐軍に敗れると新羅に向かい、六月に漢城（黄海道載寧）において、途中で合流していた安勝を奉じて君とした。村上四男はこれを「漢城の小高句麗」と呼んでいる。(16)

③遼東の小高句麗国

『冊府元亀』巻九五七、外臣部・国邑門に「靺鞨は高麗の北に在り」、同書巻九五九、外臣部・土風門に「靺鞨国は高麗の北に在り」とあることから、天宝初年以後、靺鞨（渤海）国の南に高麗が在ったことが分かる。日野開三郎は、この高麗を大高句麗の故地を指す漠然たる用語とみる必要はないとし、「遼東の小高句麗国」を指すものと解すべきとした。(17)「遼東の小高句麗国」は、唐の都に置かれていた大高句麗国の王統高徳武の遼東入り、すなわち安東都督就任の聖歴二年（六九九）を以て建国第一年とし、おそらく遼城州を首都として、唐の安東都護府下に在った遼東地区の高句麗人を統括していた。大高句麗滅亡後、この地区の高句麗人は靺鞨や突厥に移住したため、建国前後の戸口は往時に比べて寡少になってはいたが、おそらく唐代を通じて存続したとされる。(18)

①と②は新羅を後ろ盾とするので「新羅系小高句麗国」、③は唐を背景としているので「唐系小高句麗国」と区分できるであろう。

ところで、高句麗滅亡後、長安に移されていた宝蔵王は、六七七年に遼東州都督・朝鮮王として遼東に帰還する。この時の宝蔵王は「朝鮮王」であり、高句麗王として冊立されたものではない。しかし宝蔵王は唐の意に反して高句麗流民を糾合し、靺鞨と内通して高句麗復興をはかったとの理由で、六八一年、邛州（四川省温江邛崍県）に配流されている。高句麗最後の王が遼東に都督として赴任し、高句麗遺民を糾合することができる権威・権力を有していたのであるから、これを「唐系小高句麗国」の嚆矢とみることができる。朝鮮王としての宝蔵王の遼東州都督赴任以後を「唐系小高句麗国①」、高徳武の安東都督就任以後を「唐系小高句麗国②」と呼ぶことにする。

これら三種の「小高句麗国」と、前節で論じた倭国内の「百済王権」は、《滅亡した国家の王族を他国が君主として冊立した》という点で共通している。倭国内の「百済王権」を仮に「小百済国」と呼ぶことにする。また、後述するヤマト王権（律令制国家）による高麗氏に対する「王《こにきし》」姓の賜与を加えて整理したものが表4である。

この表を一瞥して理解できるように、倭国王が自国内に百済王を冊立したことは、当時の東アジア世界では特別なことではなかった。むしろ、そのあとに新羅や唐による「小高句麗国」の設置が続いている点をみると、倭国が百済王を冊立したことは、新羅や唐による高句麗王の冊立（小高句麗国樹立）の先駆け（プロトタイプ）であった可能性も想定できる。

なお、六六四年十月、唐は義慈王の太子扶余隆を熊津都督に任じて、百済故地に派遣した。筧敏生はこの時の扶余隆を、「百済の王者にほかならないとみてよい」[19]とし、唐は隆を百済王位に即ける計画を有していたが、六七二年、熊津都督府が新羅に併合されたため、実現は不可能になったとする。[20]隆が、唐を後ろ盾として百済王に即位していたら、唐系小百済国が成立していたことになる。

日本は高句麗王を冊立していないようだが「（高麗）王」という氏姓を創設している。

『書紀』天智五年十月己未（二十六日）条

　高麗遺臣（略）〔割注〕二位玄武・若光等。[21]

『続紀』大宝三年四月乙未（四日）条

　従五位下高麗若光に王姓を賜う。[22]

天智五年条の「若光」と大宝三年条の高麗若光は同一人物とみられている。[23] 霊亀二年（七一六）、駿河・甲斐・上総・下総・常陸・下野七国の高麗人一七九九人を武蔵国に遷して「高麗郡」を立てた（『続紀』）。これに関して田中史生氏は、国家構造に諸蕃・夷狄を必要とする日本型中華思想（小中華主義）を認める立場から、国内に高麗王を創成し、高句麗を王権（化内）に取り込んだのが高麗郡の建郡だったとする。[24] 一方、宮瀧交二氏は高麗郡建郡の背後に日本型中華思想があるとみて、高句麗を従えているという唐向けのアピールとして高麗郡を建郡したとする。[25] 荒井秀規氏は、若光への高麗王の賜姓は、百済王家の創始と同じく高麗王家（高句麗王家）を日本国内に創始したものとした。文武二年（六九八）に、高句麗の後身である渤海国（震国）が建国されるが、渤海の台頭を前に大宝三年（七〇三）正月〜五月に日本に滞在していた新羅国の国使に、日本国内で高句麗を復興させたことをアピールするため、四月に若光へ高麗王姓を下賜したと推測する。[26]

唐系小高句麗国
長安の宝蔵王、遼東州都督・朝鮮王として遼東に復帰 **唐系小高句麗①**
宝蔵王、卭州に配流される
宝蔵王の孫・高宝元、朝鮮郡王として安東都護府下の遺民を統治するが失敗（この時、渤海が成立）
高句麗王統の高徳武が安東都督に就任 安東都護府下遼東地区の高句麗人を統括 **唐系小高句麗②（遼東の小高句麗国）**
唐、遼西地方平州に安東都護府を設置
靺鞨（渤海）国の南に高麗が在った

表4　「小高句麗国」「小百済国」一覧

日　本	西暦（日本年紀）	新羅系小高句麗国
百済一旦滅亡→百済復興運動 豊璋に織冠を授与	660年（斉明6）7月 661年9月	
豊璋、倭軍と帰国し王位を継承 白村江の戦い→百済完全滅亡 百済王権成立 **小百済国**	662年（天智元）5月 663年8月 664年3月	
	668年9月	高句麗滅亡
	669年2月	高安勝は四千戸余りを率いて新羅に亡命
	670年6月	剣牟岑、漢城（黄海道載寧）において高安勝を奉じて君とする **漢城の小高句麗国**
	671年8月	高安勝、金馬渚で新羅から高句麗王に冊封される **金馬渚の小高句麗国（報徳国）**
	677年（天武6）	
	681年	
	683年	高安勝、蘇判・姓金氏を授けられて、京師に留められる→小高句麗国滅亡
	686年	
	699年（文武3）	
高麗若光、王姓を賜る **日系小高句麗国？**	703年（大宝3）	
	714年（和銅7）	
	742年ころ	

若光へは「王姓」を賜与したのであり王として冊立したものではない。しかし「王姓」とは親王・諸王に下される「王」号とは異なり、明らかに外国君主の地位を想起させるものである。「（高麗）王」という姓は、百済王冊立とあわせ、「外国君主を冊立する天皇」という立場と関係があるといえよう。この点については、石母田が提唱した「東夷の小帝国」概念と密接に関連しているので、次節で検討することにする。

三 「東夷の小帝国」論と「帝国性」概念について

石母田正は、「日本古代における国際意識[27]」と「天皇と『諸蕃』[28]」の二論文で「東夷の小帝国」という概念を提唱した（のち「古代史概説[29]」で要約して再説された）。石母田は、四世紀から十世紀の倭国・日本の外交関係のなかから「東夷の小帝国」という国家観が醸成されていったと主張した[30]。日本律令に規定された「東夷の小帝国」の構造は、以下のごとくである。

天皇は中国の皇帝と並ぶものであり、唐と同様、日本を中華とする帝国構造を有していた。国家の統治権が及ぶ範囲は「化内」、それが及ばない外部は「化外」と区別された。化外はさらに区分され唐は「隣国」、朝鮮諸国（この時代には新羅と渤海）は「諸蕃」、蝦夷・隼人・南島人は「夷狄」と規定された。

しかし、石母田の「東夷の小帝国」論については批判がある。森公章氏は、古代日本の外交のあり方を「小帝国」観で説明しきるのは難しいとした[31]。廣瀬憲雄氏も、石母田の「東夷の小帝国」論には、任那への植民地支配を認めるなど「当時の研究水準による制約」や、倭国（日本）のみを「小帝国」として理解する点[32]などの問題点があると指摘している[33]。石母田自身ものちの『日本の古代国家』では一貫して「東夷の大国」（傍点は中野が付す。以下同じ）という語を用いており、「東夷の小帝国」の語は用いていないので、「小帝国」の用語について再考した可能性がある。

　この点について廣瀬氏は、「帝国性」という概念を導入することにより、石母田の「東夷の小帝国」概念が有効性を維持できる可能性を提示している(34)。廣瀬氏は、「東夷の小帝国」という枠組みには、倭国（日本）が周辺諸勢力の「服属」を受ける存在であると自らを認識しており、しかもそれが内政・外交の両面を規定することを明確に示す長所がある点に注目する。その長所を生かすため廣瀬氏は、山下範久氏の「理念的存在としての近世帝国」概念(35)の援用を提案する。山下氏により《領土的実態ではなく行動のパターンによって「帝国」を定義する試み》とされたこの概念を媒介にして、

> 実態としての「帝国」ではなく、「帝国」である（あるべき）という理念、すなわち「帝国性」の問題として「東夷の小帝国」という枠組みを継承したい(36)。

と廣瀬氏は主張する。

　森公章氏の批判は妥当だが、廣瀬氏のように「帝国性」という枠組みで考え直せば、石母田説のシェーマは有効性を保つことが可能と考える。「東夷の小帝国」論に対しては、「実態としての是非（実在性）」を論じる傾向が強いが、既述のごとく新羅も高句麗王を冊立するなど、「理念的存在としての帝国」建設を志向している。倭国（日本）や新羅が「小百済国」「小高句麗国」を根拠に作り上げた「小帝国」が、規模や実力などの実態面で隋・唐帝国に比するべくもないとしても、「帝国への指向性」や「理念的存在としての帝国」という意味での「帝国性」を有していた可能性までは否定できない。

前節までの考察で、天智朝をめぐる国際関係（天智朝の外面的構造）に、「百済王権」を配下に従える構造のあることを確認した。天智朝の外面に帝国性が認められるのであれば、倭王を中国皇帝に擬した「天皇」という称号は、天智朝にこそ成立するのに最もふさわしいと考えられることになる。

四　天皇号の成立

天皇号の成立については膨大な研究史がある。[37]昭和六十年三月の飛鳥京跡遺跡第一〇四次調査で、飛鳥浄御原宮推定地の隅から「大津皇（子）」の文字のみえる木簡の削り屑が出土し、[38]同時出土の木簡から天武十年（六八一）前後のものと推定された。平成十年三月には、飛鳥池遺跡から「天皇」の語を記した木簡が出土し、同時出土の木簡から天武六年頃のものと推定されている。[39]これらの文字資料は、天武朝に「天皇」号が成立したことを示す有力な根拠とされている。[40]

しかし文字資料を根拠とする天皇号の成立論は、新たな文字資料の出土により「皇」字使用の上限が変わっていく可能性がある。そもそも「皇」字が記された資料の出土は、「皇という漢字が倭国に受容された」という「文化的事実」を証することはできても、「天皇」という称号の成立を直ちに示すわけではない。天皇号の成立を論ずる場合、文字使用だけでなく小帝国観念（あるいは帝国性）の成立時期を論じなくてはならない。

ところで、天皇号の成立に関して、河内春人氏はきわめて興味深い仮説を提示している。[41]『書紀』は、中大兄皇太子が斉明天皇の崩御後も即位せずに「称制」し、称制七年目に即位したと記す。これについて河内氏は、①当時は皇太子という地位が成立していなかった、②『書紀』では称制と素服が関連しているように記されているが服喪期間が長すぎる、③中大兄を後見すべき人物が存在しない、④天智称制元年の豊璋の百済王冊立は倭王として行ったと思われる、などの疑問を呈する。[42] 河内氏は、天智称制元年（六六二）、斉明崩御直後に中大兄が「治天下王」として即位したあと、天智称制七年（六六八）に「治天下天皇」として二度目の即位を行ったのではないか、と考えた。[43]

天皇号は、中華思想を倭国の支配層が咀嚼・受容するなかで、小帝国の最高権力者の称号・地位として案出されたものであるから当該時期の倭国の世界観（とくに外国や異民族との関係）と関連させて論じる必要がある。[44] 河内説はあくまでも仮説にすぎないが、右のような視点に立脚したうえでの提言であり、十分、説得力があると考える。

五　天智朝の内面的構造

天智朝において倭王が百済の君主を冊立し、「小百済国」とも呼ぶべき政権を創出していたことを確認したうえで、前節では天智朝に天皇号が案出されたのではないかとの推定を行った。廣瀬氏は、「帝国性」概念の長所として内政・外交の両面を規定する点に注目しているが、天智朝の内政（内面的構造）には帝国性の存在を示す徴証を見出せないのであろうか。

①氏族統制策

『書紀』天智三年二月丁亥（九日）条

三年春二月己卯朔丁亥、天皇、大皇弟に命じ、冠位の階名を増し換え、および氏上・民部・家部などのことを宣ぶ。（後略）

いわゆる甲子の宣である。この記事にみえる「冠位の階名を増し換え」は冠位二十六階の制定とも呼ばれ、推古十一年に制定された冠位十二階ののち、大化三年・大化五年に続く三度目の改定である。冠位制は、豪族に対する大王（天皇）の権威向上と官僚制の整備に欠かせない制度である。[45] また「氏上・民部・家部などのこと」については、『書紀』天武四年二月己丑（十五日）条に「甲子年、諸氏に給せらるる部曲は、今より以後、皆除めよ」、『続紀』大宝二年九月己丑（二十五日）条に「甲子年、氏上を定めし時、載せざる所の氏、今姓を賜わる者、伊美吉より以上、ならびに悉く申さしむ」とあるので、天智三年（甲子年）に発布されたことが確実である。内容については諸説あるが、大王（天皇）による氏族の統制政策の一環であったことは間違いない。[46]

②最初の本格戸籍

『書紀』天智九年二月条

二月、戸籍を造る。（後略）

いわゆる庚午年籍である。一般の戸籍は五比（三〇年）で廃棄することができたが、庚午年籍だけは永久に保存されるべきものと『養老戸令』戸籍条に規定され（『大宝令』でも同様の規定があったと考えられている）、氏姓の根本台帳として尊重された。この造籍をもって、全国的な人民支配が本格的にはじまった画期とみなすことができる。[47]

③仏教興隆事業

天智天皇は仏教に対して積極的でなかったとの見解が提示されている。[48] しかし、大津宮に関連して天皇発願寺として崇福寺が建立されたほか、宮の造営以前から存在した穴太廃寺・南滋賀町廃寺・園城寺前身寺院などが、宮の造営にあわせて再建されたことが明らかにされている。[49] 筑紫観世音寺や川原寺の創建が天皇の発願で行われるなど、[50] 天智朝で仏教興隆事業の推進されていたことが分かる。さらに法隆寺の西院伽藍の建設プランが天智朝に存在した可能性がある。

『書紀』推古九年二月条

九年春二月、皇太子初めて宮室を斑鳩に興す。

推古九年（六〇一）、皇太子（厩戸皇子）は斑鳩の地に宮を建てた。この近くに建てられたのが法隆寺だとされるが、『書紀』は法隆寺の創建について何も記していない。法隆寺・薬師如来像の光背銘や『法隆寺伽藍縁起并流記資財帳』（七四七年）の縁起文によると、用明天皇が自らの病気平癒のため伽藍建立を発願したが、天皇がほどなく亡くなったため、推古天皇と厩戸皇子が遺志を継いで推古十五年に像と寺を完成したとする。

ところで、平成十六年に奈良文化財研究所が法隆寺西院の「金堂の部材五点」「五重塔の部材四点」「中門の部材二点」について年輪年代測定を行ったところ、「金堂の部材一点（鎌倉時代の補材）」を除くすべての部材が六五〇年代末から六九〇年代末に伐採されたことが確認され、法隆寺西院伽藍が七世紀後半の再建であることが明らかにされた(51)。

法隆寺は、天智九年（六七〇）四月に焼失していることが『書紀』に記されている。

『書紀』天智九年四月壬申（三〇日）条

夏四月癸未朔壬申、夜半之後、法隆寺に災《ひつ》けり。一屋も余ることなし。

ところが「金堂の部材四点」「五重塔の部材三点」はこれ以前の年輪年代を示しており、西院の金堂と五重塔の建設計画が天智九年の焼失以前に存在した可能性がある。武澤秀一氏は「創建時と敷地も建物配置もまったく変えた現在の法隆寺は、新しい構想の下で生まれたと考えられ」るので、「再建とはいわず新創建」と呼ぶべきと提案している(52)。

法隆寺は、天武朝から奈良時代初期において国家から特別待遇を与えられていなかった(53)。法隆寺の再建には国家の特別な財政支援がなく、国家的事業としては行われなかったとされている(54)。しかし森郁夫氏によると、斑鳩地方の寺々では七世紀後半、むしろ八世紀に近い頃に一斉に法隆寺式の軒瓦で統一される観があるという。森氏は「工事を統括する組織が設けられていたように思えてならない。（中略）斑鳩の寺々全体について基本的な計画がたてられていたような感じがしてならない」と指摘し[55]、「何らかの形で、多かれ少なかれ官が関わりをもったということができよう[56]」とする。西院伽藍の建設計画が天智朝に存在し、国家が関与して造営された可能性については、検討する余地があるのではないだろうか。

④皇位継承法制定

奈良時代以降の天皇の即位詔の一部に、天智天皇が定めたといわれる法が引用されている。奈良時代に限ると、元明天皇即位詔[57]・聖武天皇即位詔[58]・孝謙天皇即位詔（聖武天皇の譲位詔）などに「不改常典」と出てくる。「不改常典」の内容については諸説あり[59]未だ定説を得ていないが、「皇位継承法説」が優勢である。吉田孝氏は天智の国風諡号が「天命開別（天命を開いたワケの意）」であることをもって、中大兄が乙巳の変によって「皇統と皇権の絶対性の法」すなわち「皇親のなかから次の天皇を決定する大権を天皇がもつという法」を確立したと考えられていた可能性が強いとする[60]。天智朝で、皇位継承法と考えられる「不改常典の法」が定まったことは事実であろう[61]。

⑤金属貨幣発行（無文銀銭）

日本最古の貨幣は和同開珎とされてきたが、平成十一年一月、飛鳥池工房遺跡から三三点もの富本銭が出土した。地層や同時出土瓦、「丁亥年（六八七年）」と書かれた木簡の出土、『書紀』天武十二年（六八三）四月壬申（十五日）条の「今より以後、必ず銅銭を用い、銀銭を用いること莫かれ」という記述から、発掘した奈良文化財研究所は、同月十九日、和同開珎よりも古く、天武十二年に鋳造されたものである可能性がきわめて高いと発表した。

同遺跡からは切断された無文銀銭も出土しており、天武紀の「銅銭」が富本銭、「銀銭」が無文銀銭であると考えられるようになり、無文銀銭が富本銭に先行する金属貨幣として注目されるようになった[62]。無文銀銭は、昭和十五年、崇福寺[63]・三重塔跡の塔心礎に穿たれた小孔から一一枚が出土したのち[64]、現在までに一七遺跡から出土している[65]。

　無文銀銭については流通貨幣ではなく厭勝銭とする見解[66]があるが、無文銀銭の重量は平均一〇・五グラム程度（約六銖）と一定で、「両（四一・五一七グラム）」の四分の一という国際的重量単位が意識されていた秤量《ひょうりょう》貨幣と考えられ、流通貨幣である可能性が高い[67]。滅亡直前の高昌国が銭貨を鋳造したことを「唐に対して自国の独自性を打ち出そうとしたもの」と考えた江草宣友氏は、富本銭について「日本が唐と同様に成熟した律令国家であることを対外的に象徴するものであった[68]」と指摘したが、吉田孝氏は無文銀銭についても、東海の帝国を形成しようとする倭国にとって貨幣鋳造は重要な問題だとして注目した。唐代、朝鮮三国、吐蕃、南詔などの有力国は、いずれも貨幣を鋳造しておらず、中国の北・東・南方の周辺諸国が貨幣を鋳造しはじめるのは九世紀以降のことである。日本だけが例外的に早く鋳造しはじめている[69]点は注目に値する。

　貨幣を用いない物々交換経済では、Aが余分にもっているモノとBが余分にもっているモノが交換されるという「欲求の二重の一致」がなされなければならない[70]。このような経済では、「総供給はつねに総需要に等しい」とするセイの法則が支配する。貨幣経済の段階になると、貨幣により価値が貯蔵されるためセイの法則は成立せず、ケインズが「流動性選好」と名づけた貨幣独特の振る舞いがはじまる。貨幣を保有しているかぎり――人々が貨幣それ自体を流動性として保有するかぎり――供給は必ずしもみずからの需要を創り出さず、総供給は必ずしも総需要と等しくはならない[71]。〈交換〉は、貨幣を用いるのか用いないのかにより、著しく変質するのである。

　古代の貨幣経済であっても近代の貨幣経済であっても、貨幣の機能は本質的に変わらない。近代、とくに産業革命以降の経済における飛躍的な生産力の向上により、貨幣の役割が格段に増すとしても、基本構造は古代における貨幣経済と変わるところはない。考古学的・文献学的に確認される最古の貨幣が天智朝に用いられていたことは、経済の大きな転換点がこの時期にあったことを示している。

⑥中央官制（六官制）

『書紀』天智十年正月庚子（二日）条

大友皇子をもって太政大臣に拜す。蘇我赤兄臣をもって左大臣となす。中臣金連をもって右大臣となす。蘇我果安臣・巨勢人臣・紀大人臣をもって御史大夫となす。

天智紀十年正月是月条に「法官」（式部省の前身）という官名がみえることに着目した井上光貞は、この時に「太政官―八省」の原形である「太政官―六官」という太政官制が成立すると考えた[72]。山尾幸久氏[73]・森公章氏[74]は天智朝末期に律令制的中央官制が成立したとする。

⑦近江令

『弘仁格式序』に「天智天皇元年（天智称制七年のこと・中野注）に至り、令二十二巻を制す、世人謂うところの近江朝廷の令なり」、『藤氏家伝』大織冠伝に「（天智）七年（中略）帝、大臣をして礼儀を撰述し、律令を刊定せしむ」とあり天智七年に近江令が制定されたと伝える。近江令については存在説と非存在説が対立している。非存在説が一時優勢だったが田中卓氏の反論に説得力があり、吉川真司氏が存在説を改めて唱えている状況にある[75]。

中国の律令は曹魏以前（主に秦漢）では「基本法としての律」と「それ以外の追加単行法（＝詔）の集成としての令」によって運営されていたと考えられているが[76]、律にも追加単行法があり律典は曹魏から頒布されたという説が提示されている[77]。このような研究動向のなかで秦漢律令を「原始律令」と定義する見方が登場し[78]、大隅清陽氏は近江令・飛鳥浄御原令の「原始律令」的性格を[79]、鄭東俊氏は高句麗・百済・新羅の成文法が原始律令的だった可能性をそれぞれ指摘している[80]。天智朝に律令編纂の志向が存在し、「原始律令」が作成された可能性はあると考えたい[81]。

⑧宮都

『書紀』天智六年三月己卯（十九日）条

三月辛酉朔、都を近江に遷す。

天武紀・上（壬申紀）の天武元年五月是月条には「近江京」という表記があるため、近江京（大津京）の条坊や地割に関する多くの研究(82)があるが、考古学的には条坊制や京域は確認されていない。大津の都は穴太廃寺～園城寺前身寺院までの範囲であり、官衙・貴族の邸宅・官人の住宅・寺院は「統一的な都市計画」によって配置されたと考えられるが、この地割りは条坊制とは別問題とされる(83)。しかし、曹司を伴い多くの官人が集住していたことは間違いなく、条坊制が敷かれていなくとも「京」と称して構わないという指摘(84)もあるので、高度な首都機能を有していたことは疑いない。千田稔氏は、孝徳紀・天智紀などにみえる「倭京」という語は、飛鳥から藤原京への移行途中において大和の宮や関連施設が集まった空間を指したものとする。倭京は平城京・平安京のようなまとまった区域をもたず、京極や羅城門もなく、「近江京」も同様に計画的な道路はなかったとする(85)。

⑨日本国号

『三國史記』新羅本紀第六文武王（上）・文武王十年十二月条

十二月、（中略）倭国更《あらた》めて日本と号す。自ら言う。日出ずるところに近し。ゆえに名となすと。

これによれば、文武王十年（六七〇・天智九）十二月、新羅に対し倭国が日本と号したという。

⑩帰化（人）

『書紀』天智四年二月是月条・同年三月是月条・五年是冬条

四年春二月、（中略）是月、（中略）復た、百済百姓男女四百余人をもって、近江国神前郡に居べらしむ。三月、

（中略）是月、神前郡の百済人に田を給う。

（五年）是冬、（中略）百済男女二千余人をもって、東国に居べらしむ。凡緇素《しそ》を択ばず、癸亥年より起《はじ》めて三歳に至るに、ならびに官食を賜う。

五年是冬条の「癸亥年」は百済が完全に滅亡した天智二年のことであり、白村江敗戦ののち六六三〜六六四年ごろに大量の百済亡命貴族・避難民が来日したものと思われる。

このほかにも、天智紀八年是歳条には佐平余自信など百済の男女七百余人を近江国蒲生郡に遷《うつ》し居《お》くとの記事があり、天智朝廷が亡命百済人に居所や耕作地・食料を供給していることが分かる。(86) これは『養老賦役令』没落外蕃条の「外蕃の人が帰化したならば、復一〇年」に通ずる処置である。

天智紀十年正月条には達率以上の百済官位をもつ者一三人を列記したうえに「余の達率五十余人」に倭国の冠位を授けたとあるので、七十人近い百済貴族の亡命が確認できる。吉田孝氏はこの時の亡命百済人は総勢四、五千人以上にのぼったとする。(87) これだけ多くの外国人が一度に来日し、君主が徳を及ぼす行為である「安置供給」を受けた事実は、この時に「帰化人」(88) 概念が実態を伴って成立したのではないか、との推測を可能とする。

⑪畿内制

古代日本における「畿内制」は、いわゆる大化改新詔第二条に出てくる「畿内国」からはじまると考えられている。

『書紀』大化二年正月甲子（一日）条

（前略）其二曰、（中略）凡畿内、東は名墾横河より以来、南は紀伊兄山より以来〈割注・兄はこれを制という〉、西は赤石櫛淵より以来、北は近江狭々波合坂山より以来を、畿内国となす。（後略）

金田章裕氏は、「畿内国」の四至である「名墾横河」「紀伊背山」「赤石櫛淵」「近江狭々波合坂山」が、難波長柄豊

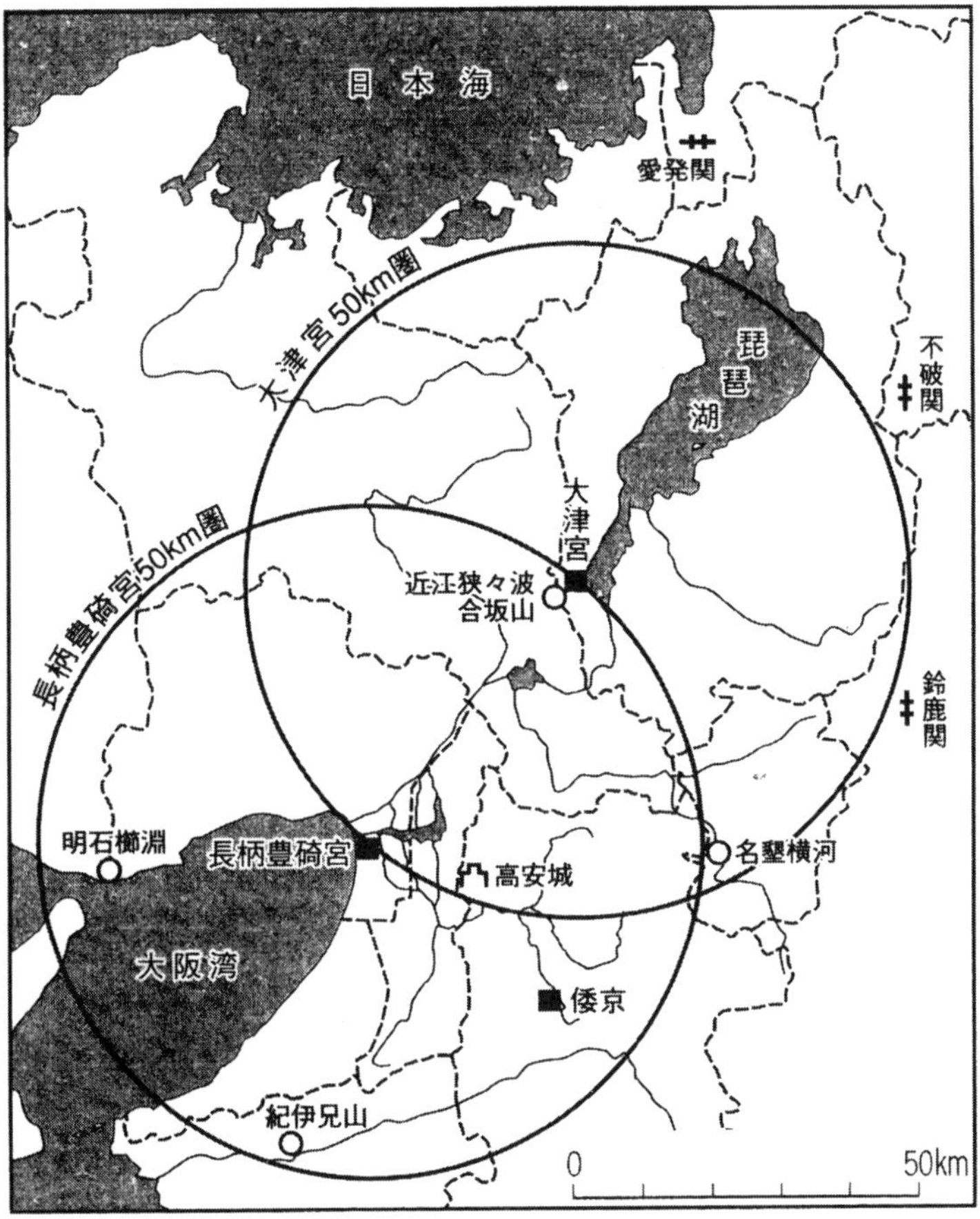

図2　長柄豊碕宮・大津宮50キロ圏図

碕宮を中心とした半径五〇キロの円周上の周辺に位置することに注目する。さらに、「愛発関」「不破関」「鈴鹿関」「高安城」がいずれも、大津宮を中心とした半径五〇キロの円周上の周辺に位置することから（図2参照）[89]、これら四つの軍事的拠点が近江遷都による新たな「畿内」として設定された可能性を金田氏は指摘している。

氏は、大津宮時代の「畿内」は、中国的な本来の畿内の考え方をより軍事的なものに結びつけて展開したものとして捉えている[90]。

①から⑪までの諸政策は、従来、高度な統治技術としての「律令制度の導入」や先進文化としての「仏教の受容」などとして理解されてきた。しかし、これらは単に倭国固有の統治制度を部分的・個別的に中国式に変えていったものではない。中華帝国の内面的構造（「化内」）を総体として受容する企図のもと、それを模した体制を構築しようとする運動の体系（政策の束）と捉えるべきである。

氏族統制策により帝国の支配者のもとに諸氏族を結集させ、官人（官僚）制度で再編成する。造籍により全国の人民への支配を徹底し、「帰化」装置により外国人を支配体制に編入する。帝国にふさわしい文化事業としての仏教興隆事業や通貨政策としての金属貨幣鋳造を実施する。新国号・律令法制定・皇位継承法実施・軍事的「畿内制」などは確認が困難だが、これらを含めた一連の政策から、内政面でも帝国としての実質を整えようとする志向性、すなわち帝国性が看取できるのではなかろうか。従来、この時期は律令制受容過程として捉えられてきた。しかし、単なる《法体系》の受容ではなく、中華帝国をモデルとした《帝国のシステム》の導入過程として捉えるべき、と考える。

六　『書紀』の史料的背景について

前節では、天智朝の内面的構造における帝国性を検討したが、天智朝の諸政策には不明な点が少なくなく、帝国性が存在した可能性を指摘するにとどまった。ただ、これについては天智紀を収載する『書紀』の史料的背景に問題があると考えるので、この点に触れておきたい。

ここまでの考察の結果をまとめると、表5のようになる。

表5を通覧してみると、諸史料・諸研究が言及している天智朝の諸事績のうち、大津宮遷都から天智崩御までの時

期のものの一部が『書紀』に記載されていないことが分かる。

ところで、前節の④で取り上げた「不改常典」は天武系の天皇たちにより即位の根拠とされているにもかかわらず、『書紀』に具体的な記事がない。『書紀』に大友皇子即位の記事はないが、『西宮記』裏書や『扶桑略記』などは大友皇子が即位したとする。『大日本史』の大友天皇説は幕末に通説化し、明治三年には弘文天皇追諡が行われた。現在では大友皇子即位否定説が大勢だが[91]、大友皇子が近江朝廷の主であり、事実上、天皇大

表5　天智朝の諸事績・諸政策

西　暦	事　　柄	出　　典	天智紀への記載	分　類
661年	**「倭王」に即位？**	（河内春人氏説）	△	
662年	豊璋を百済王に冊立	天智紀元年五月条	○	冊封
663年～664年	大量の亡命百済人に安置供給	天智紀四年二月是月条など	○	帰化？
664年	冠位二十六階	天智紀三年二月丁亥条（甲子の宣）	○	官人制
	氏上・民部・家部等事	〃	○	氏族制
667年	大津京？に遷都	天智紀六年三月己卯条	○	宮都
	「軍事的」畿内制を設定？	（金田章裕氏説）	×	畿内制
667年～669年	法隆寺西院伽藍建設開始？	部材の年輪年代測定	×	仏教
668年	**「天皇」に即位？**	（河内春人氏説）	△	君主号？
	無文銀銭	崇福寺の三重塔心礎から出土	×	貨幣鋳造
	近江令制定？	『藤氏家伝』大織冠伝・『弘仁格式序』	×	律令
670年	庚午年籍	天智紀九年二月条	○	戸籍
	日本国号使用	『三国史記』新羅本紀・文武王十年一二月条	×	国号
671年	六官制成立？	天智紀十年正月庚子条	○	中央官制
671年？	不改常典	天智紀十年十一月丙辰条の「詔」？ 元明天皇、聖武天皇、孝謙天皇の即位詔	○？	皇位継承

註　「×」は天智紀に記述なし、「○」は天智紀に記述あり。

「△」は天智紀に記述があるが意味づけを変更している、という意味。

「無文銀銭」は、崇福寺が創建された時点に年紀を付した。

「不改常典」は、伊野部重一郎「『不改常典』小考」（『続日本紀研究』192、1977年八月）により、天智紀十年十一月丙辰条の「詔」に年紀を付した。

権を有していたとみるのが自然であり、[92] 天智崩御から壬申の乱開始まで大友皇子の事実上の称制だったという解釈が実態に近い。[93] 大友皇子から権力を簒奪した天武とその皇親・群僚たちが編纂した『書紀』には、史料的限界がある。

唐の太宗（李世民）は、すでに編纂されていた正史群を国家事業として再編纂させ『晋書』以下六正史を完成させた。陳寅恪は、太宗が『晋書』を再編纂させたのは、唐の皇室李氏を尊揚し、その先祖の淵源を証明するためであった、という推論を述べている。[94]

太宗が頻りに『起居注』（皇帝の言動の記録）をみたがるため「帝王みずから史を観るを聞かず」と諫められた逸話が『貞観政要』に載っているほど、太宗は自分に関する記述を気にしていた。[95] 太宗の人物像に粉飾がみられるのに対し、彼に直接・間接に滅ぼされた人々（隋の煬帝、唐の高祖李淵・太子李建成など）に関する人物評価が否定的であったり、記述が粗略にされていることは有名である。[96]

『懐風藻』には大友皇子が詠んだ漢詩として「皇明光日月。帝徳載天地。三才並泰昌。萬国表臣義」が収載されている。[97] 大意は「皇のご威光は日や月の如く照りわたり、帝の徳は天や地が万物を覆い載せるように広大である。天地人の三才は（天子の徳によって）すべて安らかで盛んであり、万国は臣下たるの義を表し示す」であり、「天子を謳歌する詩」とされる。[98] この漢詩が本当に大友皇子により詠まれたのかは慎重に判断しなければならない。しかし「皇」「帝」の威光・徳の拡がりと、それに対して「万国」が「臣義」を表するという内容の詩を大友皇子が詠んだとされることは興味深い。本章で述べ来たったような帝国性を天智朝に想定すれば、右のような詩を大友皇子が詠んだとしても不思議はない。

前節で存在を確認できなかった「⑦近江令」が、天武・持統期に編纂された飛鳥浄御原令を賛揚するために、明確に記載されなかった可能性はないのだろうか。「⑥六官制」や「⑨日本国号」にも同様の背景はなかったのだろうか。

天智朝後期（近江遷都～天武即位直前）の諸事績が、実施されたり実在したにもかかわらず『書紀』に明記されていない可能性については、想定しておく必要があるだろう。

「治天下王」として即位していた天智が、小帝国の主宰者である「天皇」として改めて即位したのであれば、天智天皇こそが小帝国の創設者となる。その画期性は重大で、天武系皇族や群臣たちには受け入れられなかったであろう。天皇号の案出とその始用記事が、天智紀から意図的に削除された可能性は検討されてしかるべきである。

天智朝には太政官が機能し、令制国を通じて全国的な庚午年籍が作成されており、中央官制や地方行政組織については正当に評価しなければならない(99)。天智朝には、百済王の冊立のみならず帝国にふさわしい国内体制を整えようとする指向性、すなわち帝国性が存在した可能性がある。

七　高宗・武則天期の東アジア情勢―「小百済国」・「小高句麗国」・無上可汗・渤海建国―

前節までで、七世紀後半に「小百済国」「小高句麗国」などが樹立され、日本も新羅も小帝国を指向する帝国性を有していたことを論じてきた。目を東北アジアに転じてみると、松漠《しょうばく》都督府（遼寧省朝陽市）の都督で契丹の首領であった李尽忠が六九六年に「無上可汗」と称したり、大祚栄が渤海を建国したりしている。高宗や武則天の時代の東北アジアでは、いくつかの勢力が小帝国建設の指向（帝国性）を有していた。

契丹の動向を時系列に従い整理する。

①貞観二年（六二八）

唐の太宗は、突厥討滅のための下準備として契丹を唐に寝返らせ、東の守りを突き崩す(100)。

新　羅	契　丹	渤　海
=第1回熊津会盟（扶余隆と）		
=第2回熊津会盟（扶余隆と）		
→唐・羅戦争開始 **漢城の小高句麗** →新羅に号す（『三国史記』）		
金馬渚の小高句麗国（報徳国）		
=唐・羅戦争終結		
	万栄、右玉鈐《ケン》衛将軍・帰誠州刺史を拝し、永楽県公に封じられる	
	李尽忠→**無上可汗** 営州を占拠し、檀州を包囲したが、張九節に撃退される 李尽忠病死	
→至る（『三国史記』）		大祚栄、震国を建国
→至る（『三国史記』）		

表 6　高宗・武則天期の北・東アジア情勢

年　紀	皇帝	唐元号	日本天皇	唐・武周	日　本
662 年　5 月		龍朔 2	天智　元		**小百済国**樹立
664 年　2 月		麟徳元	3	第 1 回熊津会盟＝＝	＝＝＝＝
665 年　8 月 9 月 12 月		2	4	第 2 回熊津会盟＝＝ 劉徳高、来日――→ 帰国	＝＝＝＝ 入京 遣唐使派遣
666 年　1 月	高宗	乾封元	5	泰山で封禅の儀――→	遣唐使参加？
670 年　3 月 6 月 12 月		咸亨元	9	唐・羅戦争開始←	―――― 日本国号――
671 年　8 月		2	10		
676 年 11 月		儀鳳元	天武　5	唐・羅戦争終結＝	＝＝＝＝
677 年		儀鳳 2	6	**唐系小高句麗①**	
683 年		天授元	12	武皇后、即位	
685 年		垂拱元	14		
691 年	武	天授 2	持統　5		小百済国消滅
696 年　5 月 7 月 9 月	則	万歳登封元	10		
698 年　3 月		聖暦元	文武　2		日本国使――
699 年	天	聖暦 2	文武　3	**唐系小高句麗② （遼東の小高句麗国）**	
703 年　4 月 7 月		長安 3	大宝　3		高麗若光に王姓（**日系小高句麗国？**） 日本国使――

註　表中の「小百済国」「漢城の小高句麗」「金馬渚の小高句麗国（報徳国）」「唐系小高句麗①・②」については表 4 を参照。

②貞観四年（六三〇）
唐太宗、突厥を滅ぼす[101]。
③調露元年（六七九）十月
突厥は独立を求めて反旗を翻し、契丹・奚とともに営州を襲撃[102]。
③永淳元年（六八二）
二度の失敗を経た後、突厥遺民は第二可汗国を樹立[103]。
④垂拱元年（六八五）
孫万栄（敖曹の曾孫）が右玉鈐《ケン》衛将軍・帰誠州刺史を拝し、永楽県公に封じられる[104]。
⑤万歳登封元年（六九六）五月
李尽忠は可汗と称し、万栄とともに挙兵して反乱を起こす[105]。
⑥万歳通天元年（六九六）五月十二日
営州契丹松漠都督・李尽忠と帰誠州刺史・孫万栄は挙兵して造反し営州を攻め落として、都督趙文翽《ぶんかい》を殺した。尽忠は万栄の妹の夫であり、皆営州城側に居している。文翽は剛愎《ごうふく》（頑固で人に従わない性格）で、契丹が飢えても賑給を加えず、契丹の首長たちを奴僕のようにみていたので、二人は怨んで造反した[106]。
⑦同年同月二十五日
左鷹揚《ようよう》衛将軍・曹仁師、右金吾衛大将軍・張玄遇、左威衛大将軍李多祚、司農少卿麻仁節など二八人の将軍を遣して李尽忠らを討った[107]。
⑧同年七月十一日

春官尚書梁王・武三思を楡関道《ゆかんどう》安撫大使とし、姚璹《ようじゅ》を副官にして契丹へ備えさせた。李尽忠を李盡滅、孫万栄を孫万斬と改名した。李尽忠は無上可汗と自称して営州を占拠した。孫万栄を前鋒として近隣を攻略させた。向かう所は次々と降伏し、旬日で兵力は数万になった。さらに進軍して檀《だん》州を包囲したが、清辺前軍副総管・張九節がこれを撃退した(108)。

⑨同年十月二十二日

契丹王の李尽忠が死去し、孫万栄が代わって部下を統率した(109)。

⑩神功元（六九七）年六月

孫万栄が下僕に暗殺される(110)。

李尽忠の反乱が勃発する二カ月前（六九六年三月）、青海で行われた素羅汗山の戦いにおいても吐蕃軍に大敗していた唐は、東西両戦線で惨敗し苦境に陥っていた。この時、突厥が契丹討伐を申し出てきた。突厥は、第二可汗国を認めない唐に何度か討伐軍を派遣され、天冊万歳元年（六九五）十月に降伏していた。武則天は突厥の黙啜（帰国公）の申し出を喜び、万歳通天元年（六九六）九月、契丹征伐を命令した。突厥軍に敗れた契丹軍は、孫万栄の指揮下で再び勢いを盛り返し、唐の大討伐軍を撃退する。しかし、突厥により本拠地の新城を奪われた孫万栄が暗殺されると、神功元年（六九七）六月、鎮定された(111)。

李尽忠の反乱が起きると、その混乱に乗じて粟末靺鞨人は指導者乞乞仲象の指揮のもとで高句麗の残党とともに、松漠都督府の支配下から脱出した。その後、息子の大祚栄の指導のもと、高句麗故地へ進出し、東牟山《とうむさん》（吉林省延辺朝鮮族自治州敦化市）に都城を築いて震国を建てた。この地は後に「旧国」と呼ばれる。大祚栄は唐（武周）の討伐を凌ぎながら勢力を拡大し、唐で七一二年に玄宗皇帝が即位すると、翌年に唐に入朝して「渤海郡王」に冊封された。

高宗は、麟徳三年（六六六）に泰山で封禅の儀式を行っている。

『唐会要』巻九五、新羅条

麟徳二年八月、法敏（新羅文武王）は熊津都督・扶余隆と、百済の熊津城に盟う。其の盟書は新羅の廟に蔵される。ここに帯方州刺史・劉仁軌、新羅・百済・耽羅・倭人四国の使を領し、海に浮かび西に還り、もって大（泰）山の下に赴く。

『旧唐書』巻八四、劉仁軌伝

麟徳二年、泰山を封ず。仁軌、新羅および百済・耽羅・倭四国の酋長を領して赴き会す。高宗、甚だしく悦び、擢《ぬき》んでて大司憲に拝す。

封禅は、新王朝を樹立した帝王が天と地に即位を知らせ天下が太平であることを感謝する儀式[112]で、秦の始皇帝、漢の武帝、後漢の光武帝らが行ったのち、魏晋南北朝を通じて行われず、隋の文帝が復興した。高宗の封禅の儀に「新羅・百済・耽羅・倭人四国使」が参加した瞬間、東アジア諸国は中華帝国の新しい支配者としての高宗を承認したことになり、自律的・主体的な振る舞いは制限される。

しかし高宗の崩後、武則天の治世になると北方（契丹・渤海）・西方（吐蕃）・東方（日本）などが自立の動きを示すようになったのである。このような混沌のなかで、日本による独自の小中華帝国創設の企ては中華帝国からとくに厳しい叱責を受けることもなく推進されたのである。

註

（1）石母田正『日本の古代国家』（岩波書店、一九七一年）二頁。のち『石母田正著作集』三（「日本の古代国家」（岩波書店、一九八九年〉）に所収、一一頁。

（2）白村江の戦いに関しては以下のような先行研究を参照。鬼頭清明『白村江―東アジアの動乱と日本』（教育社〈教育社歴史新書〉、一九八一年）。森公章『「白村江」以後―国家危機と東アジア外交』（講談社選書メチエ、一九九八年）。鈴木治『白村江―古代日本の敗戦と薬師寺の謎』（学生社、一九九九年）。

（3）長瀬一平「白村江敗戦後における『百済王権』について」（『千葉史学』六、一九八五年）。

（4）同右、二五頁。

（5）同右、一七頁。

（6）同右、二〇頁。

（7）同右、二一頁。

（8）同右、二二頁。

（9）同右、二六頁。

（10）同右、二七頁。

（11）同右、二九頁。長瀬氏の「百済王権」論について、田中史生氏は、

百済王氏の存在意義を日本（倭）王権による「百済王権」の取り込みの象徴に求める説を否定する材料はなんら存在せず、むしろ積極的に支持してよいものと考える。

と述べている（同『日本古代国家の民族支配と渡来人』校倉書房、一九九七年）四五頁。筧敏生は、百済善光らは「自律的な独自の秩序を形成できず、王権の体裁を整えてはいなかった」として、百済王氏の存在形態を王権と評価することは困難だとする（同『古代王権と律令国家』校倉書房、二〇〇二年）三二―三三頁。しかし、長瀬氏の提言における百済王権は「日本天皇に対する外国君主」という形式的側面に意義を求めるものであり、その実体的側面を論じても意味がないと考える。

（12）坂元義種『古代東アジアの日本と朝鮮』（吉川弘文館、一九七八年）第五章〜第七章。同『倭の五王』（教育社〈教育社歴史新書〉、一九八一年）一六四頁、一七八頁。

(13) 鈴木英夫氏は、本来、「任那(金官四邑=金官国王家の食邑)」が新羅王に貢納していたものを、新羅が倭王権に進めたものが「任那の調」であるとする(同「『任那の調』の起源と性格」〔『国史学』一一九、一九八三年〕)。のち同『古代の倭国と朝鮮諸国』(青木書店、一九九六年)に所収。

(14) 李炳魯「8세기 일본의 외교와 교역―라일관계를 중심으로―(「8世紀日本の外交と交易―羅日関係を中心に―」)」(『日本歴史研究』第四輯、韓国・日本史学会、一九九六年)原文韓国語)所収は、「金馬渚の小高句麗」について考察している。

(15) 村上四男「新羅と小高句麗国」(『朝鮮学報』三七・三八、一九六六年)。のち同『朝鮮古代史研究』(開明書院、一九七八年)に所収。安勝に対する新羅王の対応の変化については、筧前掲註(11)、二二頁を参照。

(16) 同右。

(17) 日野開三郎『小高句麗国の研究』(日野開三郎東洋史学論集 第八巻、三一書房、一九八四年)。

(18) 日野開三郎が主張した「遼東の小高句麗国」について、古畑徹氏は「王統のしっかりした一定の政治的統合体」として理解することに反対し、安易に「国」と呼ぶべきではないと批判している。しかし、八・九世紀の遼東に高句麗人が居住して一定の勢力を有したこと自体は否定しないとも述べている(同「いわゆる『小高句麗国』の存否問題」〔『東洋史研究』五一―二、一九九二年〕)。

(19) 筧前掲註(11)、一八頁。

(20) 同右、一九頁。

(21) 以下、『日本書紀』の引用は、日本古典文学大系『日本書紀』下(岩波書店、一九六五年)による。

(22) 以下、『続日本紀』の引用は、新日本古典文学大系『続日本紀』(岩波書店、一九八九年など)による。

(23) 日本古典文学大系『日本書紀』下(岩波書店、一九六五年)、三六五頁、注二六。

(24) 田中史生「『王』姓賜与と日本古代国家」、前掲註(11)。

(25) 宮瀧交二「高麗郡の設置と渡来人」(『名栗の歴史』上 飯能市教育委員会、二〇〇八年)。同「古代武蔵国高麗郡をめぐる研究の現状について」(野田嶺志編『地域のなかの古代史』岩田書院、二〇〇八年)。

(26) 荒井秀規「渡来人（帰化人）の東国移配と高麗郡・新羅郡」（専修大学社会知性開発センター『古代東ユーラシア研究センター年報』一、二〇一五年）二七頁。

(27) 『思想』（四五四、一九六二年）。のち『日本古代国家論』第一部（一九七三年）、さらに『石母田正著作集』四「古代国家論」（岩波書店、一九八九年）に所収。

(28) 『法学志林』（六〇—三・四、一九六三年）。のち『日本古代国家論』第一部（一九七三年）、さらに『石母田正著作集』四「古代国家論」（岩波書店、一九八四年）に所収。

(29) 『岩波講座　日本歴史』古代Ⅰ（岩波書店、一九六二年）。のち『石母田正著作集』一二「古代・中世の歴史」（岩波書店、一九九〇年）に所収。

(30) 「東夷の小帝国」観念が形成される歴史過程については、廣瀬憲雄「古代東アジア地域対外関係の研究動向」（『東アジアの国際秩序と古代日本』吉川弘文館、二〇一一年）。とくに序章第二節1に詳しい。初出は『歴史の理論と教育』（第一二九・一三〇合併号、二〇〇八年）。

(31) 森公章『古代日本の対外認識と通交』（吉川弘文館、一九九八年）一六二—一六三頁。森氏は「自国中心主義」と「事大主義」の二重構造の外交観で説明するべきとする。

(32) 酒寄雅志氏によれば、朝鮮三国・渤海・ベトナムにも独自の華夷思想が見出せる（同「華夷思想の諸相」〔『アジアのなかの日本史』Ⅴ自意識と相互理解、東京大学出版会、一九九三年〕所収。のち同『渤海と古代の日本』（校倉書房、二〇〇一年）に終章として所収。

(33) 廣瀬前掲註（30）、九頁。

(34) 同右。

(35) 山下範久『世界システム論で読む日本』（講談社選書メチエ、二〇〇三年）の六一頁以降で、「理念的存在としての近世帝国」を提唱している。

(36) 廣瀬前掲註（30）、九頁。

（37）森前掲註（31）、二三―二四頁の註（1）と二七頁の（付記）、河内春人『日本古代君主号の研究』（八木書店、二〇一五年）序章には詳細な先行学説紹介がある。

（38）『木簡研究』一二（一九九〇年）三五―三七頁。

（39）『木簡研究』二一（一九九九年）二二頁・二五頁。奈良国立文化財研究所（『飛鳥藤原宮発掘調査出土木簡概報』一三、一九九八年）一八頁。

（40）この発見より前に東野治之氏は、天皇号は皇后号とともに浄御原令ではじめて規定されたとする（同「天皇号の成立年代について」〔『続日本紀研究』一四四・一四五、一九六九年〕）。のち同『正倉院文書と木簡の研究』（塙書房、一九七七年）に所収。氏はまた、六七五年に唐の高宗が皇帝号をやめ「天皇」を称したことを日本の君主にあてはめたことから日本の天皇号がはじまったと考え、天皇号の成立はこれ以降であるとした（同「『天王』号の成立と『天皇』号」〔『ゼミナール日本古代史』下、光文社、一九八〇年〕）。のち同『日本古代金石文の研究』（岩波書店、二〇〇四年）に所収。

　飛鳥池木簡の「天皇」は同時出土木簡の干支から天武六年のものと考えられ、唐の高宗の「天皇」号の天武三年よりあとである。しかし大宝二年派遣の粟田真人が武周革命を知らなかったように、新羅経由の唐文化流入には限界があった（大山誠一「長谷寺銅版法華説相図銘の年代と思想」〔『長屋王家木簡と金石文』吉川弘文館、一九九八年〕）。西嶋定生は、日本の「天皇」号は高宗の「天皇」号にならったものではないとする（同「遣唐使と国書」〔『就実女子大学史学論集』一、一九八六年〕）。のち『倭国の出現』（東京大学出版会、一九九九年）に所収。坂上康俊氏は、唐の高宗が用いた天皇は高宗自身をさす尊号であり、君主号はあくまで皇帝であったことを明らかにしたうえで、唐の天皇号を日本に導入したとは考えがたく、日本の天皇号は天武以前から存在したと述べた（同「大宝律令制定前後における日中間の情報伝播」〔池田温・劉俊文編『日中文化交流史叢書』二、大修館書店、一九九七年〕）。

（41）河内春人「天智『称制』考」（あたらしい古代史の会編『王権と信仰の古代史』吉川弘文館、二〇〇五年）。のち加筆のうえ、河内前掲註（37）『日本古代君主号の研究』に所収。

（42）同右、一一四―一一六頁。

(43) 同右、一一九頁。

(44) 山尾幸久氏によれば、天皇号は律令国家体制を究極において支える絶対君主の名号として採用されたものである（同「古代天皇制の成立」〔後藤靖編『天皇制と民衆』ＵＰ選書、東京大学出版会、一九七六年〕）。

(45) 鎌田元一「七世紀の日本列島―古代国家の形成―」（『日本通史』第三巻・古代2、岩波書店、一九九四年）四二頁

(46) 平野邦雄は「甲子の宣」を、天皇を頂点とする統一的な官僚体制を形成しようとする決定的な改革であったとし（同「大化改新と〝甲子の宣〟」〔『大化前代政治過程の研究』吉川弘文館、一九八五年〕）、鎌田元一は、国内政治体制の強化をはかったものであるとしている（前掲註（45）、三四頁）。「甲子の宣」と同時に宣せられた冠位の改定は、六四九年（大化五）の十九階冠位を改定したものであり、その改制の要点は、従来の花冠（のちの四・五位に相当）の名称を錦冠以下の階数を増し、細分化するところにあった。「其民部家部」は氏上の民部・家部と読むべきであり、民部・家部を定めたのもまた氏族統制策の一環であった（同、三六頁）。「甲子の宣」における民部・家部の設定とは、そのような諸豪族による現実の人民所有に改めて統制を加えるものであった。その場合、民部と家部との違いについて、基本的にこれを国家の民か豪族の私民かの差異とみる原秀三郎説は、その限りにおいて正しいと考える。民部とは主として旧部民の系譜につながり、家部とは元来部民制の埒外にあった私民を継承するものである（同、三七頁）。民部（国家民）と家部（豪族私民）とをそれぞれに定めることであったとみてよく（同、三七頁）、国家民の観念の下になお諸豪族の支配・所有が認められていたとしても何ら不思議はなく、この部民を停めたのが六七五年（天武四）二月の部曲廃止である（同、三八頁）。孝徳朝から天武朝に至る律令公民制の形成過程は、同時にまた王族・諸豪族の部民所有が律令制的食封制へと改編されていく過程でもあった（同、三九頁）。唐の太宗は貞観六年（六三二）に編纂された『貞観氏族志』で氏族の序列化を行った（『隋唐帝国』講談社学術文庫、一九九七年）八四頁、布目潮渢執筆。

(47) 甲午年籍は、今日確認される最初の全国的造籍であり、しかもすべての階層にわたって登載されたとみられる点で画期的なものであった（井上光貞「甲午年籍と対氏族策」〔『日本古代史の諸問題』思索社、一九四九年〕）。

(48) 家永三郎「飛鳥・白鳳文化」（『岩波講座　日本歴史』古代Ⅱ、一九六二年）。

(49) 林博通「大津宮とその時代」(『近江・大津になぜ都は営まれたのか』大津市歴史博物館、二〇〇四年)。小笠原好彦氏は、穴太廃寺の再建について官寺とされたためと考えている(同「近江の仏教文化」〈水野正好編『古代を考える　近江』吉川弘文館、一九九二年〉一六二頁。これらの寺院では、創建に関わった朝鮮系氏族が使用する性格をもつ「弁央に稜線をもち、周縁に副線文を施す単弁系の軒丸瓦」に加え、天皇・国家が関与した官寺で主に使用される性格をもつ「川原寺式の複弁蓮華文系瓦」が用いられている(畑中誠治他『滋賀県の歴史』山川出版社、一九九七年、六一頁、林博通氏執筆)。

(50) 川原寺の創建に関しては、「敏達一三年二月説」「白雉四年以前説」「斉明元年説」「斉明七年説」「天智朝説」「天武二年三月以前説」「天武一五年説」「宝亀五年説」などがある(網干善教『謎の大寺　飛鳥川原寺』日本放送出版協会、一九八二年)三七—四三頁。川原寺式軒丸瓦は近江国の南滋賀廃寺や穴太廃寺、同笵品は崇福寺から出土していて、大津宮造営との関連が指摘されている(岡本東三「東国の川原寺式軒瓦の波及年代をめぐって」〈『古代国家と東国社会』千葉歴史学会編、高科書店、一九九四年〉)ほか、斉明天皇の川原宮と考えられる遺構の上層に川原寺の遺構が存在することから、現在では斉明天皇の崩後、中大兄皇子(天智天皇)が建立したと推定する説が有力である。

(51) 光谷拓実・大河内隆之「年輪年代法による法隆寺西院伽藍の年代調査」(『法隆寺若草伽藍跡発掘調査報告』奈良文化財研究所学報第七六冊、二〇〇七年)二二九頁のTab27。

(52) 武澤秀一『法隆寺の謎を解く』(ちくま新書、二〇〇六年)四六頁。竹原伸仁氏は、天智九年焼失の事実は、考古的所見からは認められないか、あってもごく小規模だったとし、考古学知見からは若草伽藍(若草塔・金堂)の焼失・火災の可能性は限りなくゼロに近いとする(同「法隆寺若草伽藍と西院伽藍に関する二題」〈『考古学に学ぶ(Ⅱ)』同志社大学考古学シリーズⅧ、二〇〇三年〉)。

(53) 若井敏明「法隆寺と古代寺院政策」(『続日本紀研究』二八八、一九九四年)。

(54) 吉村武彦『聖徳太子』(岩波新書、二〇〇二年)Ⅳ—2。

(55) 森郁夫『瓦と古代寺院』(臨川選書、一九九三年、六興出版〈ロッコウブックス〉が旧版、一九八三年)一〇五頁。

(56) 森郁夫・高田良信『法隆寺文化のひろがり』(法隆寺、一九九六年)四二頁。

(57)『続日本紀』慶雲四年七月壬子（十七日）条。
(58)『続日本紀』神亀元年二月甲午（四日）条。
(59) 不改常典に関する諸説については、星野良作『研究史壬申の乱』〈増補版〉（吉川弘文館、一九七八年）二九〇―二九六頁、新日本古典文学大系『続日本紀』一（岩波書店、一九八九年）三八二―三八四頁、補注4―二などを参照。
(60) 吉田孝『日本の誕生』（岩波新書、一九九七年）一六四頁。新編日本古典文学全集『日本書紀』三（小学館、一九九八年）二四八頁、頭注一では、「天命を受けて皇運を開かれた男性」の意と解されている。河内春人氏は「天命開別天皇」の号は中国的な天（天命）思想とかかわるものとする（河内前掲註（38）、二八八頁）。
(61) 吉村武彦「東アジアにおける日本古代国家形成の諸問題（覚書）」（『日本古代学』八、二〇一六年）七八頁。
(62) 今村啓爾『富本銭と謎の銀銭』（小学館、二〇〇一年）。栄原永遠男「貨幣の発生」（桜井英治・中西聡編『流通経済史』〈新体系日本史一二〉山川出版社、二〇〇二年）。河上邦彦『飛鳥を掘る』（講談社選書メチエ、二〇〇三年）一五〇―一五二頁。松村恵司「無文銀銭考」（大塚初重先生喜寿記念論文集刊行会『新世紀の考古学』纂修堂、二〇〇三年）。同「出土銭貨」（『日本の美術』五一二、至文堂、二〇〇九年）一八頁。昭和六十二年以前における無文銀銭の出土状況・直径・重量については栄原永遠男『日本古代銭貨流通史の研究』（塙書房、一九九三年）三二―三三頁、三九頁の表3を参照。
(63) 崇福寺は天智天皇の命により天智七年、近江大津宮の北西の山中に建立された（『扶桑略記』）。崇福寺については肥後和男『大津京阯の研究』（滋賀県史蹟調査報告第二冊、昭和四年七月）、柴田実『大津京阯』下（滋賀県史蹟調査報告第一〇冊、昭和十六年三月）、小笠原好彦『近江の古代寺院』（近江の古代寺院刊行会、平成元年五月）を参照。
(64) 柴田前掲註（63）。この時、出土した無文銀銭は現在、滋賀県・近江神宮が所蔵。
(65) 松村前掲註（62）。
(66) 東野治之氏は、「初期貨幣」は呪術・祭祀的意味が強かったと解釈し（同「東アジアの中の富本銭」〔『文化財学報』一九、奈良大学文学部文化財学科、二〇〇一年〕）。三上喜孝氏は、無文銀銭を流通貨幣として強調することへの疑問から、厭勝銭的な要素を抽出した（同『日本古代の貨幣と社会』吉川弘文館、二〇〇五年）。

(67) 和田萃『飛鳥―歴史と風土を歩く―』(岩波新書、二〇〇三年) 一九一頁。田中史生『越境の古代史』(ちくま新書、二〇〇九年) 一四六頁。江草宣友「古代日本における銭貨と国家」(『歴史学研究』八九八〔二〇一二年増刊号〕青木書店、二〇一二年)。
(68) 江草宣友「古代日本における銭貨の成立」(『國學院雑誌』一〇二―一〇四、二〇〇一年) 二五―二六頁。
(69) 吉田前掲註(60)、一二六頁。
(70) J. ヒックス『貨幣理論』(江沢太一・鬼木甫訳、東洋経済新報社、一九七二年) 第一章。
(71) 岩井克人『不均衡動学の理論』(岩波書店、一九八七年) 九五頁。
(72) 井上光貞「太政官成立過程における唐制と固有法との交渉」(『前近代アジアの法と社会』仁井田陞博士追悼論文集 一 勁草書房、一九六七年)。のち、『論集日本歴史』二〈律令国家〉(有精堂出版、一九七三年)、同『日本古代思想史の研究』(岩波書店、一九八二年)、『井上光貞著作集』二(岩波書店、一九八六年) に所収。
(73) 山尾幸久「大津宮の興亡」(水野正好編『古代を考える　近江』吉川弘文館、一九九二年) 一三四頁で、甲子の宣を受けて、六七一年に近江朝の中央官制が成立したとする。
(74) 森前掲註(2)、一八〇―一八一頁で、六官が天智朝末に成立した可能性があり、律令制的中央官制のはじまりをこの時点に求めたいとする。
(75) 近江令の存否をめぐる学説整理は、吉川真司「律令体制の形成」(『日本史講座』1、東京大学出版会、二〇〇四年) 二一九―二二一頁に詳しい。
(76) 中田薫『法制史論集』四(岩波書店、一九六四年) 六―九頁。堀敏一「晋泰始律令の成立」(『東洋文化』六〇、一九八〇年) 二一四―二三三頁。
(77) 冨谷至「晋泰始律令への道―賄賂罪の変遷―」(『東方学報』七二、二〇〇〇年) 八九―九二頁。滋賀秀三『中国法制史論集』(創文社、二〇〇三年) 三一―三五頁。
(78) 滋賀秀三は、①法規を刑罰法(律)と非刑罰法(令)の二本立て、②律令は一時期にただ一つしか存在しない、③いったん制定された律令は部分的改正をすることはない、という三点を律令の特徴とする。戦国・秦・漢時代には、律・令の名称はあったものの、右の三点のいずれももっていなかったので「原始律令期」と呼んだ（滋賀前掲註（77）、二〇—二一頁）。曹魏以降の中国の律令や日本の大宝・養老律令など「一般的な律令」は、①「律＝刑法」と「令＝行政法」という内容上の区別があり、②律も令も法典として編纂されている、つまり「篇章之秩」という内部的構造（秩序）がある。これに対して「原始律令」は、①「律＝刑法」と「令＝行政法」という内容上の区別がなく（律にも行政法的内容があり、令にも刑法的内容がある）、②令は法典として編纂されていない（「篇章之秩」という内部的構造（秩序）がなく単にファイルのように集成した）ものである。鄭東俊氏のご教示による。

(79)　滋賀前掲註（77）、三一—三五頁。

(80)　大隅清陽「大宝律令の歴史的位相」（『日唐律令比較研究の新段階』山川出版社、二〇〇八年）。

(81)　鄭「古代東アジアにおける律令の伝播と変容についての試論」（二〇一〇年度東京大学史学会東洋史部会報告、二〇一〇年）。

(82)　林博通『大津京跡の研究』（思文閣出版、二〇〇一年）一九九頁、注（1）参照。

(83)　畑中誠治他『滋賀県の歴史』（山川出版社、一九九七年）五九頁、林博通氏執筆。

(84)　栄原永遠男氏は紫香楽宮に関して、「碁盤の目のような整然とした街衢《がいく》を考える必要は全然ないのであって、別に碁盤の目でなくても『京』でよろしいわけでございます」と述べている（討論「近江・大津になぜ都は営まれたのか」〔『近江・大津になぜ都は営まれたのか』大津市歴史博物館、二〇〇四年〕）一四一頁。

(85)　千田稔・金子裕之『飛鳥・藤原京の謎を掘る』（文英堂、二〇〇〇年）三一八—三一九頁。

(86)　近江国における亡命百済人の分布・繁衍状況については、今井啓一『帰化人』（綜芸舎、一九七四年）第六節。胡口靖夫『近江朝と渡来人』（雄山閣出版、一九九六年）。大橋信弥『古代豪族と渡来人』（吉川弘文館、二〇〇四年）第二編などを参照。

(87)　吉田前掲註（60）、一〇五頁。

(88)　歴史用語として、「渡来人」の語が不適切で「帰化人」の語が適切であることは、中野高行『日本古代の外交制度史』（岩田書院、二〇〇八年）、第四部〈小中華意識における「帰化（人）」〉で詳論した。

(89) 金田章裕「歴史地理学から見た近江の宮都」(『近江・大津になぜ都は営まれたのか』大津市歴史博物館、二〇〇四年)一一四頁、図38。
(90) 同右、一一二―一一六頁。
(91) 星野前掲註(59)。
(92) 日本古典文学大系『日本書紀』下(岩波書店、一九六五年)五八六頁、補注28―三。
(93) 吉村武彦『古代王権の展開』(〈集英社版日本の歴史③〉、一九九一年)二七二頁。
(94) 礪波護・武田幸男『世界の歴史』六(中央公論社、一九九七年)九二頁。
(95) 前掲註(46)『隋唐帝国』七八頁、布目潮渢執筆。
(96) 唐の史官だった劉知幾は、自らの著書『史通』の曲筆篇で「蓋史之為レ用也、記レ功司レ過、彰レ善立レ悪、得失一朝。栄辱千載。苟違二斯法一。豈曰二能官一。但古来唯聞以二直筆一見レ誅、不レ聞下以二曲詞一獲上レ罪」と慨嘆している。飯尾秀幸氏のご教示による。
(97) 請田正幸氏のご教示による。
(98) 日本古典文学大系『懐風藻・文華秀麗集・本朝文粋』(岩波書店、一九六四年)七〇―七一頁。大意は、中野が改変。
(99) 吉村前掲註(61)、七六頁。
(100) 『旧唐書』巻一九九下(列伝第一四九下・北狄)、『新唐書』巻二一九(列伝一四四・北狄)契丹伝。
(101) 『旧唐書』巻一九四上(列伝第一四四上・突厥上)、『新唐書』巻二一五(列伝一四〇・突厥上)。
(102) 『資治通鑑』巻二〇二・調露元年十月壬子条。
(103) 菅沼愛語「唐代の契丹と突厥第二可汗国」(『京都女子大学大学院文学研究科研究紀要―史学編』八、二〇〇九年)四頁。
(104) 『旧唐書』巻一九九下(列伝第一四九下・北狄)・契丹伝。
(105) 『旧唐書』巻六(本紀第六・則天皇后)。
(万歳登封元年)五月、営州城傍契丹首領松漠都督・李盡忠、妻兄の帰誠州刺史・孫万栄、都督・趙文翽を殺す。兵を挙げて反し栄州を攻陥す。盡忠、自ら可汗と号す。
(106)『資治通鑑』巻二〇五（唐紀二二）。
（万歳通天元年）夏、五月、壬子、営州契丹松漠都督・李尽忠、帰誠州刺史・孫万栄、兵を挙げて反し、営州を攻陥し、都督・趙文翽を殺す。盡忠、万栄之妹夫也。皆栄州城の側に居す。文翽、剛愎にして、契丹飢えるも賑給を加えず、酋長を視ること奴僕のごとし。ゆえに二人怨りて反す。
(107)『資治通鑑』巻二〇五（唐紀二二）。
乙丑、左鷹揚衛将軍・曹仁師、右金吾衛大将軍・張玄遇、左威衛大将軍・李多祚、司農少卿・麻仁節など二十八将を遣し、これを討つ。
(108)『資治通鑑』巻二〇五（唐紀二二）。
万歳通天元年（六九六）秋、七月、辛亥、春官尚書梁王・武三思をもって楡関道安撫大使となし、姚璹をこれに副う。もって契丹に備えしむ。李尽忠を改め李尽滅となし、孫万栄を孫万斬となす。尽忠、尋するに自ら無上可汗と称し、営州に據り、万榮をもって前鋒となし、地を略すること、向う所の皆下り、旬日にして、兵数万に至る。進みて檀州を囲むも、清辺前軍副総管・張九節はこれを撃ち卻《しりぞ》ける。
(109)『資治通鑑』巻二〇五（唐紀二二）。
冬、十月、辛卯、契丹の李尽忠卒す。孫万栄、代りてその衆を領す。
(110)『旧唐書』巻六（本紀第六・則天皇后）
六月、内史李昭徳・司僕少卿来俊臣、罪をもって誅に伏す。孫万斬、その家の奴のために殺され、余党大いに潰える。
(111)菅沼前掲註(103)、四―五頁。
(112)劉向撰『五経通義』には「姓が易りて王、太平に致らば必ず泰山を封ぜよ」とある。

第二章　日本国号の成立

一　日本国号研究の問題点

日本国号の研究には膨大な蓄積がある。[1]小林敏男氏は従来の研究の問題点として以下の四点を指摘する。[2]

①図式的形式的である。

②あまりにも日本号の成立に大きな比重をもたせすぎている。

③天皇号と日本号を不可分のものとみる先入観がある。

④日本国号を唐との関係に収斂しすぎている。

④について小林氏は、石母田正[3]・東野治之[4]・神野志隆光[5]ら各氏の見解は、あまりにもわが国と唐との関係を緊密なものと考えすぎていて、朝貢のもつ意味を過大評価しすぎていると批判する。[6]そのうえで、『三国史記』新羅本紀の二カ所（孝昭王七〔六九八〕年三月条・聖徳王二〔七〇三〕年七月条）に「日本国使至」という記事のあることに注目し、対外的には唐よりまず新羅に対して用いられたという事実を重くみるべきであると強調する。[7]

文武王十年（六七〇）十二月、倭国は新羅に対して日本と号したという。

『三国史記』新羅本紀第六文武王（上）・文武王十年十二月条

　十二月、（中略）倭国更《あらた》めて日本と号す。自ら言う。日出ずるところに近し。ゆえに名となすと。

しかしこの史料については、十三世紀末の『三国史記』編纂時に、文武王十年条の改号記事を裏付ける独自の史料的根拠があったとは信じられず、咸亨元年の遣使記事にかけて改号のことを記している『新唐書』の記事によって書かれたものとされ、信頼性に疑問が呈されている。(8)『新唐書』の記事は以下のごとくである。（傍線部は中野、以下同じ）

『新唐書』巻二二〇列傳第一百四十五東夷・日本

　咸亨《かんこう》元年、使を遣し高麗を平らげしを賀す。後に稍《やや》夏音を習い、倭の名を悪《にく》み、更めて日本と号す。使者自ら言う、「国、日出ずる所に近し。ゆえに名とす」と。あるいは云う、「日本はすなわち小国、倭の并《あわ》すところとなす。ゆえにその号を冒す」と。使者、情《まこと》をもってせず、ゆえに焉《こ》れを疑う。またその国都は方数千里と妄《みだ》りに夸《ほこ》る。南・西は海に盡《つ》き、東・北は大山に限り、その外は即ち毛人と云う。

東野治之氏によれば、武則天による改号承認を記した『史記正義』（張守節著、七三六年成立）の記事(9)により、大宝度の遣唐使・粟田真人が公式に国号を使用した時点が日本国号の成立とするのが妥当である。(10)

　これに対して井上亘氏は以下の三点から、天智八年（六六九）に発遣された第七次遣唐使・河内直鯨らが高宗に日本国号変更を申請したとする。(11)

①『新唐書』の「後に」は、咸亨元年（六七〇）の第七次遣唐使の次の大宝度遣唐使（七〇二）ではなく、第七次遣唐使の滞在中と考えられる、②日本国号への変更を申請した使者に対する『新唐書』の「情をもってせず、故に焉れを疑う」という評価が、第八次遣唐使の粟田真人に対する同書の「真人、学を好み能く文を属《しょく》し、進止に容《かたち》あり」

という高評価と合致しない、③『新唐書』の記述の乱れは奝然《ちょうねん》の『王年代紀』と中国側の記録を統合する過程で生じた混乱にすぎない。

井上氏によれば、六七〇年に第七次遣唐使が日本国号への変更を申し出て、大宝度の第八次遣唐使の時に武則天が認可したことになる。(12)

神野志隆光氏は以下の四史料を根拠に「日本」とは、元来中国でわが国を指す言葉として成立したと論じた。(13)

1『日本書紀私記』丁本の師説

日本の号、晋の恵帝の時に見ゆと雖も、義理明らかならず

神野志氏は、元来『晋書』は現行本の他に何種類もあったのであり、平安時代までに伝わっていたのも一種類ではないから（『日本国見在書目録』）、「日本」と記述するものがあったかもしれないとする。

2『述異記』巻上、一六（南朝梁の任昉《じんぼう》が撰述した伝説集）

磅礴山《ほうとうさん》は扶桑を去ること五万里、日の及ばざる所にして其《その》地甚寒し。桃樹の千囲むなる有り。万年に一たび実る。一説に日本国に金の桃有り。其実、重さ一斤なり。

『述異記』は唐・宋の偽作と云われるが、巨大な桃の樹の伝説は『芸文類聚』の「桃」の部に対応記事があり六朝時代にさかのぼるいわれがあるので、六朝時代に「日本国」といった可能性があるとする。

3神亀四年（七二七）に初見記事のみえる第一回渤海国使がもたらした王啓（『続日本紀』）

伏して惟《おもんみ》れば大王天朝命を受けて、日本、基《もとい》を開き、奕葉《えきよう》（代々）光を重ねて、本枝百世なり。（後略）

渤海の使者は六六八年の高句麗滅亡以来の外交使節であり、四〇年の空白があった。このため情報が欠落し、「天皇」号を知らず「大王」と呼びかけた。当然「日本」は国号ではなく、わが国をさす呼称と考えられるのではないか、と

する。

4『釈日本紀』巻一、開題、倭の項

東宮切韻に曰わく、（中略）孫愐《そんめん》の云わく、従う貌、東海中の日本国なり

孫愐は、『日本国見在書目録』に「切韻五巻孫愐撰」、『新唐書』に「孫愐唐韻五巻」とあり、天宝十載（七五一）の成立という（『広韻』序）。神野志氏は、唐初までの中国において、東海のかなたの地を「日本」と呼んでいた可能性があるとする。

神野志氏は1～4をもって、「日本」は元来わが国を示す地名と考えてよいのではないかとするが、(14) 1 2は可能性にすぎず、4も八世紀中葉に成立した韻書にみえる「日本」を「唐初まで」と時代を引き上げる無理があるので根拠とするのには慎重にならざるをえない。3「渤海国王の国書」の「日本」は神野志氏が指摘するように、国号ではなく倭国周辺を指す地名と考えられるが、渤海国で用いられていた呼称であり中国の認識ではない。

中国において「日本」という呼称が古くからあったとする明確な史料は見出せない。一方、国号として成立する以前、東方の意で用いられていた「日本」という呼称は朝鮮関係の史料・書名に見出せる。

二　『百済本記』

『日本書紀』（以下、『書紀』）に引用されている『百済本記』には、「日本天皇」「日本府」などの語句が見出せる。井上秀雄は百済三書（『百済記』『百済新撰』『百済本記』）の語句について『書紀』編者の原文尊重主義は一貫していたとし、「日本天皇」「日本府」などの語句は『百済本記』に記されていたとする。(15) 木下礼仁によれば、百済三書は推

古朝遺文との表記法体系においてきわめて高い近似性があり、百済三書の成立は推古朝を少し下り、七世紀末〜八世紀初までは降らない時期と考えられる。百済三書は、推古朝逸文を用いていた人々や百済系の渡来人たちによって作成されたとした。[16]

坂本太郎は書物の形にしたのはかなりのち、具体的には百済滅亡後日本に亡命した百済人が、祖国から持参した記録を編集して、日本政府に提出したものだろうとした。[17] 坂本説を承けた山尾幸久氏は、『百済本記』は持統四年前後、在日の百済王の名によって纂進されたもので、それは百済王後裔氏族や百済出身貴族の律令制国家における政治的地位の確保を狙いとしたとした。『百済本記』は、書名そのものが「百済王の奉仕の由来記」といったもので、武寧王・聖明王代の天皇の祖先への奉仕の由来を撰上する必要があった。百済三書、とくに『百済本記』のもつ政治性が強調されている。[18]

三品彰英はこれらの語句を聖明王自身が使用したものとしたが、[19] 坂本・山尾両氏説に従い、亡命百済人が日本で編纂した段階（天智朝〜持統朝）で「倭」国号の「日本」国号への変更が行われたと考えるのが妥当と思われる。

三　『禰軍墓誌』

『禰軍《でいぐん》墓誌』は、長さ五九センチ、幅五九センチ、厚さ一〇センチ、おそらく六〇センチの正方形であったと考えられ、[20] 銘文の信憑性は高いとされる。[21] 二〇一〇年に出土した唐代百済人の『禰仁秀墓誌』（七五〇年制作）には、曾祖禰善について「蓋し東漢平原處士の後なり」とある。後漢末の禰衡が「處士平原の禰衡」と呼ばれていることから、その子孫であることを示唆する文章になっている。[22] このため、禰はもともと弥姓だったものを（禰も弥も音は同じくmi）、禰衡が有名なので百済人が自己の出自に関連づけたのではないかとの見解がある。[23]

禰軍墓誌にみえる地名関連呼称を検討する。「扶桑」は、『梁書』諸夷伝にみえ北東アジアを指している。[24] 唐代の詩文にしばしば現れるが、そのほとんどは八～九世紀の唐詩であり、七世紀にさかのぼれない。日本国を意味する扶桑という呼び方は、日本で登場したと考えられる。[25]「青丘」「青邱」は、朝鮮半島を示す用例は多いが、発生源は古代中国の文献であるといえる。[26]

東野治之氏は「風谷」を高句麗、「日本」を百済を指す呼称とする一方、[27]「日本」には新羅を指す用例があるとも指摘する。[28] 葛継勇氏は、新羅人に送った唐詩にある「日本」はもともと「日東」とあった可能性が高く、「日本」が百済を指す用例がないことから、「日本餘噍」は倭国を指している可能性があるとする。[29]

葛氏によれば、「海表」「海東」「東瀛」は唐代の人々がよく使う言葉だが、「海左」「瀛東」はあまり使われない表現である。これらの語を発した者（禰軍墓誌銘原資料の提供者）は海の辺りにあったと考えられるが、「海の辺り」とは百済を指すと考えるべきとする。日本国号は朝鮮半島（とくに百済）に由来する可能性があるとし、[30] 以下のような釈文を提示した。[31]（ルビは中野）

時に、日本の餘噍、扶桑に拠りて以て誅を逋《のが》れ、風谷の遺甿《いぼう》、盤桃を負いて阻固す。

四　『日本世記』

『日本世記』は、高句麗からの亡命僧・道顕の著で、巻数は未詳である。『書紀』の斉明紀から天智紀にかけてと、『藤氏家伝』の大織冠伝や貞慧伝に書名を挙げて、あるいは道顕の言として引用されている。

道顕は天智八年十月の鎌足死去に際して哀悼の辞を述べていることから、没年はそれ以降のことであると推測されるので[32]、上田正昭は『日本世記』の成立を天武朝と考えるのが穏当とする[33]。小林敏男氏は、『書紀』成立以前に、私人の史書に「日本」が冠せられている点が注目されるとする[34]。

五　第一回渤海国使がもたらした王啓

前掲3の史料については、先述の小林氏説のとおり「天皇」号を知らず「大王」と記しているので、渤海では「日本」は国号ではなくわが国周辺を指す地名呼称として用いられた可能性が高い。

『公式令』詔書式条では、天皇は外に対しては「日本」、内に対しては「大八洲」を名のると規定されていた。「日本」は、対外関係のなかから発生した自意識を背景に成立した対外的自称を主眼とした国号である[35]。しかし国号は、他国に宣言し相手がそれを認知した段階で確立する。国号ではなく民族名であるが、ユダヤ人に対する複数の呼称が示唆的である。

ユダヤ人の別名として最も古い呼称「ヘブライ人」は「河（ユーフラテス川）の向こうからやってきた人々」という意味をもち、荒野から沃野へと入り込んできた外来者としての遊牧民を指す一般的な名称だったものが、ユダヤ人を指す〈他民族からの呼称〉として用いられていた。これに対して、「イスラエル人」とは、自分たちの神（エール）であるヤハヴェ信仰にもとづいて結合された宗教的部族集団イスラエルの構成員を意味し、ユダヤ民族が〈自らを表示するために用いた名称〉である[36]。そしてユダ王国がバビロニアに滅ぼされた際、バビロニアの捕囚となったイスラエル民族の上層階級を指して「ユダヤ人（ユダ王国の人たち）」という名称が用いられるようになっていった[37]。同様に国号も〈自称〉と〈他称〉の二面性を有している。いくら国号を自称しても、周辺諸国がその国号使用を容認してくれないと意味がない。

「日本」とは、『隋書』倭国伝の「日出処」と同義で「日が出る所（地）」という意味である。ただ日本人の立場からみれば、自国の国土から日が出るわけではないのでおかしいと感じるが、[38]元来「外」からの視点に立った語であると説明すれば問題ない。[39]『百済本記』『禰軍墓誌』『日本世記』渤海国王の国書（王啓）など、百済・高句麗・渤海に関係する史資料の文中や書名に「日本」が見出されるのは偶然とは思えず、朝鮮半島諸国からみて東方（日の出る方角）にあるわが国に対する呼称と考えられる。神野志・小林両氏は「日本」を中国由来の呼称と考えるが、『禰軍墓誌』の考察から朝鮮半島（とくに百済）に由来する可能性があるとする葛氏説に説得力があるように思う。

「日本」を朝鮮半島由来の呼称とする説は、早くに黒板勝美が提唱している。黒板は、日本は「日ノモト（日出処）」という概念から起こったものとし、わが国からは起こし得られぬもので、おそらく「韓土」におけるわが国の人々によっていいはじめられた名辞とするのが妥当であるとする「日本号韓国起源説」を唱えている。[40]

日本号韓国起源説は国学に源流がある。江戸後期（天保年間）の国学者伴信友は、わが国（大皇国）を「神国」「日本」と称えたのは、もと韓国人の称号なりとして、「大皇国はその（韓国の）東なる神国なれば、日出る方の本ツ国といふ意ばえにて既くより日本と称へ申したりしなり」と述べている。これは、新羅王が「吾聞く、東に神国有り、日本と謂う」（『書紀』神功皇后即位前紀）と申して神功皇后に服属したという三韓征討物語が根拠となっている。[41]明治期の国学者（国文学）木村正辞は、伴信友の説を承けて、「日本はその初め三韓人のいい出した号ならん」として、崇神天皇の御代に任那国が初めて入貢したことをもって、日本号の起源をこの時代に求めた。[42]日本経済史研究の先駆者である内田銀蔵は、『書紀』継体・欽明天皇代の「日本」「日本府」などの表記、とくに『百済本記』の表記は同時代記録の原文をそのまま採録したものであり、当時の日朝間の慣用の文書などに使用されたものとした。[43]
これら戦前の一連の論考には、日本号を三韓人や帰化人が敬愛して、あるいは美称として呼称（使用）したとするものであって、そこに戦前の自国本意の『書紀』解釈の仕方がみえると小林敏男氏は指摘している。[44] しかし、朝鮮諸国の「（地名としての）日本」呼称には、元来、上下関係のような〈価値観〉は含まれなかったと思われる。中国の周辺諸国は、中華世界における自らの位置を、中国からみた方角を用いて表現することが一般的である。朝鮮諸国は「東夷」として〈東方の国〉とされるが、朝鮮諸国より東方にあるわが国を〈東方の国〉と呼ぶと区別できなくなってしまう。そのため朝鮮諸国の東方にあるわが国周辺地域を、「日の出る方角」と関連させて「日本」と呼んだのではないだろうか。

六　日本国号の変更時期

『旧唐書』『新唐書』にみえる、日本国号への変更について「倭の字を悪んだ」「日本国は倭国を併合した」「日辺にあるので日本と称した」など様々な理由が挙げられている。この統一感のなさは、遣唐使が国号変更の理由を問われることを想定していなかったためと思われる。唐側が、外国使節に対する事務的業務の一環として事情聴取をしたところ、聴取された人々が様々に答えてしまったのだ。[45] 大宝度の遣唐使の段階で、日本国号への変更理由がすでに分からなくなっていたのであれば、国号の変更申請は、これよりかなり以前に行われていたことになる。既述のように、六七〇年に第七次遣唐使が日本国号への変更を申し出て、大宝度の第八次遣唐使の時に武則天が認可したことになるという、井上亘氏説が妥当と考えられる。

表7　天智朝の外交・軍事関係主要事項

661年（斉明7）7月	斉明天皇崩御⇒中大兄、「治天下王」に即位？
9月	豊璋に織冠を授与
662年（天智元）5月	豊璋を百済に送り、百済王に冊立
663年（天智2）6月	鬼室福信が豊璋の暗殺を企図→豊璋が福信を返り討ち
8月	白村江の戦い（百済完全滅亡）
664年（天智3）4月	熊津都督府の書簡を携えた郭務悰らが来日（唐人30名、百済人100名余）
	→対応は大山中（六位相当）津守連吉祥と大乙中（八位相当）伊吉史博徳
この年	対馬・壱岐・筑紫に防人と烽を配置し、筑紫に水城を築く
665年（天智4）8月	百済遺臣らが長門・筑紫に朝鮮式山城を築く
9月	唐使・劉徳高ら254人が筑紫に来航
この年	第5次遣唐使・守君大石らが発遣される
	高句麗の淵（泉）蓋蘇文死去（「泉男生墓誌銘」）
666年（天智5）正月	高宗、泰山で封禅の儀→倭人が参列（『唐会要』『旧唐書』）？
	高句麗使節来朝→救援を要請
6月	高宗、高句麗征討を開始
10月	高句麗使節来朝→救援を要請
667年（天智6）3月	近江大津宮に遷都
11月	第5次遣唐使・境部連石積らが筑紫に帰着
	→石積らの唐送使・司馬法聡らを伊吉連博徳らが送る（第6次遣唐使）
	→唐に行かず熊津都督府までか？
668年（天智7）正月	天智即位⇒「天皇」に即位？
7月	高句麗使節来朝→救援を要請か
9月	新羅使節来朝
	平壌城落城（高句麗滅亡）
669年（天智8）9月	新羅使節来朝
この年	第7次遣唐使・河内直鯨を発遣
670年（天智9）12月	**新羅に対し倭国が日本と号した**（『三国史記』文武王10年12月条）
671年（天智10）春	高宗、倭国使節に謁見（『新唐書』東夷伝日本条）
	日本国号への変更を申請？
12月	天智天皇崩御

新羅に日本国号を通告した六七〇年、唐の高宗に日本国号への変更を申請した六七一年が、東アジアの国際関係のなかでどのような時期だったのかを考察するため、天智朝の国際関係を整理したのが表7である。

なお、淵（泉）蓋蘇文の没年については議論があるので若干の説明を加えておく。淵蓋蘇文の没年について『書紀』は六六四年（天智三）十月とする。

（天智三年十月）是月、高麗大臣蓋金《淵蓋蘇文》、その国に終《う》せぬ。児らに遺言して曰わく、「汝ら兄弟、和すること魚と水とのごとくして、爵位を争うことなかれ。もし是《かく》のごとくにあらずんば、必ず隣に咲《わら》われむ」。

これに対して中国側の関連史料からは乾封元年（六六六・天智五）とする見解が提示されている。

『旧唐書』巻一九九、上、高麗伝

乾封元年、（中略）其年蓋蘇文死して、その子男生、代りて莫離支《マンニジ》となる。（後略）

『新唐書』巻二二〇、高麗伝

乾封元年、（中略）而るに蓋蘇文死して、子の男生、代りて莫離支となる。（後略）

『資治通鑑』巻二〇一

（乾封元年五月）高麗の泉蓋蘇文卒し、長子男生、代りて莫離支となり、初めて国政を知る。（後略）

『旧唐書』本紀

（乾封元年）六月壬寅、高麗の莫離支蓋蘇文死して、その子男生、その父の位を継ぐ。（後略）

『旧唐書』本紀の六月壬寅（七日）は、『資治通鑑』の記事の直後に「六月壬寅、右驍《左カ》衛大将軍契苾何力《けいひつかりき》をもって、遼東道安撫大使となし、兵をひきいてこれを救わしむ」とあるのを参照すると、契苾何力を出動させる高宗の詔命の下された時日を示したものでなければならない。そうであれば、蓋蘇文の死は『通鑑』の記載に従って、その一カ月前の乾封元年（六六六）五月のこととすべきであろうか、と池内宏は推定している(46)。

しかし中華民国十一年（一九二二）、河南省洛陽から出土した『泉男生墓碑銘《せんだんせい》』(47)の文章からは、六六五年（天智四）が蓋蘇文の没年だったと考えられる。

（前略）年卅二、太莫《ママ》離支を加え、軍国を総録し、元首を阿衡す。（中略）儀鳳四年正月廿九日をもって疾に遘《あ》い、

安東府の官舎に薨ず。春秋卌有六。（後略）

儀鳳四年（六七九）正月二十九日に安東府の官舎で病死したのが四六歳とあるので、男生の生年は六三四年（高句麗・栄留王十七年）となり、「太莫離支を授けられ、軍事と国政を統べ、元首に宰相として仕え[48]」た三二歳は六六五年のことになる。六六五年、蓋蘇文が死んで息子の男生が大莫離支を継承したと思われる。『泉男生墓碑銘』の説をとり、淵蓋蘇文の死亡を六六五年（天智四）のこととして表6に記した。

ところで、『善隣国宝記』が引用する『海外国記』の天智天皇三年十二月十二日条では、伊吉連博徳が郭務悰らに授けた牒に「日本鎮西筑紫大将軍」と記してある。この記事（とくに「日本鎮西筑紫大将軍」の部分）については、信頼性が高いとみる説[49]と信憑性が低いとする説[50]がある。この史料により日本国号の使用が天智三年にさかのぼる可能性はあるが、『三国史記』に従い文武王十年（六七〇、天智九）十二月に新羅へ日本国号を通告し、井上亘氏説に従い翌年春に唐の高宗に日本国号への変更申請をしたと考えたい。

大隅清陽・鐘江宏之両氏[51]は、「大宝律令編纂以前の歴史について、中国を意識した唐風化という指摘理解は一面的であり、中国よりは百済や新羅において同時代に中国から受容した諸制度が参照されていたことを強調し[52]」、市大樹氏[53]は「朝鮮半島から多くのものを学ぶことで日本古代国家の骨格が形成されたという事実を」強調している。第一章で指摘したように、天智朝には帝国性が垣間みられるが、その指向は、朝鮮諸国に向けられており、日本国号成立の背景と思われる。日本国号の成立を論じる時、対唐関係を過度に重視する従来の手法から脱却し、新羅への対抗意識や日本型小中華意識を念頭に置きつつ、新羅・百済・渤海など朝鮮諸国との関係に留意しながら検討すべきと考える。

註

（1）研究史については以下の各書を参照。井乃香樹『日本国号論』（建設社、一九四三年）。岩橋小弥太『日本の国号』（吉川弘文館、一九七〇年）。大和岩雄『改訂版「日本」国はいつできたか』（大和書房、一九九六年）。神野志隆光『「日本」とは何か』（講談社現代新書、二〇〇五年）。小林敏男『日本国号の歴史』（吉川弘文館、二〇一〇年）。

（2）小林前掲註（1）、一二九頁。

（3）石母田「天皇と『諸蕃』」（『日本古代国家論』第一部、岩波書店、一九七三年）。のち『石母田正著作集』四「古代国家論」（岩波書店、一九八九年）に所収。

（4）東野治之「日出処・日本・ワークワーク」（『遣唐使と正倉院』岩波書店、一九九二年）。同『遣唐使』（岩波新書、二〇〇七年）。

（5）神野志前掲註（1）。

（6）小林前掲註（1）、一三四頁。

（7）小林前掲註（1）、一二七・一三一頁。

（8）新川登亀男氏は、①『三国史記』は高麗仁宗二十三年（一一四五）の成立でありそのまま信用できない。②『新唐書』日本伝の記事を誤読している、の二点から『三国史記』のこの記事を誤りとする（同「『日本』呼称と遣唐使」〔ハノイ国家大学附属人文社会科学大学東洋学部日本学科ファン・ハイ・リン編『日本研究論文集　社会・文化史』世界出版社、ハノイ、二〇一〇年〕）。東野治之「日本国号の研究動向と課題」（『東方学』一二五、二〇一三年）。

（9）『史記』夏本紀第二「島夷草服」の注。「括地志に云う（中略）また倭国、武皇后改めて日本国と曰う。百済の南に在りて海を隔て島に依りて居る。凡そ百余国」とある。

（10）東野前掲註（4）。

（11）井上亘『偽りの日本古代史』（同成社、二〇一四年）五七―五八頁。

（12）同右、五九頁。鈴木靖民氏は、北京大学歴史系での講演「梁職貢図から東部ユーラシア世界論へ」（二〇一一年九月）で、第七次遣唐使が高宗に日本国号変更を申請したと述べている。

(13) 神野志前掲註（1）、六三―七二頁。

(14) 同右、八九―九〇頁。

(15) 井上秀雄「任那日本府の行政組織」（『任那日本府と倭』東出版、一九七三年、初出一九六六年）。

(16) 木下礼「日本書紀にみえる『百済史料』の史料的価値について」（『日本書紀と古代朝鮮』塙書房、一九九三年、初出一九六一年）。

(17) 坂本太郎「継体紀の史料批判」（『日本古代史の基礎的研究』上、東京大学出版会、一九九四年）。

(18) 山尾幸久「『日本書紀』任那関係記事の検討」（『古代の日朝関係』塙書房、一九八九年）。

(19) 三品彰英「神功皇后紀　百済記・百済新撰・百済本記」（『日本書紀朝鮮関係記事考証』上、吉川弘文館、一九六二年）。

(20) 葛継勇「『禰軍墓誌』についての覚書」（専修大学社会知性開発センター『東アジア世界史研究センター年報』六、二〇一二年）一七一頁。

(21) 同右、一六九頁。葛氏によると、『禰軍墓誌』の銘文は、「初唐四傑」といわれる王勃・楊炯・盧照隣・駱賓王の四人と同時代の人物か、四人から影響を受けた人物によって作文されたと思われる。

(22) 張全民「唐祢氏家族墓の考古発見と祢氏一族の初歩的考察」（明治大学古代学研究所・東アジア石刻文物研究所主催国際シンポジウム「新発見百済人『祢氏《でいし》墓誌』と7世紀東アジアと『日本』」、二〇一二年二月二〇日。

(23) 河内春人「日本国号について」（新しい古代史の会、二〇一二年四月二十一日）における葛継勇氏の指摘。

(24) 前掲註（23）における金子修一氏の指摘。

(25) 葛前掲註（20）、一八〇頁。葛氏は、日本国を指す言葉としての扶桑は宋代ではまだ定着せず、元明時代に中国に渡った日本人留学僧により伝わり受け入れられたとする。

(26) 葛前掲註（20）、一七七頁。

(27) 東野治之「百済人祢軍墓誌の『日本』」（『図書』七五六、岩波書店、二〇一二年）。

(28) 同右。
(29) 葛前掲註（20）、一八一頁。
(30) 同右。
(31) 同右。
(32) 志水正司「日本書紀考証二題」（『日本古代史の検証』東京堂出版、一九九四年）。
(33) 上田正昭「大王の世紀」（『上田正昭著作集』二、角川書店、一九九八年）。
(34) 小林前掲註（1）、一七七―一七八頁。
(35) 河内春人「『天下』論」〈二〇〇四年度歴史学研究会大会報告〉（『歴史学研究』七九四（増刊号）、青木書店、二〇〇四年）二九頁。
(36) 大澤武男『ユダヤ人とローマ帝国』（講談社現代新書、二〇〇一年）一三頁。
(37) 同右、一四頁。
(38) 承平六年の書紀講筵で参議紀淑光《よしみつ》は「倭国は大唐の東にあり、日の出の方にみるといえども、今この国にありてこれを見るに、日は域中に出でずして、なお日出国というか」との疑問を発している（『日本書紀私記』丁本）。
(39) 神野志前掲註（1）、一七・五三頁。
(40) 黒板勝美「国号と民族」（『国史の研究』総説、岩波書店、一九三一年）。
(41) 伴信友「中外経緯伝草稿」（『伴信友全集』三、国書刊行会、一九〇九年）。
(42) 木村正辞「駁星野氏日本国号考の補考」（『史学雑誌』一一―一、一九〇〇年）。
(43) 内田銀蔵「日本号の起源」（『史学雑誌』一一―一・二、一九〇〇年）。
(44) 小林前掲註（1）、二〇二頁。
(45) 前掲註（23）における河内春人氏の報告。
(46) 池内宏『満鮮史研究』上世第二冊（吉川弘文館、一九六〇年）二七三―二七五頁。

(47) 泉男生は泉蓋蘇文の長子。墓誌は、羅振玉・内藤虎次郎によって学界に紹介された。陶北溟《とうほくめい》、張鳳台《ちょうほうだい》の手を経て、現在、河南省博物館に保管されている(外山軍治「泉男生墓誌」(『書道全書』8〈中国8・唐Ⅱ〉平凡社、一九五七年))一六五頁。角井博「解説」(『道因法師碑・泉男生墓誌銘』〈中国法書選37〉二玄社、一九八八年)六九頁。
(48) 村上幸造「泉男生墓誌銘」、前掲註(47)、五五頁。
(49) 志水前掲註(32)。小林敏男氏は「日本鎮西筑紫大将軍」は造作ではなく、天智三年時点での称号であり、博徳が「日本」を冠して外交文書として記したものとする(前掲註(1))。
(50) 鈴木靖民「百済救援の役後の日唐交渉」(『続日本古代史論集』上、吉川弘文館、一九七二年〈のち、同『日本の古代国家形成と東アジア』吉川弘文館、二〇一一年に所収〉)。
(51) 大隅清陽「これからの律令制研究」(『九州史学』一五四、二〇一〇年)。鐘江宏之「『日本の七世紀史』再考」(『学習院史学』四九、二〇一一年)。
(52) 李成市「日韓古代木簡から東アジア史に吹く風」(『史学雑誌』一二四—七、二〇一五年)。
(53) 市大樹『飛鳥の木簡』(中公新書、二〇一二年)。

第三章　加耶諸国滅亡と吉備

一　日・唐・羅の帝国構造

本書第一章で考察したように、天智称制元年（六六二）五月、「質」として日本にいた百済の豊璋をヤマト王権は百済に送り百済王に冊立した。翌年八月、倭・百済連合軍が白村江の戦いに敗れ、百済が完全に滅亡すると、同三年三月、倭国に残った百済王善光など百済王族は、ヤマト王権の内部に「百済王権」の首班に位置づけられ、(1)「小百済国」とも呼ぶべき王権を作り出した。

六七〇年以後、新羅も旧高句麗勢力を高句麗王に冊立し「金馬渚の小高句麗」「漢城の小高句麗」などを樹立し、唐も高句麗王族を遼東に送り朝鮮王や安東都督に任じて「遼東の小高句麗国」を形成させた。これらの「小百済国」や「小高句麗国」は、《滅亡した国家の王族を他国が君主として冊立した》という点で共通している。これらを一覧にしたのが図3である。

七世紀後半の東アジアでは、滅亡した国家の後継王権を自任する政権が日・唐・羅三国によって樹立されており、帝国構造の構築を競いあっていた。

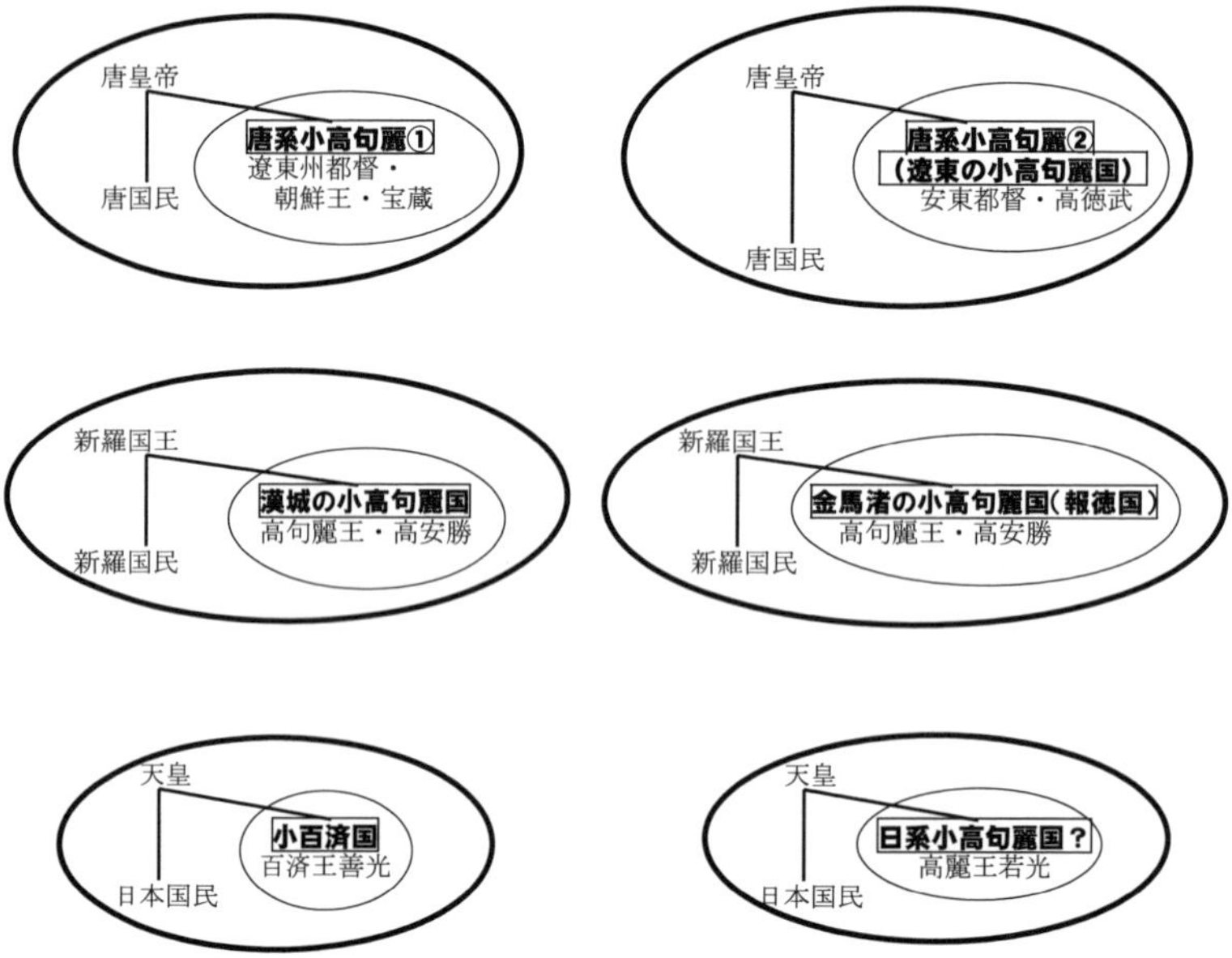

図3　日・中・羅三国における小高句麗国・小百済国

ところで、『隋書』倭国伝には、

新羅・百済は、皆倭をもって大国にして珍物多しと為《な》し、並びにこれを敬仰して、恒に、使を通じて往来す。[2]

とある。石母田によれば、新羅・百済両国が倭国に対して朝貢関係にあるという事実を、隋王朝が公式に承認していることを示しているという。[3] 従来、推古朝の外交について、この記事をもとに対新羅・対百済関係に注目する傾向が強かったが、私見では加耶諸国に対する推古朝の認識が重要だと思われるので、次節で検討することにする。

二　加耶諸国の滅亡と編戸・屯倉と「任那の調」

加耶諸国は、金官加羅国の滅亡（五三二年）、金官加羅国以外の加耶諸国の滅亡（五六二年）と二度にわたり新羅に併呑された。これに、「秦氏・漢氏の編貫」「吉備白猪屯倉の丁籍作成」「任那の調要求」をあわせて年表に

表8　加耶諸国の滅亡と編戸・屯倉と「任那の調」

西　暦	日本（新羅）年紀		事　　項	番　号
532年	安閑元年 （法興王十九年）		金官国王、来降。仇衡王（金仇亥）が国を挙げて降伏。 ⇒国王一族は新羅の首都金城（慶州市）に移り住んで食邑を与えられ、新羅の貴族階級に組み入れられた （『三国史記』法興王一九年・『三国遺事』巻二「駕洛国記」仇衡王条[註]）	①—A
540年	欽明元年八月		秦人・漢人を戸籍に編貫	①—B
555年	欽明十六年七月		**蘇我稲目**らが吉備五郡に白猪屯倉設置	
556年	欽明十七年七月		**蘇我稲目**が備前児島郡に児島屯倉設置・葛城山田直瑞子を田令とする	
562年	欽明二十三年	一月	任那滅亡	②—A
		九月	加耶反乱→加耶城に白旗を立てる（『三国史記』）	②—B
569年	欽明三十年一月		白猪史膽津を遣わして吉備白猪屯倉の丁籍を作成させる	②—C
574年	敏達三年十月		**蘇我馬子**を白猪屯倉に派遣田部を増やし、その名籍を白猪史膽津に授ける	③—A
575年	敏達四年 （真興王三十六年）	二月一日	**蘇我馬子**が京師に帰り屯倉のことを復命する	
		乙丑（三月乙卯朔なら十一日）	天皇は新羅が任那を復興しないことを非難し、（彦人大兄？）皇子と**蘇我馬子**に「任那之復興」を命ずる	③—B
		四月六日	吉士金子を新羅に派遣し、吉士木蓮子を任那に派遣する	③—C
		六月	新羅、任那四邑の調を進む（**「任那の調」**初見記事）	③—D
647年	大化三年		金春秋が倭国（日本）に質として赴き、「任那の調」を廃止	

註　（　）内に出典のない場合は『書紀』の記事。
①—Aの『三国史記』法興王十九年・『三国遺事』巻二「駕洛国記」仇衡王条については註④を参照。

まとめたものが表8[4]である。新羅は外国（金官加羅国）の領土を併合し、その君主一族を自己の支配下に組み入れた（表8の①—A。以下同じ）。新羅が外国君主と君臣関係を結んだはじめての出来事だった。ささやかながら新羅が帝国性を有した瞬間だったといえよう。

欽明二十三年（五六二）の加耶諸国滅亡の後に設定された「任那の調」は、名目的な任那への支配を前提としたものである。[5]倭国は任那を実効的に支配していたわけではなく、実質的な支配者は新羅王である。しかし倭国王は、旧金官国王への名目的な宗主権を主張して新羅に対抗しようとした。新羅が、はじめて他国の君主を隷下に収め、帝国構造を有しはじめた（帝国性を発揮しはじめた）ことに対する倭国の対抗心から発した要求だったと思われる。推古朝段階の倭国には、他国の王権（主権）を支配する能力はなかったが、新羅がもちはじめた帝国性にいち早く対応しようとする意図が看取される。推古朝段階の倭国の帝国性はあくまで新羅への対抗心のなかから出てきたものであり、中国皇帝に対抗するような強い志向性があったとは考えられない。

　ところでヤマト王権による旧金官国への宗主権の主張の史的背景として、加耶系亡命者によるコロニーが形成された可能性がある。

三　吉備と漢氏

　表9をみると、金官加羅国が滅亡（①—A）した八年後に秦人・漢人が戸籍に編貫されている（①—B）。さらに、金官加羅国以外の加耶諸国全てが滅亡（②—A・B）した七年後に吉備白猪屯倉の丁籍作成が行われている（②—C）。直木孝次郎氏は、『正倉院文書』「備中国天平十一年大税負死亡人帳」の分析から、都宇《つう》郡・賀夜《かや》郡に朝鮮系移住民が多いことを指摘し、備前・美作の鉄と秦氏、備中の鉄と漢氏との関連に注目した[6]。

　亀田修一氏は、吉備では六世紀後半には製塩遺跡の増大が、六世紀第2四半期に拡大した鉄器生産が七世紀前半に大きく展開したことを指摘している[7]。総社市の千引《せんびき》かなくろ谷遺跡の製鉄炉四基と製炭窯址三基は六世紀後半のもので[8]、鉄鉱石を原料とし鞴《ふいご》を置く製鉄法は朝鮮・中国の製鉄技術が導入されたものとされている[9]。同市南東部にある窪《くぼ》木《き》薬師遺跡（鍛冶遺跡）の北約一キロにある同市窪木遺跡では、六世紀前半の溝のなかから軟式土器の平底深鉢形土器が出土しているが、この時期の日本人にはほとんど受け入れられなかった土器であるため、朝鮮系移住民の存在を推測させる。[10] 亀田氏は、この現象の背景に朝鮮半島系技術者がいたことを明らかにし、彼らがヤマト王権から派遣されたと想定した。

備前から備中にかけて分布する漢氏（表10）に亀田氏は注目するが、加藤謙吉氏は「漢氏」のウヂ名の「漢《アヤ》」を、もともと安羅の国名から転じたものではないかと推測している。[11]

加耶系移民たちによる製鉄（正確には、輸入鉄素材の加工による鉄器製作である鍛冶）が五世紀から盛んに行われていた吉備[12]では、雄略朝における「吉備氏（吉備上道《かみつみち》臣田狭《たさ》）の乱」や「星川稚宮《ほしかわわかみや》皇子の乱」の敗北により製鉄・製塩が縮小したが、滅亡した加耶諸国の避難民たちがヤマト王権の支配のもと吉備に定住したため、再び吉備での製鉄（鉄製錬）・製塩が盛んになっ

表 9　加耶系亡命者と編戸・屯倉と「任那の調」

西暦（日本年紀）	日　本	朝　鮮
532 年（安閑元）		金官国王、来降（新羅法興王一九年、①—A） ⇓ **金官加耶から亡命者発生？**
540 年（欽明元）8 月	**秦人・漢人を戸籍に編貫** ← （①—B）	
555 年（欽明 16）	吉備五郡に白猪屯倉設置	
556 年（欽明 17）	備前児島郡に児島屯倉設置	
562 年（欽明 23）2 月		任那滅亡（②—A）
9 月		加耶反乱→加耶城に白旗を立てる（②—B） ⇓ **大量の亡命加耶（任那）人発生？** 漢人＝アヤヒト＝安羅人？（註 11）
569 年（欽明 30）1 月	**吉備白猪屯倉の丁籍作成** ← （②—C） ⇒白猪史は船氏系、百済系を自称するが実際は加耶系だったのではないか。（註 15）	
575 年（敏達 4）6 月	ヤマト王権は旧金官国への宗主権を主張 ⇒	新羅、任那四邑の調を進む （「**任那の調**」初見記事、③—D）

註　（　）内は表 7 の「番号」を示す

たと考えられる。加耶系の亡命者・避難民たちが製鉄（白猪屯倉）や製塩（児島屯倉）に従事したり、[13]戸籍に編貫されたり、「钁丁《くわよぼろ》（季節労働者）[14]」として白猪屯倉に付属させられ、加耶系[15]の白猪史が丁籍を作成したのではないだろうか。[16]亀田氏は、先進技術を有していた朝鮮系工人のいた葛城地方[17]に注目し、彼らが吉備に移住してきたことを想定している。白猪屯倉・児島屯倉の設置に関わった蘇我氏には葛城地方に根拠地があったと考えられており、児島屯倉の田令《たつかい》には葛城山田直瑞子《みずこ》が任命されている。先掲の『正倉院文書』「備中国天平十一年大税負死亡人帳」には賀夜郡庭瀬《にわせ》郷三宅里の「忍海漢部《おしぬみのあやべ》真麻呂」と、明らかに葛城地方の漢人と思われる者が記されているなど、吉備と葛城地方に密接な関係のあったことはまず間違いがない。ただ亀田氏が想定した葛城地方からの移住のほかに、加耶諸国滅亡時に日本列島に渡って来た避難民・移住民たちがヤマト王権により、直接、吉備に配されて白猪・児島両屯倉に再編成されたケースも想定できる。[18]

以上のような推測が正しければ、欽明元年における秦人・漢人の戸籍への編貫、同三十年一月における吉備白猪屯倉の丁籍作成により、倭国内に加耶系亡命者のコロニーが形成され、倭王はこれを支配する立場を獲得したことになる。五世紀前半に吉備の大首長（吉備氏）が築いていた支配体制は、雄略朝におけるヤマト王権への軍事的敗北（吉備氏の乱など）により崩壊した。「吉備氏の支配を受けていた中小首長」や「弱体化した吉備氏の子孫」は、六世紀中葉以降、新たにヤマ

表 10　吉備と漢氏

<table>
<tr><td>備前</td><td colspan="2">津高郡
（備前の備中寄り）</td><td>漢氏が多い</td><td></td></tr>
<tr><td rowspan="2">備中</td><td rowspan="2">賀夜郡</td><td></td><td>西漢人部</td><td>奥坂遺跡群＝吉備最古の製鉄遺跡千引カナクロ谷遺跡ほか</td></tr>
<tr><td>大井郷</td><td>東漢人部</td><td>「大井鍬十口」（平城宮出土木簡）
⇒平城宮に納めた鍬作りに朝鮮系移民が関与していたか</td></tr>
</table>

註　亀田修一「鉄と渡来人」『福岡大学総合研究所報』240〈総合科学編　第 3 号〉、2000 年 11 月、174・175 頁。
「大井鍬十口」は、平城宮第一三次発掘、奈良国立文化財研究所『平城宮木簡』1−312。奈良国立文化財研究所『平城宮発掘調査出土木簡概報』1、8 頁下（108 番）を参照。

ト王権（蘇我氏・葛城山田氏など）の支配下で、吉備の倭人や加耶からの移住民（漢人部・忍海漢部など）を管理・統制するようになっていったものと考えられる[19]。国内におけるこの構造が、亡命者の元々の出身地である加耶への支配を正当化する前提となり、金官加羅国王家の食邑からの「任那の調」を要求するに至ったと考えることができる。

四　白猪屯倉・児島屯倉設置の史的意義

馬子は敏達三年十月に白猪屯倉に赴き白猪屯倉の田部を増やし、その名籍を白猪史膽津《いつ》に授けた（表7③—A）。馬子が翌年二月に帰京して屯倉のことを復命すると、天皇は任那復興を皇子（押坂彦人大兄か）と馬子に命ずる（表7③—B）。天皇の命令から推測すると、馬子が大加耶・安羅などの亡命者が安置されていた白猪屯倉を視察し、復命のなかで彼らの祖国の復興を天皇に進言したものと考えられる。四月には、新羅と任那に使節が派遣され（表7③—C）、六月に新羅は任那四邑[20]の調を進上した（表7③—D）。四月の遣使の目的が、「任那の調」の進上を新羅に催促することだったのは明白である。

金官加羅国滅亡（五三二年）から「任那の調」進上（五七五年）に至る右のような経緯をみると、この時期のヤマト王権が加耶諸国支配を象徴する金官加羅国への宗主権を強硬に主張したことが確認できる。本章の一節でみたように、同様の指向が百済・新羅にも向けられており、ヤマト王権は両国を朝貢国扱いするようになっていた。

推古朝の権力層が朝鮮半島諸国（新羅・百済・金官加羅国）に対して帝国としての振る舞いをしたことから、推古朝に帝国への志向、すなわち帝国性の存したことは明らかである。しかしヤマト王権が要求した「任那の調」では、日本の伝統的な貢納物である「調」の進上を強要している。廣瀬憲雄氏は、この時期のヤマト王権の外交儀礼は中国的な礼秩序ではなく、倭国国内の秩序である〈貢納―奉仕関係〉[21]にもとづいていたとする。氏によれば、①使旨の最終伝達先が大臣蘇我馬子であり（対新羅・「任那」）、②調の不備があれば難波から放還される（対百済＝皇極朝）。また隋との関係でも、裴世清の来日に際する儀礼は基本的に中国的だが、③再拝ではなく四拝、④大王推古が出御しない、など純粋な中国儀礼からはいくつかの重要な変更点がある。[22]この段階の倭王は、倭国国内における伝統的な〈貢納―奉仕関係〉を朝鮮諸国にも敷衍して〈「大国」―（調を貢上する）服属国〉という関係を構築しようとしたのであり、それは冊封と朝貢、君主の徳化などに特徴づけられる中華的な帝国性とは異質なものであった。

ところで、「任那の調」が任那という地名を冠しながら、実体は金官加羅国の旧領から出された調であることは既述の通りであるが、[23]なぜ大加耶（高霊加耶）や安羅加耶などの故地からは調の進上を求めなかったのであろうか。『書紀』には、倭王が「任那四県」を百済に割譲したという記事（継体六年十二月条・欽明元年九月己卯条）がみえるが、これら四県は現在の全羅南道にあたると考えられており、[24]「任那」が金官加羅国だけを指すものでないことは明白である。加耶諸国が滅亡したことに関連して「任那の調」の進上を強制したのであれば、その対象地域が金官加羅国に限定されるのは不思議なことである。

この問題を考える時、注目されるのが〈金官加羅国の王族は新羅の支配体制に組み込まれた〉のに対し、〈金官加羅国以外の国の王族が新羅の支配体制に組み込まれた形跡がない〉ことである。[25]金官加羅国の王族は、金官加羅国が新羅に併呑されたあと新羅王都に移住し、のちに新羅王権を支えた金庾信を輩出しているほどである。これに対して、金官加羅国以外の加耶諸国の王族が新羅王権のなかで活躍したという記事はなく、旧多羅国・旧安羅国の旧領の行政官や軍政官には慶州貴族が任命されている。[26]この二国で、金官加羅国のような食封が設定されず慶州貴族による直接支配が行われたのは、二国の王族が新羅王都に移住して新羅王権内部に組織化されることがなかったからと考えられる。他の加耶諸国でも同様だったのではないだろうか(27)。

金官加羅国以外の加耶諸国が滅亡したいわゆる任那滅亡時には、加耶諸国の王族たちの大部分は倭国などに亡命したのではなかろうか。王族が新羅に降伏せず亡命したため、新羅の支配体制下に組み込まれなかったのではないだろうか。倭国に亡命した加耶諸国の王族に従って倭国に避難してきた加耶諸国の人々も多かったと考えられる。これら加耶系移民の生活の場として提供されたのが吉備の白猪・児島両屯倉だったのではなかろうか。

ここまで述べ来たった諸事項を図式化すると図3ようになる。

『書紀』敏達十二年是歳条に「日羅ら、吉備の児島屯倉に行き到る。朝庭、大伴糠手子連を遣して、慰労す(28)」とあることから、児島屯倉には「津」と外交使節団を逗留させることができる宿泊施設、彼らを慰労するための一定の儀式を行う迎賓施設などの「客館」が存在したと考えられている(29)。「任那の調」を進上に来た「任那使」や新羅の使臣は、瀬戸内海を飛鳥古京に向かって移動する途上、吉備（児島屯倉の客館）に立ち寄ったはずである。そのおり倭王による旧加耶諸国民への支配をみたのかも知れない。推定に推定を重ねた憶説にすぎないが、一つの可能性として提示して

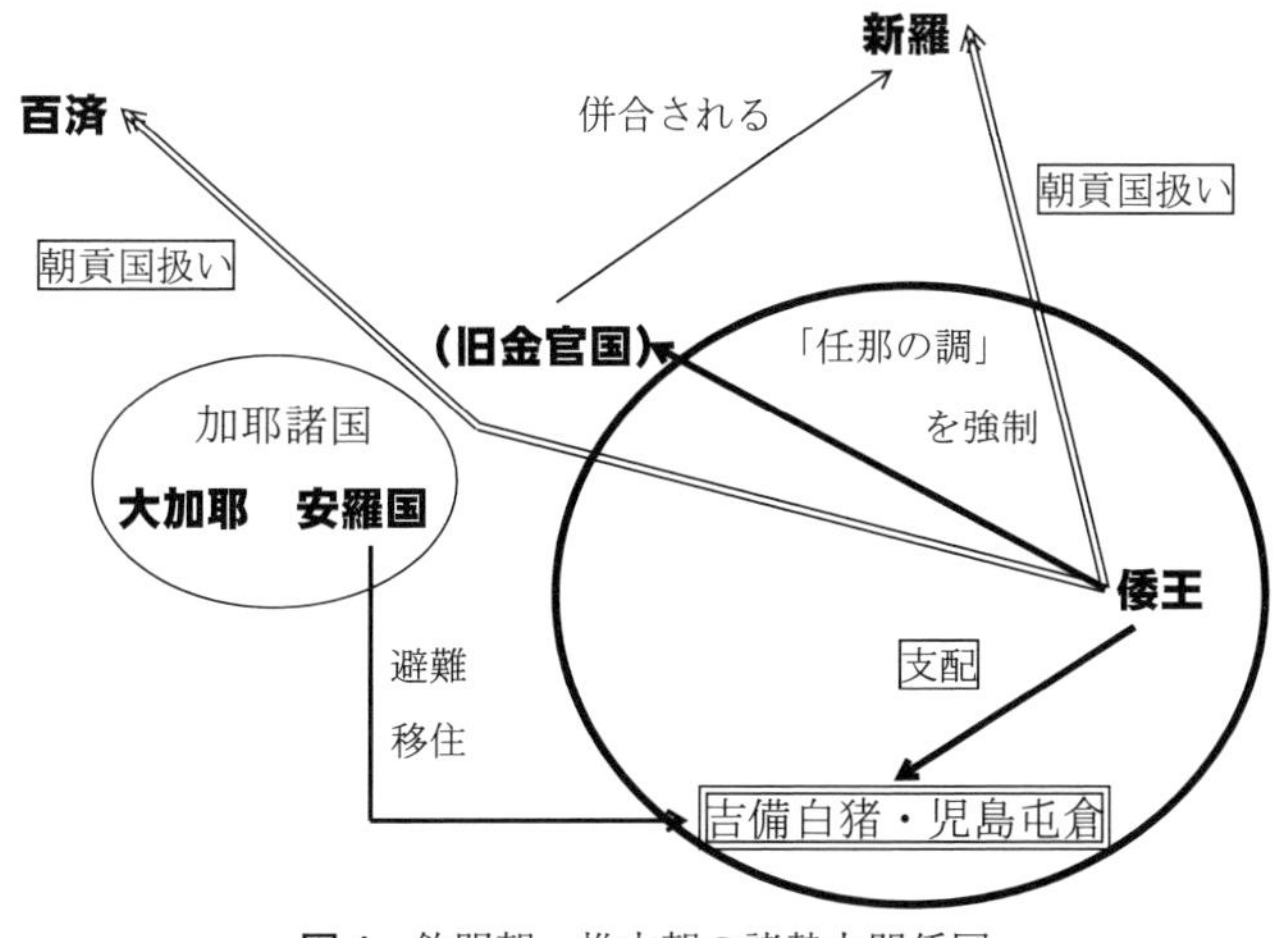

図4　欽明朝～推古朝の諸勢力関係図

おきたい。

註

（1）長瀬一平「白村江敗戦後における『百済王権』について」（『千葉史学』六、一九八五年）。

（2）藤堂明保監修『倭国伝』〈中国の古典17〉（学習研究社、一九八五年）一五五頁、のち講談社学術文庫に所収、二〇一〇年。

（3）石母田正『日本の古代国家』（岩波書店、一九七一年）。のち『石母田正著作集』三「日本の古代国家」（岩波書店、一九八九年）に所収。さらに、二〇〇一年に岩波モダンクラシックスとして再刊、二七頁。以下、引用頁数は、「日本の古代国家」『石母田正著作集』三による。

（4）①—Aの『三国史記』原文は「（法興王）十九年金官国主金仇亥與妃及三子長曰奴宗仲曰武徳季曰武力以国帑宝物来降王礼待之授位上等以本国為食邑子武力仕至角干」（『三国史記』学習院大学東洋文化研究所〔中宗七年〈一五一二〉慶州重刊本の一九三一年京城の古典刊行会景印本を縮写したもの〕、一九六四年四月）三五頁。『三国遺事』原文は「保定二年壬午九月新羅第二十四君真興王興兵簿伐王使親軍卒彼衆我寡不堪対戦也仍遣同気脱知爾叱余留在於国王子上孫卒支公等降入新羅王妃分叱水爾叱女桂花生三子一世宗角干二茂角干三茂得角干」（『三国遺事』学習院大学東洋文化研究所〔今西本〈天理図書館蔵〉の一九三二年〕京城の古典刊行会景印本を縮写したもの）、一九六四年一月、二〇〇—二〇一頁。「保定二年」は西暦五六二年。

（5）鈴木英夫氏は、本来、「任那（金官四邑＝金官国王家の食邑）」が新羅王に貢納していたものを、新羅が倭王権に進めたものが「任那の調」であるとする。（同「『任那の調』の起源と性格」〔『国史学』一一九号、一九八三年〕）。のち同『古代の倭国と朝鮮諸国』（青木書店、一九九六年）。

（6）直木孝次郎「吉備の渡来人と豪族」（藤井駿先生喜寿記念会編『岡山の歴史と文化』福武書店、一九八三年）。

（7）亀田修一「鉄と渡来人」（『福岡大学総合研究所報』二四〇〈総合科学編第三号〉〔福岡大学総合研究所、二〇〇〇年〕）一七八頁。

（8）総社市教育委員会『奥坂遺跡群』（総社市埋蔵文化財発掘調査報告一五　一九九九年三月）。

（9）光永真一「製鉄と鉄鍛冶」（『吉備の考古学的研究（下）』山陽新聞社、一九九二年）とくに第6節。
（10）亀田修一「吉備の渡来人と鉄生産」（大橋信弥・花田勝広編『ヤマト王権と渡来人』サンライズ出版、二〇〇五年）。
（11）加藤謙吉『大和の豪族と渡来人』（吉川弘文館、二〇〇二年）。
（12）亀田修一氏は、五世紀の備中地方で朝鮮半島系移民との関わりが指摘できる遺跡として、「窪木薬師遺跡」「随庵古墳」「高塚遺跡」「法蓮古墳群」「榊山古墳」「奥ヶ谷窯跡」「菅生小学校裏山遺跡」などを挙げている（同「五世紀の吉備と朝鮮半島」『吉備地方文化研究』一四、就実女子大学吉備地方文化研究所、二〇〇四年）。同前掲（10）、二〇〇五年、二二九―二三〇頁。窪木薬師遺跡は、五世紀前半～七世紀前半の鍛冶（小鍛冶＝鉄素材から鉄器を精錬）関係遺構が確認され、吉備最古級の造り付けカマドがあり、そのなかに鉄鋌がおかれていた。加耶地域の福泉洞二一・二二号墳などで出土している鉄鏃と類似した鉄鏃が出土している。ただ五世紀段階では製鉄（鉄製錬・大鍛冶＝鉄鉱石や砂鉄から精錬）はまだ行われず、吉備や近畿をはじめ各地では鍛冶が行われていたと考えられている（内山敏行氏のご教示による）。なお窪木薬師遺跡の北約三・五キロの山麓近くの丘陵先端部にある随庵古墳は、五世紀前半の帆立貝形古墳で、竪穴式石室は加耶系のものである可能性が高い。造山古墳の陪塚である榊山古墳（五世紀前半の円墳）では、加耶系陶質土器が出土している。
（13）西谷正氏は、五六二年の加耶滅亡を契機として亡命して来た加耶人による技術移転により、六世紀後半以後の鉄の国産化がはじまったのではないか、と指摘している（同「加耶からみた近畿」〔石野博信編『古代近畿と物流の考古学』学生社、二〇〇三年〕五一四―五一五頁。白猪屯倉と製鉄、児島屯倉と製塩の関係については、亀田修一「吉備と大和」（土生田純之編『古墳時代の実像』吉川弘文館、二〇〇八年）四八―四九頁を参照。なお朝鮮半島では原始古代の製塩土器や製塩遺跡が皆無なので、製鉄のように朝鮮半島からの技術伝播や技術集団を考えることは現在の資料では不可能である。加耶諸国の滅亡に伴い亡命・避難してきた加耶人たちが、倭人たちにより主体的に経営されていた製塩組織に編成されていったと考える。
（14）大川原竜一「国造制の成立とその歴史的背景」（『駿台史学』一三七、二〇〇九年）。
（15）山尾幸久氏は、王辰爾後裔を称すると、王仁後裔を称するとにかかわらず、船氏一族はもともと五世紀中頃に半島南部の弁韓地方（加耶地方）から散発的に渡来した、出身地も始祖もばらばらの人たちが、東漢氏（加藤謙吉氏説では安羅人）や秦氏の興隆に刺激されて次第にまとまってゆき、その過程で、実在の人物でしかも朝廷に重用された王辰爾の事を核にして、その始祖伝説も作り上げたものと述べている（同『日本国家の形成』岩波新書、一九七七年）四二頁。彼らは六世紀から七世紀にかけて、しばしば有能な実務官僚として用いられている。

(16) 亀田修一氏は、白猪屯倉と朝鮮半島系の移住民の密接な関係を指摘している（同「久世に白猪屯倉はあったか」（『旭川を科学するPart 2』岡山理科大学『岡山学』研究会、二〇〇六年））。氏によれば、福岡県田川市南東部の赤村付近に比定されている豊前国田河郡の我鹿屯倉の範囲が田川市域にまで及ぶのであれば、それ以前に入っていた朝鮮系移住民や朝鮮半島と関わりをもつ在地豪族が屯倉設置に関与し、それに技術・知識をもつ新来の朝鮮系移住民が新たに安置された可能性がある（同「豊前西部の渡来人」（『福岡大学考古学論集』小田富士雄先生退職記念事業会、二〇〇四年））五五八頁。また桑原屯倉についても、朝鮮系考古資料が多数出土している福岡県築上郡新吉富村（現上毛《こうげ》町）の桑野原《かのばる》地域周辺を比定地として想定している（同「地域における渡来人の認定方法」（『九州における渡来人の受容と展開』第八回九州前方後円墳研究会実行委員会、二〇〇五年））九頁。仁藤敦史氏は、白猪・児島両屯倉に関する「田令」「田部丁籍」などの表現は信頼できず、「吉備五郡」「備前児島郡」の表記は大宝令以降の潤色とする。「田部丁」個人を集めて「田戸」としたのであり、必ずしも造籍や編戸を前提にしないと考える。また「戸別の調」（改新詔）と「男身の調」（品部廃止詔）が同一実体であれば、戸の代表者（成人男性）に課す調であったと考えられ、「田戸」も編戸・造籍により戸別に編成された田部ではなく、成人男性の課役負担者を集計するのみで、「田部丁籍（名籍）」も一度作成されると一〇年以上更新されない単発的なリストと想定されるとした（同「古代王権と『後期ミヤケ』」（『国立歴史民俗博物館研究報告』一五二、二〇〇九年））九二頁。白猪・児島両屯倉関連記事に潤色がみられ、「丁籍」は律令制的籍帳支配を前提として評価すべきではないという指摘は妥当と考えるが、これらの屯倉において税負担者を把握するためのなんらかのリストがあったことは想定できると思われる。

(17) 亀田修一「遺跡・遺物にみる倭と東アジア」（石井正敏ほか編『日本の対外関係1　東アジア世界の成立』吉川弘文館、二〇一〇年）二九五頁。

(18) 亀田修一氏は、六世紀末から七世紀中葉頃においては、朝鮮半島からの移住民が倭国内諸地域に定住する場合、「直接移り住む場合」と「近畿地方などに一度立ち寄って来た場合」の二つがあることを想定している（同「考古学から見た渡来人」『古文化談叢』三〇、一九九三年）。石川県小松市額見町遺跡は、一度近畿地方に入ったのち、改めて大和政権中枢から移住させられた可能性が高いとする（同「牛頸窯跡群と渡来人」『九州と東アジアの考古学』上、九州大学考古学研究室50周年記念論文集刊行会、二〇〇八年）三九九頁。吉備（とくに児島屯倉）は瀬戸内海航路の要衝にあり、外国人が多く来航していたと考えられる。児島の北岸丘陵に位置する岡山県八幡大塚二号墳から百済系耳飾が出土しているように（高田貫太「装身具からみた6世紀の日朝交渉」『百済の国際交流—武寧王陵の最新研究をめぐって—』国立歴史民俗博物館、二〇〇五年）、百済系の定住者が想定できる。白猪・児島両屯倉には、加耶系に限らず他の朝鮮諸国からの移住者もいた可能性ある。

(19)　備中こうもり塚古墳は六世紀後半の古墳としては吉備最大であり、畿内を除いた西日本で最大級の墓であり、被葬者は白猪屯倉管理下の窪木薬師遺跡などで鉄器生産に関わっていた可能性がある（亀田前掲註(13)、三五頁）。六世紀後半に一〇〇メートルクラスの前方後円墳を吉備地域で造ることができたのは、こうもり塚古墳の被葬者だけであった。この被葬者は、造山古墳・作山古墳の被葬者など吉備の大首長の下にいた「中小豪族の子孫」か、「大首長の系譜につながる人物」と考えられる。亀田修一氏のご教示による。

(20)　すべて洛東江河口の地名で、旧金官国の旧領（日本古典文学大系『日本書紀』下、岩波書店、一九六五年）四二頁。頭注一。

(21)　石上英一氏は、令制以前における倭国内の賦役である「調」が任那や新羅に課せられていることをもって、対外関係に〈貢納—奉仕関係〉が設定されていたことを指摘している（同「日本古代における調庸制の特質」『歴史学研究』増刊号〈一九七三年度歴史学研究会大会報告〉青木書店、一九七三年）一八頁。同「古代における日本の税制と新羅の税制」（『朝鮮史研究会論文集』一一、一九七四年）一〇四頁。同「古代東アジア地域と日本」（『日本の社会史』1、岩波書店、一九八七年）八二—八三頁。

(22)　廣瀬憲雄「倭国・日本史と東部ユーラシア—6～13世紀における政治的連関再考—」〈二〇一〇年度歴史学研究会大会報告〉（『歴史学研究』八七二（増刊号）、青木書店、二〇一〇年）。同大会準備報告席上での質疑応答など。

(23)　前掲註(20)。

(24) 末松保和『任那興亡史』（大八洲出版、一九四九年）。吉川弘文館から一九五六年に復刻再版。日本古典文学大系『日本書紀』下（岩波書店、一九六五年）付図「三韓略図」。

(25) 大加耶（慶尚北道高霊郡）、安羅加耶（慶尚南道咸安郡）、古寧加耶（慶尚北道尚州市咸昌）、星山加耶（慶尚北道星州郡）、小加耶（慶尚南道固城郡）、多羅加耶（慶尚南道陜川郡）、卓淳（慶尚南道昌原市）、己汶（全羅北道南原市）、滞沙（慶尚南道河東郡）など。

(26) 『昌寧碑』（五六一年建碑）によると、旧多羅国の軍政官（軍主や州行使など）に慶州貴族が任命されていることが分かる。また『南山新城第一碑』（五九一年建碑）をみると、阿良郡（旧安羅加耶国）の郡頭（郡行政官）にも慶州貴族が任命され村主層を直接支配している（鈴木前掲註（5）、二四七頁）。

(27) 『新増東国輿地勝覧』「高霊県」の建置沿革によると、高霊県はもと大加耶国で最後の王は道設智王である。この条所引の「釈順応伝」には「大伽耶国の月光太子、乃《すなわ》ち正見の十世孫。父は異脳王と曰う。婚を新羅に求め、夷粲比枝輩の女を迎えて、太子を生む」（『新増東国輿地勝覧』第二（国書刊行会、一九八六年）三三一—三三二頁）とあるので、異脳王の代に新羅に滅ぼされたあと、月光王子が道設智王として新羅に擁立されたように解釈できる。『三国史記』新羅本紀の法興王九年（五二二）春三月条に「加耶国の王、使を遣して婚を請う。王、伊湌比助夫の妹をもって送る」とあるのは、「女」と「妹」の違いがあるものの同一のことを記したものと思われる。（高霊）加耶王が新羅と修好するために新羅の夷粲比枝輩（伊湌比助夫）の娘または妹を妻としたことが分かる。夷粲《イチャン》（伊湌）は新羅の位階第二位伊尺湌の別名であり骨品では真骨に含まれるので、比枝輩（比助夫）は新羅王族と考えられる。新羅王族出身の母をもつ月光太子は純粋な高霊加耶王族とはいえない。

(28) 『日本書紀』の引用は、日本古典文学大系『日本書紀』下（岩波書店、一九六五年）による。

(29) 同右、『日本書紀』下、一四四頁、頭注二。吉田晶「児島と海の道」（門脇禎二他編『古代を考える　吉備』吉川弘文館、二〇〇五年）六四頁。狩野久「白猪屯倉と蘇我氏」（同前掲『古代を考える　吉備』）二〇六頁。

第四章　加耶諸国滅亡と上毛野・東北

一　古墳時代の上毛野

金官国の滅亡（五三二年）と金官国以外の加耶諸国の滅亡（五六二年）により倭国に移住してきた加耶諸国の人々の一部は、上毛野に入植することにより、影響を与えたと思われる痕跡が見受けられる。六世紀前半期における榛名山二ツ岳の噴火がこの現象の契機になったと考えられるので、まず古墳時代の上毛野の状況を概観しておく。主に梅沢重昭氏の所説[1]に従いつつ、細部については他の論者の見解を交える。

なお、本書付論の一節で述べているように、榛名二ッ岳渋川噴火（ＦＡ）は、このテフラに埋没した樹幹を用いたウイグルマッチング年代測定によれば五世紀末（四九七年前後）となる。渋川市明保野御蔭・同市行幸田で本層の基底部から採取された炭化植物片を用いた炭素14年代測定によれば、榛名二ッ岳伊香保噴火（ＦＰ）は六世紀後半から七世紀初頭（五五五～六一五年）となる。須恵器形式と榛名山噴火の対照から両者の時間差を二〇～三〇年前後とする考古学の見解を配慮すると後者は五二二年前後となることから[2]、本書ではＦＡ降下を五世紀末～六世紀初頭、ＦＰ降下を六世紀前半～中頃のこととしておく。

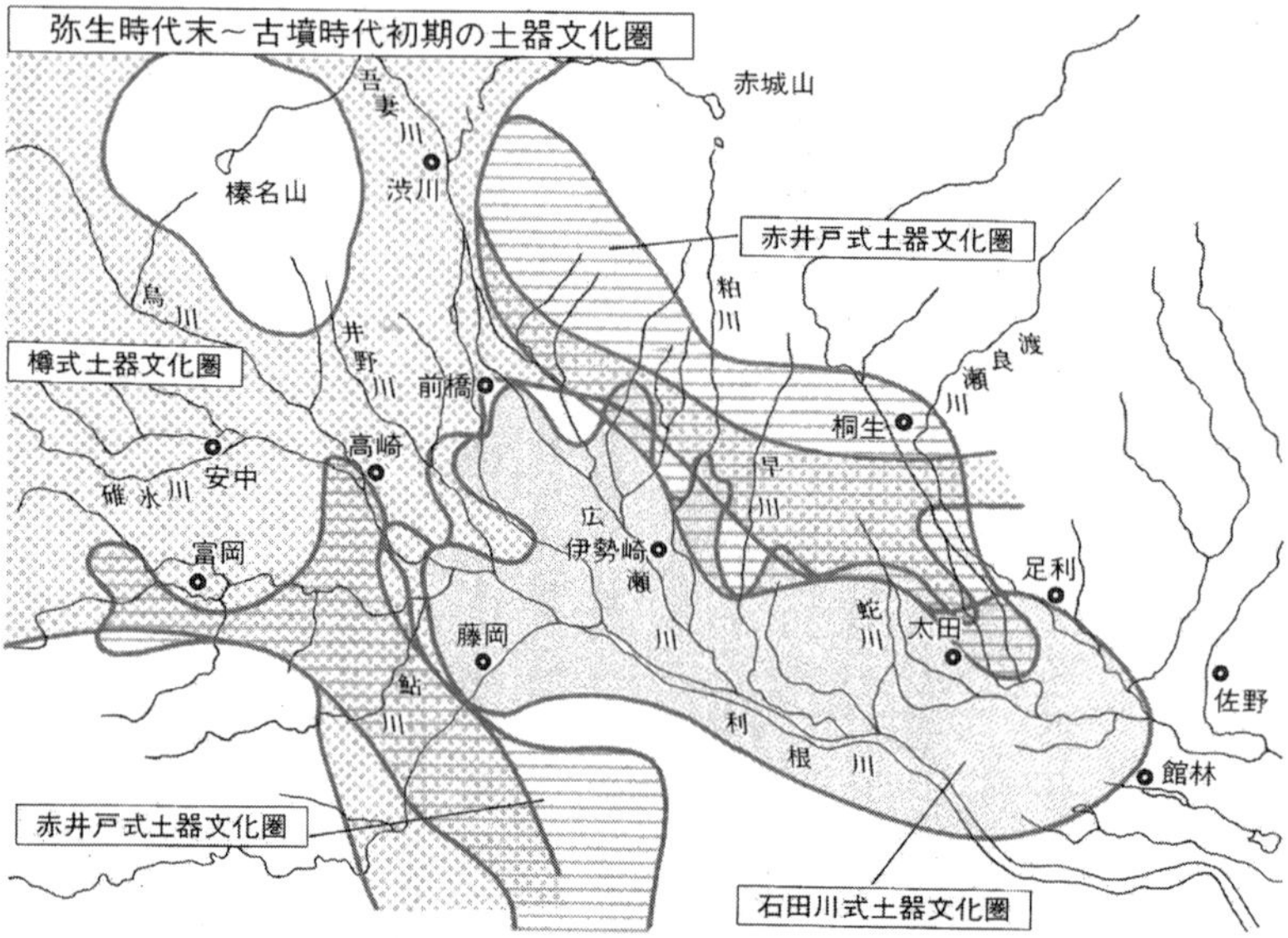

図5　弥生時代末～古墳時代初期の土器文化圏
梅沢重昭「黒井峯のムラを生んだ毛野の古墳文化」（『黒井峯遺跡』（日本の古代遺跡を掘る 4）読売新聞社、1994年10月）154頁の図が原図。

1　四世紀初頭

利根川水系の河川が形成する北関東（毛野地域）の開発が開始された。山麓・丘陵部には弥生時代以来の在地勢力である樽式土器文化圏が、赤城山麓・西毛南部には赤井戸式土器文化圏が展開していた。そこへ弥生時代最終末期、東海地方西部・伊勢湾周辺の開拓集団がおそらく利根川をさかのぼり、南関東方面を通って大挙移住してきた。組織化された労働力と技術によって毛野の未開の平野地域を開発し、石田川式土器文化圏を形成した（図5参照）[3]。

2　四世紀半ば～後半

ヤマト王権の中枢から離れた首長たちは、東海西部地域からの開拓集団のリーダーとして北関東に来住し、前方後方墳や前方後円墳を造営した[4]。前橋天神山古墳（一二九メートル）が代表的である。低湿地開発ソフトを携えた人々が、明確な目的をもってこの地に進出してきた[5]。弥生後期の在地社会が外来的要素を受容・在地化させ、低地志向の開発を成し遂げた地域に造営された元島名《もとしまな》将軍塚古墳、弥生後期後半では閑散地域だった地域の前橋八幡山古墳・寺山古墳などがある。[6] 前橋台地を開発し古墳文化を開花させた首長たちは、おそらくヤマト王権と非常に関係が深く、梅沢氏はヤマト勢力の派遣将軍ではなかったかと推測する。相模・武蔵の海岸部を経て東京低地の河川を遡上し毛野に到達した勢力が、毛野の地域首長に三角縁神獣鏡をもたらした。前橋天神山古墳の被葬者が生前、中心的役割をになった。[7] 太田朝子塚《ちょうしづか》古墳と東殿塚・西殿塚古墳には共通性があり、ヤマト地域との強い関連性がうかがえる。[8]

3 五世紀初頭

倉賀野浅間山《せんげんやま》古墳が出現する。前橋天神山古墳の墳丘プランと相似形で、在地的性格をもった有力首長の支配地を併合した首長の墓と考えられる。若狭徹氏[9]によれば、水系農業経済圏の動員力（一二〇メートル級前方後円墳）を超えた政治的な広域連合を形成していた。佐紀陵山《みささぎやま》古墳（二〇九メートル）の4／5サイズであり、佐紀古墳群の被葬者との連携が想定される。浅間山古墳は、古代の佐野舟橋、近世の倉賀野河岸に近接しており、被葬者は東京湾―荒川―利根川水運最上流の津を管掌し、市を監督していたとする。畿内布留系土器が集中しているのに加え、佐紀陵山型前方後円墳（兵庫県五色塚古墳・京都府網野銚子山古墳などが佐紀陵山古墳と相似墳）が交通要地に配置され、東西交通と丹後から朝鮮半島への外征に関係していたとする見解[10]に注目し、ヤマト王権との密接な関係を指摘する。

4 五世紀前半

別所茶臼山古墳の墳丘形態は前橋天神山古墳の系譜につながる大鶴巻古墳の発展形である。石田川式集団による低

表 11　群馬県の主要古墳編年と継承関係

弥生末～ 4c 初	**樽式土器圏** （山麓・丘陵部） 〔信濃を介して日本海ルートの鉄器文化を受容〕 **赤井戸式土器圏** （赤城山麓・西毛南部）	**石田川式土器圏** （広瀬川・利根川流域） 〔弥生後期から東遠江・駿河から移入。低地を開発〕
4c 後半	元島名将軍塚　　前橋八幡山 **前橋天神山**〔晋尺〕 → 倉賀野浅間山	藤本観音山 寺山
5c 初	**倉賀野浅間山** 〔前橋天神山の墳丘プランと相似形 在地的性格をもった 有力首長の支配地を併合〕 ↓	本矢場薬師塚 太田八幡山 太田朝子塚
5c 前半	大鶴巻 → 別所茶臼山	
5c 前半		**別所茶臼山**〔晋尺〕 〔墳丘形態は前橋天神山の系譜につながる大鶴巻の発展形〕 ↓
5c 中	伊勢崎御富士山 **岩鼻古墳群** **岩鼻二子山** ↓	**太田天神山**〔晋尺〕 〔東国最大の前方後円墳大和コナベと技術系統が同じ。新しい築造プラン。長持形石棺。 共立王〕 ↓
5c 後半	**岩鼻不動山** - - → **保渡田古墳群** **井出二子山**（舟形石棺） ↓ **三ツ寺居館**（鋳銅と鍛冶？）	衰退
5c 末	**保渡田八幡塚**（舟形石棺） **下芝・谷ツ古墳** **五反田遺跡** ↓	
	- - - - - - - F A - - - - - - -	
6c 初	**保渡田薬師塚**（舟形石棺）	
	- - - - - - - F P - - - - - - -	
6c 前半	簗瀬二子塚㊓　上小塙稲荷山㊓　前二子㊓ 御三社㊓　和田山桜庭㊓　王山㊓ 本郷稲荷塚㊓　正円寺㊓ **七輿山**㊓　中二子㊓ 〔太田天神山と同一プラン〕	
6c 中	天川二子山㊓	
6c 後半	白石二子山㊓　**綿貫観音山**㊓　M－1 号墳㊓ 笹森㊓　〔半島・大陸に深く関わっている物が多い〕　後二子㊓ 総社二子山㊓	
末	**観音塚**㊓ 愛宕山古墳㊓	

註 〔晋尺〕は造営に晋尺を用いたことを示す。㊓は横穴式石室。
→ - - -> は、墳丘プランの継承関係を示す。（後者は若狭氏説による推測）

湿地開発の主体である農業経営が進展し（ピークは前期末～中期初頭）、浅間山古墳や別所茶臼山古墳として結実した。[11]上毛野では、五世紀前半から渡来文物が出土しはじめている。[12]

5　五世紀半ば

太田天神山古墳は東国最大の前方後円墳である。大和コナベ古墳と技術系統が同じで新しい築造プランであり、主体部は長持形石棺である。被葬者は毛野の各勢力の「共立王」とされ、毛野政権はヤマト王権にとって侮りえない地方政権の勢力となった。築造プランは晋尺（一尺＝二四センチ）を用いて作られていると思われるが、前橋天神山や別所茶臼山なども晋尺が用いられている可能性が高い。石田川式集団の後裔が外的刺激（東アジア・ヤマト政権・北方ネットワーク）を契機に、政治的結集を果たしたものと考えられている。[13]

同時期、井野川流域では不動山古墳が、五世紀後半には岩鼻二子山古墳が造営され岩鼻古墳群を形成した。太田天神山・御富士山両古墳の長持形石棺の石材は在地産だが、石工は畿内政権から派遣されており、ヤマト王権にとって同盟に近い密接な関係が推察される。岩鼻二子山・不動山などの舟形石棺は長持形石棺の影響を受けている。[14]

6　五世紀後半

毛野の二分極化（上毛野と下毛野）が埼玉古墳群の地域形成と呼応するかのように進展し、上毛野では榛名山南麓の地域を中心に急速に進展した。保渡田古墳群の三古墳が出現するが、この古墳群の造営勢力は上毛野の殖産興業を主導し、山資源開発を行った。具体的には、森林資源（炭―鉄器生産、窯業燃料、建築・造船資材）、埋蔵資源（粘土を用いた窯業〔埴輪・須恵器〕、石材を用いた石棺加工、鉱物資源？）、森林伐開発による馬匹生産である。[15]

井出二子山古墳と同時期の、雄略陵の可能性が指摘されている大阪府岡ミサンザイ古墳を筆頭に、奈良県狐井城山古墳・埼玉県稲荷山古墳・栃木県摩利支天塚古墳・熊本県江田船山古墳などの諸墳は、いずれも高さが八〇センチの多条突帯円筒埴輪をもつ点で共通しており、雄略と結合していた可能性が非常に高い(16)。

八幡塚古墳の首長の居館と推定される三ツ寺豪族居館跡や、家畜飼育が確認される黒井峯遺跡が発見されている。三ツ寺居館は湧水点に構築され、「河川統御技術」「貯水技術」「掛樋技術」「導水技術」「井戸祭祀」など、水に関わるハード・ソフトの統合体であり(17)、葛城氏などが実践する王権中枢の地域経営システムを導入したものであった(18)。保渡田古墳群の存立基盤は、六世紀初頭の榛名山噴火による大規模な泥流被害によって破綻し、水利ネットワークが崩壊した(19)。

7 六世紀前半

七輿山古墳・御三社・梁瀬二子塚・和田山桜庭・上小塙《かみおばな》稲荷山・王山《おうやま》・本郷稲荷塚・前二子《ふたご》・正円寺などの横穴式石室墳が陸続と築造され、被葬者たちは地域社会のニューリーダーとなる一方、ヤマト王権の対外政策の一翼を担った。柳沢一男氏によれば、前二子の横穴式石室は朝鮮半島全羅南道に分布する長鼓峯類型横穴式石室と類似しており、四七五年に首都漢城を失った百済を支援するために派遣された首長だったことを指摘する(20)。七輿山古墳は後期では東日本最大級の前方後円墳、横穴式石室と推定されている。断夫山古墳と同規模・相似墳で、今城塚とも相似墳であり、それぞれ大型の多条突帯埴輪を採用している。七輿山古墳の円筒埴輪も断夫山・今城塚・岩戸山と同レベルの類をみない大きさで、製作技術は今城塚に近い。新池埴輪窯からもたらされた可能性が高い。FA被災後、榛名山東南麓の首長の衰退が著しい一方、鏑川流域を基盤として成立した七輿山古墳は、継体朝との関わりが強く示唆される(21)。

太田天神山と同一プランをもつ七輿山古墳の首長は、上毛野の伝統的首長層の一人である。太田天神山古墳出現以来上毛野政権の中枢から離れていたが、新旧勢力に支持されて上毛野の盟主首長の地位への復帰を果たした。武蔵国造家の内紛に関わる緑野《みどの》屯倉の設置された地が背景となっている。緑野屯倉・佐野屯倉の経営が中央氏族の技術的てこ入れによって成功したことが基盤となり、多胡郡周辺一帯は、農業・紡織・窯業・冶金業が発展した上毛野有数の富裕地となった。上毛野は屯倉を介して、六世紀後半以降、王権の重要な経済基盤としても機能していった(22)。

8　六世紀半ばから後半

天川二子山古墳・中二子古墳・綿貫観音山古墳などの大型古墳が造営された。綿貫観音山は横穴式石室で、百済武寧王陵と同型の獣帯鏡をはじめ副葬品は半島・大陸に深く関わっている物が多いが、六世紀前半〜中葉における朝鮮半島地域を中心とする緊張した国際関係がもたらしたものである。六世紀後半、上毛野に出現した一〇〇メートルクラスの前方後円墳の造営首長は、多かれ少なかれ観音山古墳と同じような性格をもって、ヤマト王権の中央で活躍した首長たちだったと考えられる。この時期にも横穴式石室墳（笹ノ森・中二子・後二子）が造営されている。

9　六世紀末

八幡観音塚古墳を最後に、上毛野では大規模古墳の造営は行われなくなる。副葬品の画文帯神獣鏡は、埼玉稲荷山古墳出土鏡と同型で、ヤマト王権が五世紀後半に配布した象徴的な威信材とされている(23)。この鏡は平塚古墳の被葬者が受領し、後裔の首長に伝世したとみられており(24)、平塚古墳の被葬者が埼玉稲荷山古墳の被葬者と同様、ワカタケル大王（雄略天皇）の王権と密接なつながりをもっていたことを示唆している(25)。

右の変遷を整理すると表7のようになる。

二　上毛野における朝鮮半島系移住民（渡来人）

群馬県内の朝鮮半島系移住民（渡来人）関連遺構・遺物を時系列に従って整理すると以下のようになる。

1　五世紀後半（FA下）

最も顕著な遺跡は剣崎長瀞西遺跡である。集落では、五二軒の住居遺構のうち三三軒がカマドを設置し、韓式系土器の甑や甕の破片が出土している。黒田晃氏によれば、積石塚五基を含む古墳群の構築には少なからず渡来人が関与しており、その渡来人は馬飼い集団であると考えられる。(26) 一〇号墳から出土した金製垂飾付耳飾は大加耶系の物と考えられ、(27) 一三号馬土壙から出土した轡《くつわ》は加耶系の可能性が指摘されている。(28) この遺跡や下芝谷ツ古墳（方墳積石塚）から出土している馬具・耳飾・軟質土器については、大加耶系であるとの指摘がある。(29) 五世紀第3四半期に半島南部からの渡来人を担い手として馬匹生産が開始され、西部地域で急激かつ広範囲に展開したことがわかる。(30) 若狭徹氏は、剣崎長瀞西遺跡の古墳被葬者たちが最低でも三段階の階層を成し、彼らは剣崎長瀞西古墳の被葬者を中間管理者としつつも、最終的には平塚古墳の被葬者に束ねられていたとする。(31)

金井東裏遺跡から出土した一号人骨（甲を着た古墳人）は、四〇代男性で身長一六四センチ。面長で眼窩が高く鼻が細い顔で、中国大陸や朝鮮半島から来た渡来人に近い顔だったとされている。甲を頭から外して両手でもち、火砕流に向かって左足を前に出して立った状態だった。三号人骨（首飾りの古墳人）は三〇代前半の女性で、鼻幅が広くあごがしっかりしている東日本の在地人の形質をもつ。一号人骨（男性）と三号人骨（女性）は、ストロンチウム測定やDNA分析から、母系は異なるが白亜紀の基盤地層をもつ同じ場所で幼少期をすごして移住してきたとみられる。田中良之によれば、長野県伊那谷地域で馬匹生産に従事していた人々の可能性が高い。(32)

一辺二〇メートル弱の方墳下段の上に積石塚状の上段がのっている下芝谷ツ古墳（五世紀末頃）からは、百済または加耶系と考えられている金銅製飾履や三環鈴などが出土している。(33)そのほか、やや不確実であるが西大山一号墳の轡が百済・加耶系、剣崎長瀞西古墳の多角形袋部鉄矛が百済・大加耶系、井出二子山古墳の三葉環頭大刀が新羅系、f字形鏡板付轡が加耶系（?）、波志江台所山の鉄地銀象嵌大刀が百済（全羅道）系、剣崎長瀞西遺跡一〇号墳の平底多孔甑が全羅道系、高崎情報団地Ⅱ遺跡の平底浅鉢も全羅道に類例がありそうである。(34)亀田修一氏は「おもに朝鮮半島南部の加耶から全羅道（百済）にかけての地域との関わりがありそうであり、一部新羅との関わりもありそうである」と分析する。(35)

2　六世紀

六世紀の明確な朝鮮系考古資料は五世紀に比べると少ない。とくに遺構に関してはよくわからない。(36)上毛野全域に分布している平底瓶形土器は、百済・加耶に関わる可能性が高く、太田市金山丘陵の窯跡群例のようにこの地域で生産されたものがある。(37)補強帯甕は加耶地域の土器にみられる頸基部の突帯とのかかわりが考えられる。(38)安中市簗瀬二子塚古墳（六世紀初頭）から出土した金銅製垂飾付耳飾は長鎖式で加耶系と考えられるが、国産品である可能性もある。(39)

高崎市綿貫観音山古墳（六世紀後半）で出土した銅製水瓶は中国、三累環頭大刀・異形冑は新羅、鉤状鉄製品は百済、多角形袋部鉄矛は百済・大加耶との関わりが推測されるほか、中国大陸・朝鮮半島と関わる三環鈴・トンボ玉などが出土している。[40]環頭大刀は、出土地が明確でないもの、六・七世紀のものをあわせて三四口あるが、百済・加耶系と考えられている単龍鳳系が一八口と半数以上を占めているほか、新羅との関係が推測されている三累環頭大刀が七口出土している。単龍鳳系環頭大刀は、六世紀後半には列島内で生産され、多くがヤマト王権から配布されたと考えられている。[41]高崎市八幡観音塚古墳（六世紀末～七世紀前半）からは、百済・大加耶系の多角形袋部鉄矛、百済系と推測できる鉤状鉄製品が出土している。[42]

六世紀上毛野の朝鮮系考古資料から直接渡来人を語ることは難しいが、首長たちと半島との関わりの深さは十分分かる。新羅系遺物が新羅と倭との国家間の交流でもたらされる[43]一方、百済・大加耶系遺物は王権を媒介にしたものだけでなく朝鮮半島との直接的関与によるものであると考えられている。[44]

五世紀後半から六世紀にかけての、上毛野における朝鮮半島系移住民（渡来人）の痕跡を右のように概観したうえで、とくに榛名山二ツ岳の二度にわたる噴火の前後に注目すると以下のようになる。

①六世紀前半（ＦＡ・ＦＰ中間期）

土生田純之氏によれば、渋川市の伊熊古墳と有瀬古墳一・二号墳（いずれも円墳）はＦＡ・ＦＰ中間期の積石塚である。[45]梅沢重昭氏によればこれらの古墳や同市の中ノ峯古墳（自然石乱石積袖無型横穴式石室）の被葬者は、ＦＡ降下後、原野と化していた地に進出し「地域開発の尖兵」[46]として活躍した。

渋川市の白井遺跡群では六世紀中葉段階（ＦＰ下）に、大規模な馬の飼育が行われていたことが確実である。[47]同遺跡のＦＰ上にみられる八世紀代の住居跡からは馬の骨が検出されており、周辺で継続的に馬の飼育がなされていた。[48]群馬県における渡来文化は榛名山東南麓を南から北へ向かって展開していった可能性が高い。[49]

ＦＡ災害から三〇～四〇年後、榛名山の東方から南方にかけて、前橋市の王山古墳、榛名町の本郷稲荷塚古墳（川原石積み袖無形《そでなしがた》横穴式石室）、高崎市の上小塙稲荷山古墳（自然石乱石積み袖無形横穴式石室）、箕郷町の和田山桜庭古墳（円墳・横穴式石室）などが造営されるようになる。[50] 王山古墳のある地域はＦＡ降下の被災地であったが、流出堆積物層の災害からはまぬがれていた。二〜二・五メートルの厚さに川原石を積んで積土の墳丘を被覆し、表面を石垣状に葺石を葺いている典型的な積石塚である。初期の横穴式石室で、石室は後円部下段墳丘の上面を床面とした全長一六・三七メートルの川原石乱石積両袖形プラン。群馬県内最長規模を誇る。[51]

②六世紀中頃以降（ＦＰ上）

土生田純之氏によれば、利根町川額軍原《かわはけいくさばら》Ｉ遺跡の積石塚の築造年代は七世紀代を中心に一部は六世紀に遡上する可能性のあるものも含まれている。[52] 土生田氏はこの積石塚の被葬者について、「未開拓地開発の先兵として」新たな地に派遣された人たちとしている。[53]

本節における考察をまとめると以下のようになる。

ＦＡ降下以前から榛名山二ツ岳南麓（剣崎長瀞西遺跡）・東麓（金井東裏遺跡）に、ＦＰ降下以前には東北麓（白井遺跡）に馬匹生産に従事した朝鮮半島系の移住者集団がいた。ＦＡ降下で荒廃した地域や未開拓地の開発に「尖兵（先兵）」として活躍した渡来系の人々（伊熊古墳、有瀬古墳一・二号墳、中ノ峯古墳、川額軍原Ｉ遺跡八号墳？）もいた。ＦＡ災害から三〇〜四〇年後、榛名山の東方から南方にかけて横穴式石室をもつ古墳が造営され、そのなかには積石塚形式の王山古墳などがあった。

伊那谷や上毛野西部の馬匹生産開始は半島南部の渡来人との直接交流のなかで成立したものではなく、河内地域での流れをくんでいるとされている、[54] 五世紀後半以降の渡来人流入にはヤマト王権が関与していると考えられる。亀田修一氏は、上毛野地域に朝鮮半島系の人々を派遣した主体として物部氏を挙げ、六世紀末の蘇我氏との抗争に敗れてからは蘇我氏が関与するようになったのではないかと推測している(55)。西毛地域の大型前方後円墳勢力は、六世紀初頭と前半における榛名山二ツ岳の二度にわたる噴火で被災した井野川水系勢力の求心力が低下し、不毛の地となった榛名山東南麓には横穴式石室墳が出現した(56)。群馬県における横穴式石室の伝播は、比較的初期段階において大型前方後円墳から群集墳まで各階層の間に広く行われた点が特徴的である(57)。

黒田晃氏によれば、群馬県内における韓式系土器の分布は「榛名山東南麓を中心とした地域」と「高崎市東部の井野川流域」の二カ所に集中している(58)(図6)。

五世紀代の高崎市内に渡来人の二大居住地があった可能性があるとともに、両地域には六世紀末に渡来系遺物を副葬した綿貫観音山古墳・八幡観音塚古墳を築造しているという共通性をもっている。「剣崎長瀞西遺跡に渡来人が定着して数百年の間、この二つの地域が渡来系文化の窓口として機能し続けていたと考えられる(59)」。

若狭徹氏は、上毛野の古墳社会における朝鮮系移住民の役割として「冶金」「治水」「馬匹生産」などを挙げている(60)。冶金関係としては、五世紀前半の富岡市上丹生《かみにゅう》屋敷山遺跡の五軒の住居跡から、転用・専用羽口《はぐち》(フイゴから鍛冶炉への送風管)や椀形鍛冶滓・砥石が出土し、鉄鋌《てってい》を土器とともに備えた祭祀跡がみつかっている(61)。五世紀後半の三ツ寺I遺跡からは、鉄滓《てっさい》(鉄製錬の際に生じる鉄のくず)と羽口が、高崎市下《しも》里見宮貝戸《みやがいと》遺跡からは鉄床《かなとこ》(鉄を鍛打する道具)が出土している。治水技術としては、三ツ寺I遺跡にみえる「敷粗朶《しきそだ》工法」が中国・朝鮮における堤防・貯水池に使用される技術として知られている。馬匹生産関連では、剣崎長瀞西遺跡内から検出された馬の土坑墓(一三号土坑)や、大加耶製と思われる鉄製轡などがある(62)。ヤマト王権は、首長層の社会的秩序を保つための威信材(鏡・甲冑・刀剣・馬具・金工品)の生産は独占したが、鉄器生産・馬生産・窯業・紡織・製塩などは各地に展開させた(63)。

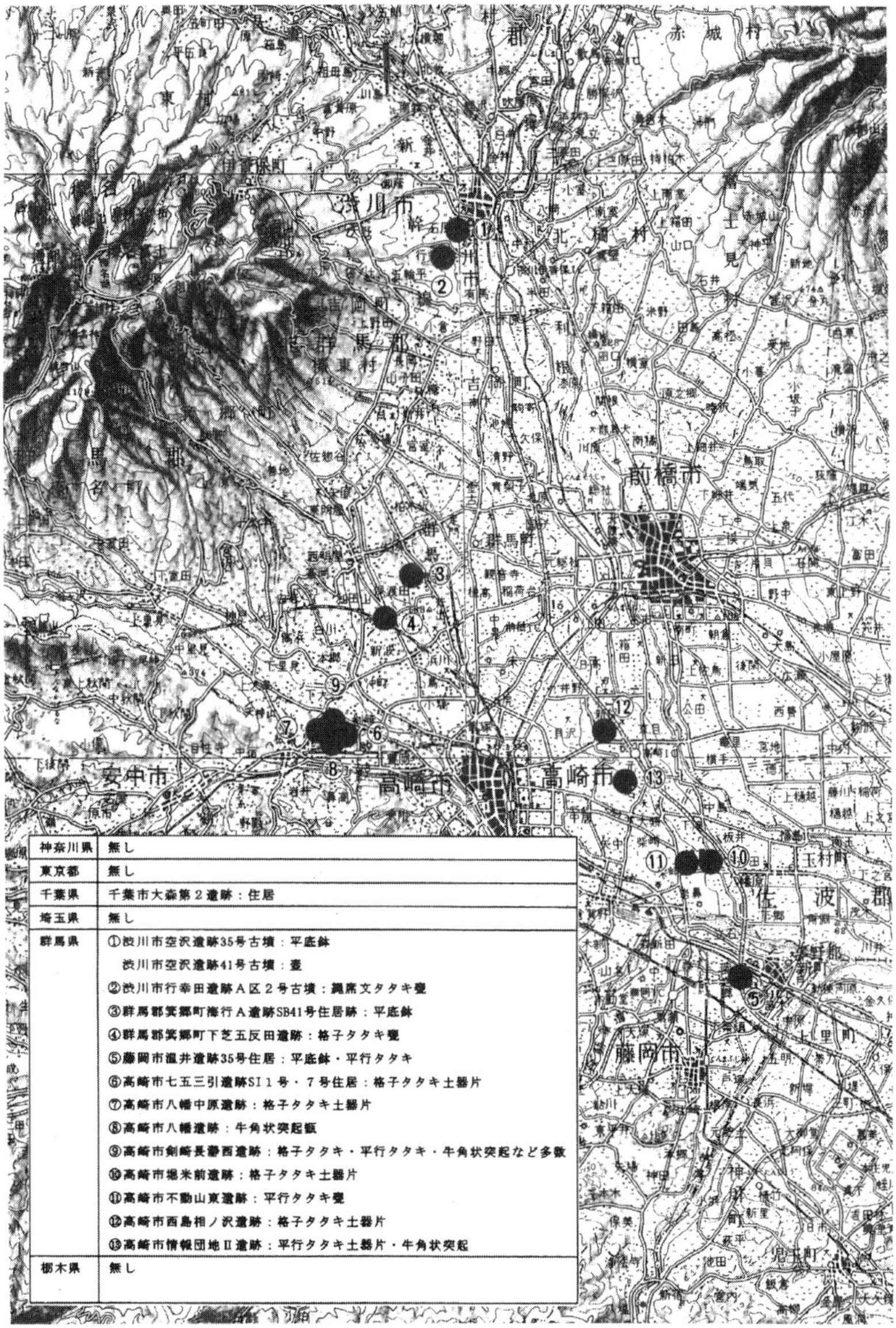

図６　群馬県における韓式系土器出土状況

原図：黒田晃「剣崎長瀞西遺跡と渡来人」（『高崎市史研究』12、2000年）16頁。

そしてその大部分は、朝鮮半島から来住した技術集団によって伝習されたのである。

右島和夫氏によれば、七世紀の上毛野で馬匹生産に拍車がかかったのは、ヤマト王権の東北経営に伴う軍事力の大量投入があったためで、上毛野が拠点となったのは馬の供給と軍団の遠征が求められたからである[64]。上毛野がヤマト王権の軍事的拠点として整備されていく過程で、朝鮮半島系移住民が榛名山東南麓地域に移住してきて馬匹生産や冶金・治水などの面で貢献したのではないだろうか。亀田修一氏は、緑野屯倉設置や六世紀における朝鮮半島系資料の存在を、金官加耶滅亡・加耶諸国滅亡との関わりを含めて検討すべきと提言している[65]。金官国の滅亡（五三二年）と金官国以外の加耶諸国の滅亡（五六二年）という歴史的事実に注目すれば、榛名山二ツ岳噴火被災後の群馬県南部・南東部地域再開発事業の活動主体に加耶諸国からの避難者・亡命者が含まれていた可能性は高いと思われる。

亀田修一氏は、朝鮮半島から渡来した人々が倭国内に定住する形態を詳細に分類している。直接、移住先に定着する「A直接定着型」、一度畿内を経てから別の地域に定着する「B畿内経由型」、九州を経て各地に定着する「C九州経由型」、畿内・九州以外の地域を経由して別の地域に定着する「D地方経由型」に大別される[66]。亀田氏によれば上毛野への定着ルートでは、物部氏や蘇我氏の関与が想定される「B畿内経由型」が最も太かった可能性が高い。畿内ではなく北陸・信濃を経由する「D地方経由型」も想定されるが考古学的に明確に説明できるものは少ない。畿内をほとんど経由しない「A直接定着型」としては、百済滅亡時に朝鮮半島に渡った上毛野君稚子が直接連れ帰った人々が想定できるとする[67]。ヤマト王権配下の朝鮮半島系移住民集団が物部氏・蘇我氏などの関与のもとで上毛野に派遣された動きを基本とする一方、榛名山噴火被害からの再開発事業が行われていた上毛野が六世紀前半における金官加耶滅亡・加耶諸国滅亡により列島に避難・亡命して来た加耶系の人々の受け皿とされた可能性を指摘しておきたい。

本書第三章では、同時期の吉備にも加耶諸国からの亡命者によるコロニーが形成されていた可能性を指摘した。こ

表 12　東北地方の古墳文化時系列

段　階	西　暦	特　徴	『前方後円墳集成』の古墳編年
第 1 段階	三世紀後半〜四世紀	古墳導入期	1〜4 期
第 2 段階	五世紀前半	空白期	5・6 期
第 3 段階	五世紀中頃〜六世紀初	大型古墳、集落遺跡	7・8 期
第 4 段階	六世紀中頃	空白期	9 期
第 5 段階	六世紀末〜六世紀後半	終末期古墳	10 期
第 6 段階	七世紀〜九世紀後半	末期古墳	終末期

註　『前方後円墳集成』とは、近藤義郎編『前方後円墳集成』東北・関東編（山川出版社、一九九四年）。

の推測が正しければ、列島の東西（上毛野と吉備）においてヤマト王権が関与する形で、加耶諸国からの亡命者・技術者が入植していたこととなる。ヤマト地域を中心にみれば、吉備に向かう西方への指向は朝鮮諸国に、東方への指向は蝦夷に拡大していく動きと評価できよう。そこで、上毛野を中心とした北関東地域と東北地方との関連について、節を改めて考察してみたい。

三　東北地方の古墳文化

東北地方の古墳文化を時系列に従って整理すると、表12のようになる。(68)東北の古墳文化は、天王山《てんのうやま》式土器（弥生時代後期）を伴う東北地方在地の文化ではなく、西日本の弥生文化を継承した南関東や北陸の影響下に成立したと指摘されている。(69)宮城県北部への古墳文化導入期の代表的遺跡として、入の沢遺跡と新金沼遺跡が挙げられる。

入の沢遺跡は、宮城県栗原市築館字城生野入の沢・峯岸に所在する古墳時代前期の大規模集落である。竪穴住居群は塀跡と大溝跡により囲まれている。内行花文鏡（径九・〇センチ半分）・珠文鏡（径五・六センチ破損、径八・二センチ完型）・重圏文鏡（櫛歯文鏡、径五・五センチ完型）など四枚の鏡が、いずれも竪穴住居跡から出土した。(70)

緑色凝灰岩製管玉は、関東周辺において一般的であり関東産と考えられている[71]。滑石製玉類は畿内から直接的に流入した可能性が高く、琥珀製玉類の丁字頭勾は畿内との関係が深い。しかし、丸玉・算盤玉・棗玉には東日本という地域性が認められる。ガラス小玉は、すべて日本列島の外部から製品として搬入された[72]。琴柱形石製品二点は、いずれも滑石製で本村型と呼称されるものであり、古墳前期後半の関東北西部で製作されたものと考えられる[73]。入の沢遺跡から出土した玉類は、すべて他地域から完成品として搬入されてきたものであり、水晶製勾玉・緑色凝灰岩製および滑石製管玉・本村型の琴柱形石製品は関東周辺で製作されたものと考えられる[74]。

入の沢遺跡から出土した玉類は、全体として古墳時代前期後半の関東地域との共通性や関連が強くうかがわれる。少量ながら畿内からの流入を示す要素も組成しているが、畿内地域との直接的な交渉の存在を示唆するものと考えられる[75]。

新金沼遺跡は、宮城県石巻市蛇田字新金沼に所在する古墳前期の集落跡である。三九軒もの竪穴住居や土壙六基などから、多量の土師器をはじめとする多くの生活用品が出土した。またガラス玉や管玉などの装飾品、炭化した屋根材も発見された。古墳時代前期の土器には東海系（関東地方にみられる東海系）土器のS字状口縁土器など関東地方のものと共通した特徴がみられるほか、北海道系土器の「続縄文土器」が発見された。当時、浜堤上に集落があり、海岸が近く、北上川河口もあり、海上交通や北上川を利用した内陸との交流が可能な地域なので、湊的な性格をもつ交通の起点だったと考えられる。ここで各地の拠点との交流が行われたと考えられ、北と南の文化交流を媒介していた[76]。

八木光則氏は、四・五世紀の東北北部社会について以下のように分析している[77]。

後北C_2・D式土器の分布と四世紀頃の古墳文化の北限について、前方後円墳は大崎平野〜置賜盆地〜越後平野が北限で、竪穴住居を伴う集落は胆沢扇状地（奥州市）が北限。豪族居館は入の沢・城生野遺跡（伊治城跡）のある栗原

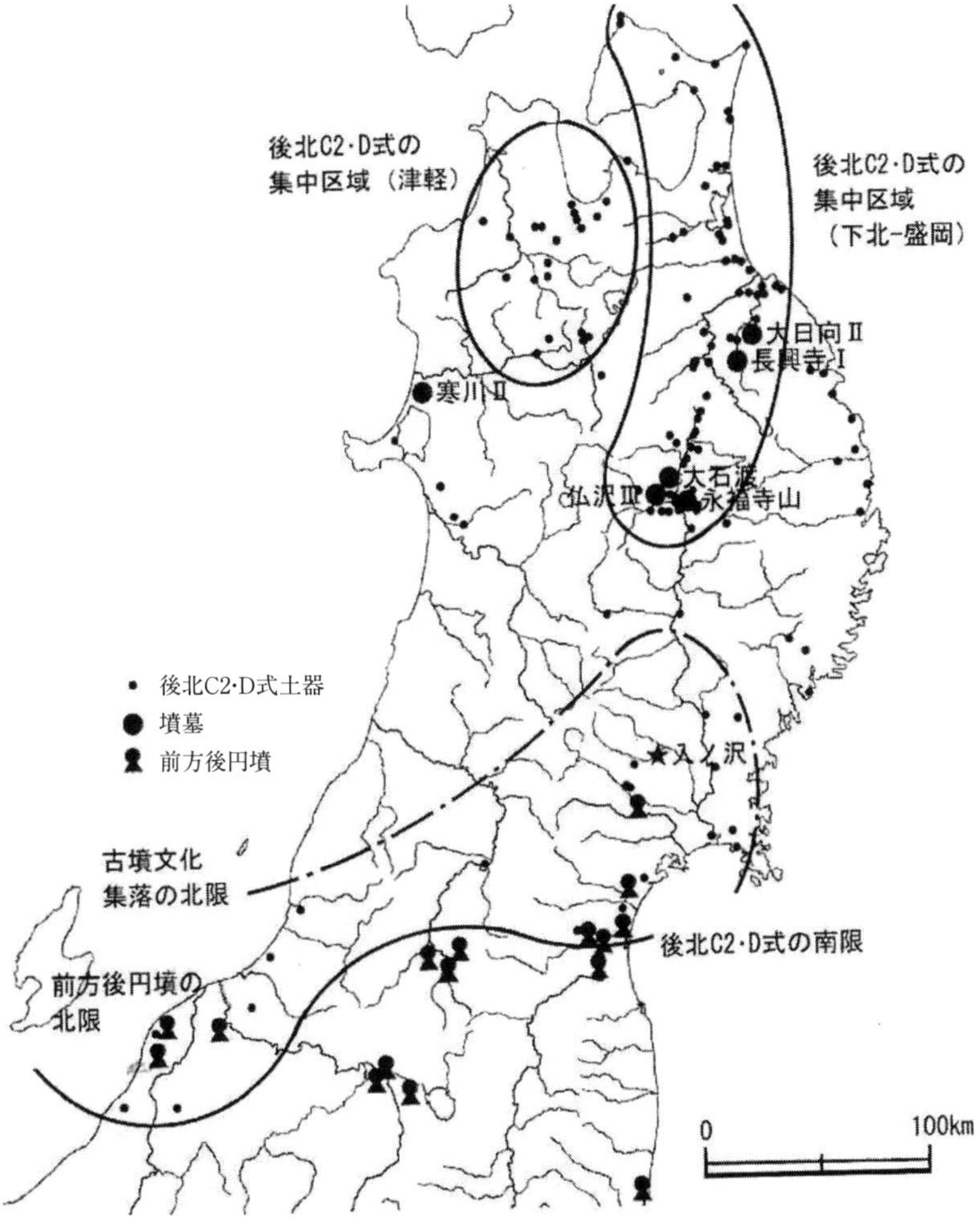

図7　後北 C_2・D 式の分布と 4 世紀頃の古墳文化の北限
原図：八木光則「『入の沢遺跡』の頃の東北北部社会」（東北学院大学公開シンポジウム「古代倭国北縁の軋轢と交流」2015 年 9 月 21・22 日レジュメ集、69 頁）

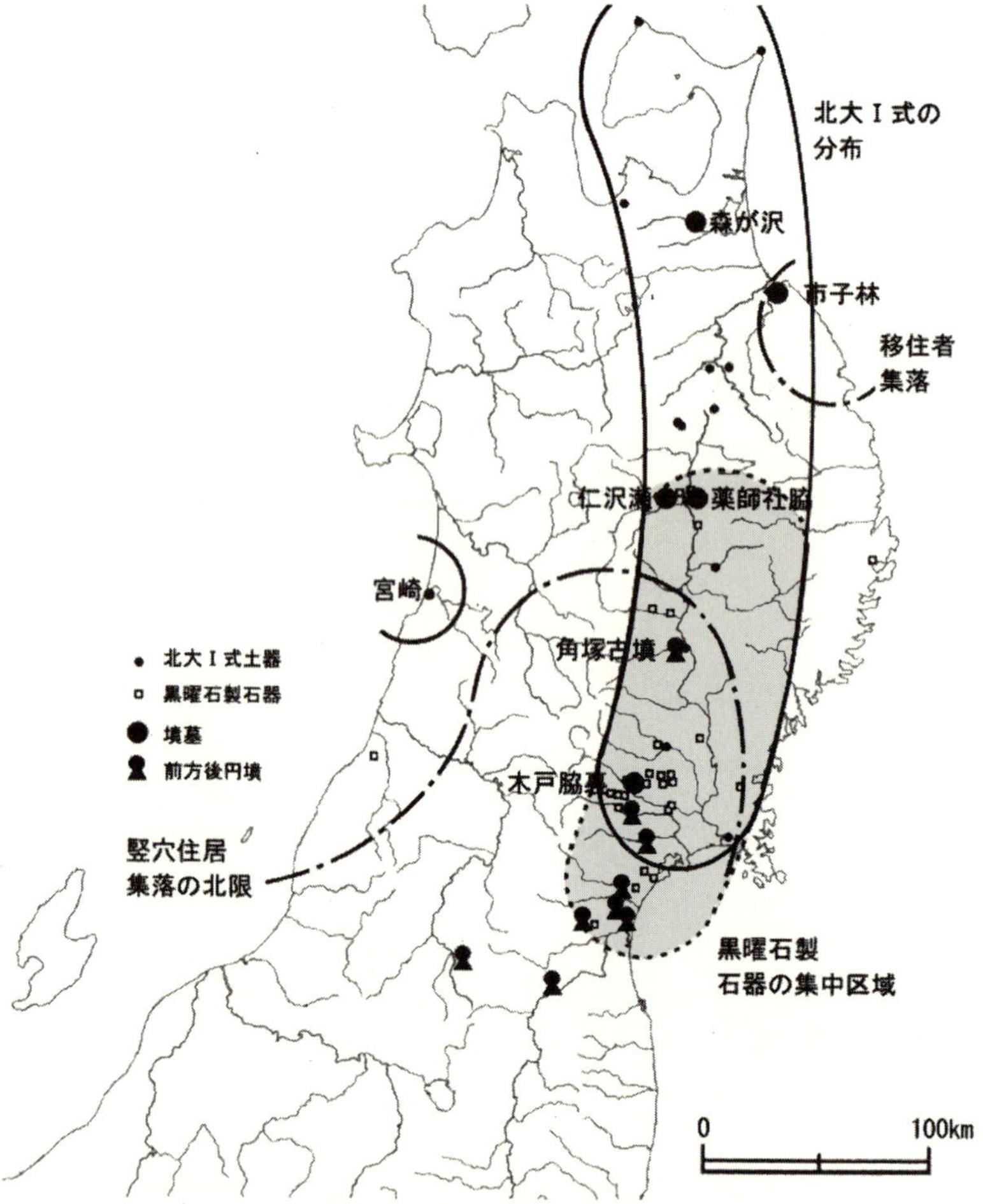

図 8　北大Ⅰ式の分布と 5 世紀頃の古墳文化の北限
原図：八木光則「『入の沢遺跡』の頃の東北北部社会」（東北学院大学公開シンポジウム「古代倭国北縁の軋轢と交流」2015 年 9 月 21・22 日レジュメ集、71 頁）

が北限で、後北C_2・D式の南限と集落の北限との間が両文化の接触地域であるとした（図7）。北大Ⅰ式の分布と五世紀頃の古墳文化の北限については、東北地方の北大Ⅰ式は下北～馬淵川～北上川流域にかなり散発的となり、日本海側は一例（由利本荘市宮崎遺跡）以外は消滅し、太平洋側でも集中区域はみられなくなる。北大Ⅰ式は各遺跡で主体となることはなく、土師器のなかに少量入り込む程度だとする（図8）。八木氏によれば、北海道との交流はきわめて限定的となり、東北北部の独自色が強まる。岩手県南部～宮城県中部では古墳時代中期後半に前方後円墳の隆盛を迎えるが、掻器の製品が多いことなどから、半ば専業的な皮革加工が想定され、その背後に首長層が介在していた可能性も考えられるとされている(78)。

東北地方の後期古墳文化の特徴は次の三点である。

①後期前半（集成編年8期）

竪穴系埋葬施設を有する小規模円墳が集まって築造される古式群集墳が盛行するが、中頃（同9期）の空白期を経て、後半（同10期）には、古墳造営が活発な地域（宮城県南部、福島県中通り・浜通り）と低調な地域（宮城県北部、福島県会津地域、山形県域）に分かれる。造営が活発な地域では、五〇メートル級の前方後円墳も存在し、横穴式石室がいち早く採用される(79)。

②大型古墳が代々築造される

首長墓系譜をたどれる地域は、古墳時代を通じてかなり限定され、首長墓系譜を追跡することは困難である。後期前半（同8期）では安定した支配層の成長・継続が確認できる地域もあるが(80)、後期（同9・10期）の前方後円墳は、二世代か一世代、もしくは皆無というのが一般的な傾向である(81)。

③後期前半（六世紀前葉）

東北における古墳文化北進の動きが停止し、仙台平野以北は「王権の領域外の蝦夷」と位置づけられる。六世紀後葉に蝦夷国境の策定が行われ、仙台～大崎平野へ東国勢力の進出が開始される。六世紀末～七世紀に古代集落（竪穴住居）が登場し、定住農耕生活に転換し、蝦夷独自の墳墓である末期古墳が作られはじめる。(82)

①にみられるように、会津・山形県域・宮城県北部・仙台平野では前方後円墳の築造が六世紀初頭（同8期）に終了するが、菊地芳朗氏は、同様の事例が他地域でも認められることから、「継体朝期に相当する六世紀初頭の日本列島各地への影響力の大きさ」を強調している。(83)

入の沢遺跡と新金沼遺跡の出土遺物の特徴が示しているように、古墳時代前期の宮城県北部に導入されていた古墳文化は、関東から伝播したものが多く、一部に畿内からの直接伝播が想定される。中期においても、岩手県中半入《なかはんにゅう》遺跡における馬やカマドの確認、(84)最北の前方後円墳である角塚古墳（五世紀後半）の存在は、朝鮮半島系の移住民やその子孫の移動・定住・関与を示している。(85)亀田修一氏によれば、陸奥地方の朝鮮系資料は古代東山道ルートを中心に拠点々々にまず五世紀前半代に入り（高崎市・剣崎長瀞西遺跡↓郡山市・清水内遺跡など↓仙台市・南小泉遺跡など）、その拠点を中心に五世紀中葉～後半に周辺地域に広がりながら、一方で、同時にさらに北へ広がっていったようにみえるという。(86)氏によれば、陸奥地域の五世紀代の鉄器生産関係遺跡には渡来人またはその子孫たちが来ていた可能性が高いという。(87)関東地域の人々の東北地方への移住・関与は関東系土器の東北地域での出土によって知ることができる。(88)ただ首長墓系譜を追跡することが困難なため、安定的に支配層が継続したことは確認できない。後期に入ると、東北における古墳文化北進は停止して蝦夷国境の策定が行われ、仙台～大崎平野への東国勢力の進出が開始される。(89)継体朝以降のヤマト王権の強い影響力のもとに遂行された動きであると考えられる。本章の二節で考察してきたように、六世紀前半～七世紀、ヤマト王権の強い関与の下に上毛野が馬と軍団の供給拠点として整備されていくが、このような動向と東北における後期古墳文化の様相は連動していると考えられる。

四　背景としての継体朝

王位継承の身分をもつ長子を大兄とする制度は、より安定した王位継承の枠組みとして継体天皇が導入した(90)。国造制は磐井の乱以後に成立し(91)、部民制は欽明朝に確立した(92)。また継体期のミヤケ設置を引き継いだ政策が安閑期における全国的なミヤケの設置であった(93)。敏達朝のころには国造・伴造が「仕奉」する構成主体として認知されていたように(94)、ヤマト王権の全国支配が進んだ六世紀は日本の古代国家形成過程における画期であった(95)。継体朝以降に国造制・屯倉制を整備することができたのは、広範なネットワークと卓越した経済力・技術力・情報収集力(96)を有していたためだったと考えられる。継体の最も顕著な業績は、中国南朝の黄金時代の文化や百済の文化を、百済を通して大々的に導入したことにあるとの指摘(97)もあり、継体の権力の特質には経済的・文化的側面が認められる。

このようなヤマト王権の動向は、上毛野における馬匹生産と軍団派遣の拠点設置と、仙台平野を北限とする支配領域への積極的な入植活動という形で展開されていった。五世紀後半から確認できる朝鮮系移住民の上毛野への定着は、六世紀前半の金官加羅国・加耶諸国の滅亡を契機とする避難民・亡命者の渡来により、新たな局面を迎えた。前代からの馬匹生産や冶金などのほか、榛名山二ツ岳の噴火被災地の再開発事業にも参加し、東北地方への馬や軍団の供給拠点として整備されていった。

六世紀前半における加耶諸国からの渡来集団は、吉備・上毛野を中心に移住・再編成されるとともに、後者はヤマト王権の東北地方への進出動向のなかでも一定の役割を果たしたことが想定される。

註

（1）梅沢重昭「黒井峯のムラを生んだ毛野の古墳文化」（『黒井峯遺跡』、日本の古代遺跡を掘る4、読売新聞社、一九九四年）。
（2）早川由紀夫・中村賢太郎・藤根久・伊藤茂・広田正史・小林紘一「榛名山で古墳時代に起こった渋川噴火の理学的年代決定」（『群馬大学教育学部紀要』自然科学編六三、二〇一五年）。
（3）梅沢前掲註（1）、一五四頁の図。
（4）S字甕に象徴される東海西部土器様式（愛知・三重）が同2式段階で山梨・西毛（高崎・前橋）・東毛（太田・伊勢崎）・埼玉北部（本庄・熊谷）に拡散した（若狭徹「中期の上毛野―共立から小地域経営へ―」〔右島和夫・若狭徹・内山敏行編『古墳時代　毛野の実像』雄山閣、二〇一一年〕四七頁。
（5）若狭徹「古墳時代の地域経営」（『考古学研究』四九―二、二〇〇二年）。
（6）深澤敦仁「前期の上毛野―外来要素の受容と在地化―」（前掲註（4）『古墳時代　毛野の実像』）二六頁。
（7）新井悟「鏡―東国における配布の中心を考える―」（前掲註（4）『古墳時代　毛野の実像』）一〇二―一〇三頁。
（8）同右、二八頁。山田俊輔は、朝子塚古墳以降、畿内からダイレクトに情報を得て、埴輪生産がなされたとする（同「毛野の埴輪」、前掲註（4）『古墳時代　毛野の実像』一一八頁）。
（9）若狭『東国から読み解く古墳時代』（吉川弘文館、二〇一五年）一七二―一七三頁。
（10）下垣仁志「倭王権の文物・祭式の流通」（前川和也・岡村秀典編『国家形成の比較研究』二〇〇五年）。岸本直文「倭国の形成と前方後円墳の共有」（同編『古墳の時代―史跡で読む日本の歴史2』吉川弘文館、二〇一〇年）。
（11）若狭前掲註（4）、五五頁。
（12）若狭前掲註（9）、一九〇頁。
（13）同右。
（14）石橋宏「石棺―舟形石棺秩序を中心に―」（前掲註（4）『古墳時代　毛野の実像』）。
（15）若狭徹「古墳時代の上毛野」（『二〇一五年古代史サマーセミナー資料』二〇一五年八月二三日）一―二頁。

(16)　若狭前掲註（4）、五三頁。
(17)　若狭前掲註（4）、五〇―五一頁。
(18)　若狭前掲註（9）、一二七頁。葛城氏の地域経営システムについては、坂靖・青柳泰介『南郷遺跡群』（新泉社、二〇一一年）に詳しい（導水施設や「水のまつり」については第二章、武器・玉類・金属などの生産や「鉄・塩の交易」については第三章に詳しい）。
(19)　若狭前掲註（4）、五三頁。
(20)　柳沢一男「日本における横穴式石室受容の一側面」（『清渓史学』一六・一七、韓国精神文化研究院、二〇〇二年）。
(21)　若狭前掲註（4）、五五頁。山田前掲註（8）、一一八頁。
(22)　若狭前掲註（9）、一〇三頁。
(23)　川西宏幸『同型鏡とワカタケル』（同成社、二〇〇四年）。
(24)　上野祥史「金鈴塚古墳出土鏡と古墳時代後期の東国社会」（『金鈴塚古墳研究』一、木更津市郷土博物館、二〇一二年）。
(25)　若狭前掲註（9）、一〇〇頁。
(26)　黒田晃「剣崎長瀞西遺跡と渡来人」（『高崎市史研究』一二、二〇〇〇年）二〇頁。
(27)　高田貫太「垂飾付耳飾をめぐる地域間交渉」（『古文化談叢』四一、一九九八年）。
(28)　諫早直人「日本列島初期の轡の技術と系譜」（『考古学研究』五六―四、一九九八年春）。若狭前掲註（9）。
(29)　朴天秀『日本列島의大加耶文化』（慶北大学校、二〇〇九年）。高田寛太『古墳時代の日朝関係』（吉川弘文館、二〇一四年）。
(30)　右島和夫「古墳時代の毛野・上毛野・下毛野を考える」（前掲註（4）『古墳時代　毛野の実像』）一五頁。
(31)　若狭徹「五世紀の渡来人集団」（前掲註（4）『古墳時代　毛野の実像』）。同前掲註（9）、六九頁。
(32)　田中良之「古人骨からよみがえる、甲を着た古墳人の姿」（よみがえれ古墳人東北文化発信委員会編『国際シンポジウム「よみがえれ古墳人」記録集・資料集』二〇一五年三月）。
(33)　亀田修一「渡来人の東国移住と多胡郡建郡の背景」（土生田純之・高崎市編『多胡郡が語る古代日本と渡来人』吉川弘文館、

二〇一四年)、九〇頁。
(34) 同右、一〇一頁。
(35) 同右。
(36) 同右、一〇四頁。
(37) 同右、一〇四―一〇五頁。
(38) 同右、一〇六頁。
(39) 同右、一〇七頁。
(40) 同右、一〇八頁。
(41) 同右、一一〇頁。
(42) 同右、一一三頁。
(43) 土生田純之「古墳時代後期における西毛(群馬県西部)の渡来系文物」(『国立歴史民俗博物館研究報告』一五八、二〇一〇年)。
(44) 内山敏行「毛野地域における六世紀の渡来系遺物」(前掲註(4)『古墳時代　毛野の実像』)。
(45) 土生田純之『古墳時代の政治と社会』(吉川弘文館、二〇〇六年)三三九頁。
(46) 梅沢前掲註(1)、二一一頁。
(47) 麻生敏隆他『白井大宮遺跡―古墳時代の畑作と放牧―』(財)群馬県埋蔵文化財調査事業団、一九九三年)。
(48) 黒田晃『白井遺跡群―集落編―』(財)群馬県埋蔵文化財調査事業団、一九九三年)。
(49) 黒田前掲註(26)。
(50) 梅沢前掲註(1)、二〇一頁。
(51) 同右、二〇九頁。
(52) 土生田前掲註(45)、三四三頁。

(53) 同右、三四四頁。
(54) 小林正春「伊那谷における古墳文化の特色」（『東海とその周辺地域』〈尾張古代史セミナー5〉春日井市教育委員会、二〇〇一年）。橿原考古学研究所附属博物館『古墳時代の馬との出会い』二〇〇三年。
(55) 亀田前掲註（33）、一三〇頁。
(56) 同右、五五頁。
(57) 甘粕健・久保哲三「関東」（近藤義郎・藤沢長治編『日本の考古学』四〈古墳時代・上〉河出書房新社、一九六六年）四八三—四八四頁。
(58) 黒田前掲註（26）、一四—一五頁。
(59) 同右、二一頁。
(60) 若狭前掲註（9）、五五頁。
(61) 若狭前掲註（4）、五二頁。
(62) 藤野一之氏は、粘土に含まれる岩石（結晶片岩）ならびに微生物化石（海面骨針）の産地の組みあわせから、群馬県藤岡市地域で製作された須恵器を特定し（同「古墳時代における藤岡産須恵器の基礎的研究」〔『群馬考古学手帳』一七、群馬土器観会、二〇〇七年〕）、その登場する五世紀後半から上毛野の首長たちが技術移入を進め、生産を開始したことを明らかにした。
(63) 若狭前掲註（9）、一四五頁。
(64) 右島和夫「後期後半から終末期の上毛野」（前掲註（4）『古墳時代　毛野の実像』）七五頁。
(65) 亀田前掲註（33）、一三二頁。
(66) 亀田修一「考古学から見た渡来人」（『古文化談叢』三〇（中）、一九九三年）七四八頁。
(67) 亀田前掲註（33）、一二九—一三二頁。
(68) 第1段階〜第3段階は、高橋誠明「古墳時代前期の倭国北縁の社会」（東北学院大学アジア地域文化研究所公開シンポジウム『古代倭国北縁の軋轢と交流』二〇一五年九月二一日・二二日）の口頭説明による。第4段階〜第6段階は、藤沢敦「不安定な古墳の変遷」（同編『倭国の形成と東北』吉川弘文館、二〇一五年）一一六―一二〇頁による。第6段階の「終末期」も同じ。
(69) 青山博樹「古墳出現期の列島東北部」（前掲註（68）『倭国の形成と東北』）八四頁。
(70) 村上裕次「入の沢遺跡の調査成果」（前掲註（68））。
(71) 大賀克彦「玉類の流通からみた古墳時代前期の東北」（前掲註（68））、三四頁。
(72) 同右、三六頁。口頭報告では、東南アジア産・インド産がほとんどとの説明があった。
(73) 同右、三七頁。口頭報告では、群馬県南部で製作されたものとの説明があった。
(74) 同右、三八頁。
(75) 同右、三九頁。
(76) 石巻市教育委員会（『新金沼遺跡』〔石巻市文化財調査報告書第11集、二〇〇三年三月〕）一〇頁・一二六頁・一三二―一三三頁。
(77) 八木光則「『入の沢遺跡』の頃の東北北部社会」（前掲註（68）『古代倭国北縁の軋轢と交流』）。
(78) 八木光則「古墳時代併行期の北日本」（前掲註（68）『倭国の形成と東北』）一五二頁。
(79) 藤沢前掲註（68）。
(80) 同右、一二五・一三三頁。
(81) 菊地芳朗「前方後円墳の終焉と終末期古墳」（前掲註（68）『倭国の形成と東北』）一六八頁。
(82) 八木前掲註（78）、一五六―一五七頁。
(83) 菊地前掲註（81）、一九〇頁。
(84) 三カ所の住居跡埋土から出土した馬の下顎骨臼歯列は、五世紀後半段階のものと考えられている（高木晃「蝦夷前代の東北地方北半」〔『東海史学』四四、二〇一〇年〕二九頁）。亀田修一氏は、馬飼養が行われていた可能性が高いと考え、馬飼養技術を携えた渡来系集団がこの地まで到達していた可能性を指摘している（同「陸奥《みちのく》の渡来人（予察）」〔『古墳時代東国にお

る渡来系文化の受容と展開』平成十二年度〜十四年度科学研究費補助金（基盤研究（C）（1））研究成果報告書、二〇〇三年三月）五八頁）。

(85) 杉井健「前方後円墳分布圏とその周辺における生活様式伝播の多様性」（『文化の多様性と比較考古学　考古学研究会五〇周年記念論文集』二〇〇四年）三一〇頁・図2、三一二頁。

(86) 岩手県文化振興事業団埋蔵文化財センター『中半入遺跡・蝦夷塚古墳発掘報告書』（二〇〇二年三月）。高木前掲註（84）。亀田前掲註（33）、一三六頁。

(87) 亀田前掲註（84）、六〇頁。

(88) 同右、六二頁。

(89) 高橋誠明「律令国家の成立期における境界地帯と関東との一関係」（『国士舘考古学』三、二〇〇七年）によれば、名生《みょう》館《だて》官衙遺跡（宮城県大崎市古川大崎）のⅠ期（集落遺跡）の土器群のうち1段階（七世紀中〜後）から出土する1ａ群が栃木県南部（河内・都賀・芳賀地域）に出自をもつ。また、Ⅰ期の2段階（七世紀後〜末）の2ａ群、Ⅰ・Ⅱ期の3段階（七世紀末〜八世紀初）の2ｂ群、Ⅲ期の4段階（八世紀初〜前）の2ｃ群などの2群は、埼玉県北部（深谷市周辺）に出自をもつ。

(90) 吉村武彦『ヤマト王権』（岩波新書、二〇一〇年）一三三頁。

(91) 吉田晶「古代国家の形成」（『岩波講座　日本歴史』二（古代2）一九七五年）。大川原竜一「国造制の成立とその歴史的背景」（『駿台史学』一三七、二〇〇九年）七頁。

(92) 森公章「国造制と屯倉制」（『岩波講座　日本歴史』二、二〇一四年）八〇頁。

(93) 同右、一〇頁。

(94) 同右、一二頁。

(95) 吉村前掲註（90）、九二頁。

(96) 大航海時代の国際貿易取引では、商品の取引より知識の交換が重要だったという指摘（ケネス＝ポメランツ・スティーヴン＝トピック共著／福田邦夫・吉田敦訳『グローバル経済の誕生』筑摩書房、二〇一三年）三六三頁は通時代的・汎地域的な公理と思われる。

(97) 山尾幸久「継体朝の終末と磐井の反乱」(枚方市文化財研究調査会『継体大王とその時代』和泉書院、二〇〇〇年)二六一頁。

付論　榛名山二ツ岳と浅間山天明三年の噴火

一　六世紀前半期における榛名山二ツ岳噴火

五世紀末〜六世紀にかけての榛名山二ツ岳の噴火は、北東〜東南麓に甚大な被害を及ぼした。本書第四章において、その被災地に加耶を含む朝鮮半島諸国からの亡命者・避難者が入植して復旧・復興事業に従事した様子を考察した。火山噴火による被災の実態やその後の救援・再開発については自然科学的見地からの説明や他の時代の史料による検討が必要なので、付論としてここにまとめることとする。

群馬県榛名山二ツ岳付近には、五世紀末から六世紀にかけて発生した二回の大規模な噴火の噴出物が分布する（図9）。下層の榛名二ツ岳渋川テフラ（Ｈｒ—ＦＡ）に関わる榛名二ツ岳噴火と、上層の榛名二ツ岳伊香保テフラ（Ｈｒ—ＦＰ）に関わる榛名二ツ岳伊香保噴火の概略について整理する。[1]

1　榛名二ツ岳渋川噴火

新井房夫は、六世紀頃に二ツ岳付近から噴出したテフラが、数十年の間隔をおいて噴出した二枚の噴出物からなることを見出し、下位の火砕流堆積物を二ツ岳第一火砕流堆積物、上位の火砕流堆積物を二ツ岳第二火砕流堆積物と命名し、二ツ岳第一火砕流に伴う降下テフラを二ツ岳降下火山灰層（FA）と命名した[2]。早田勉氏は、六世紀の一回目の大規模な噴火に伴うこれら一連のテフラを一括して榛名―渋川テフラ層（Hr―S）と命名し、岩相からS1～S12に細分した[3]。

一回目の噴火は榛名

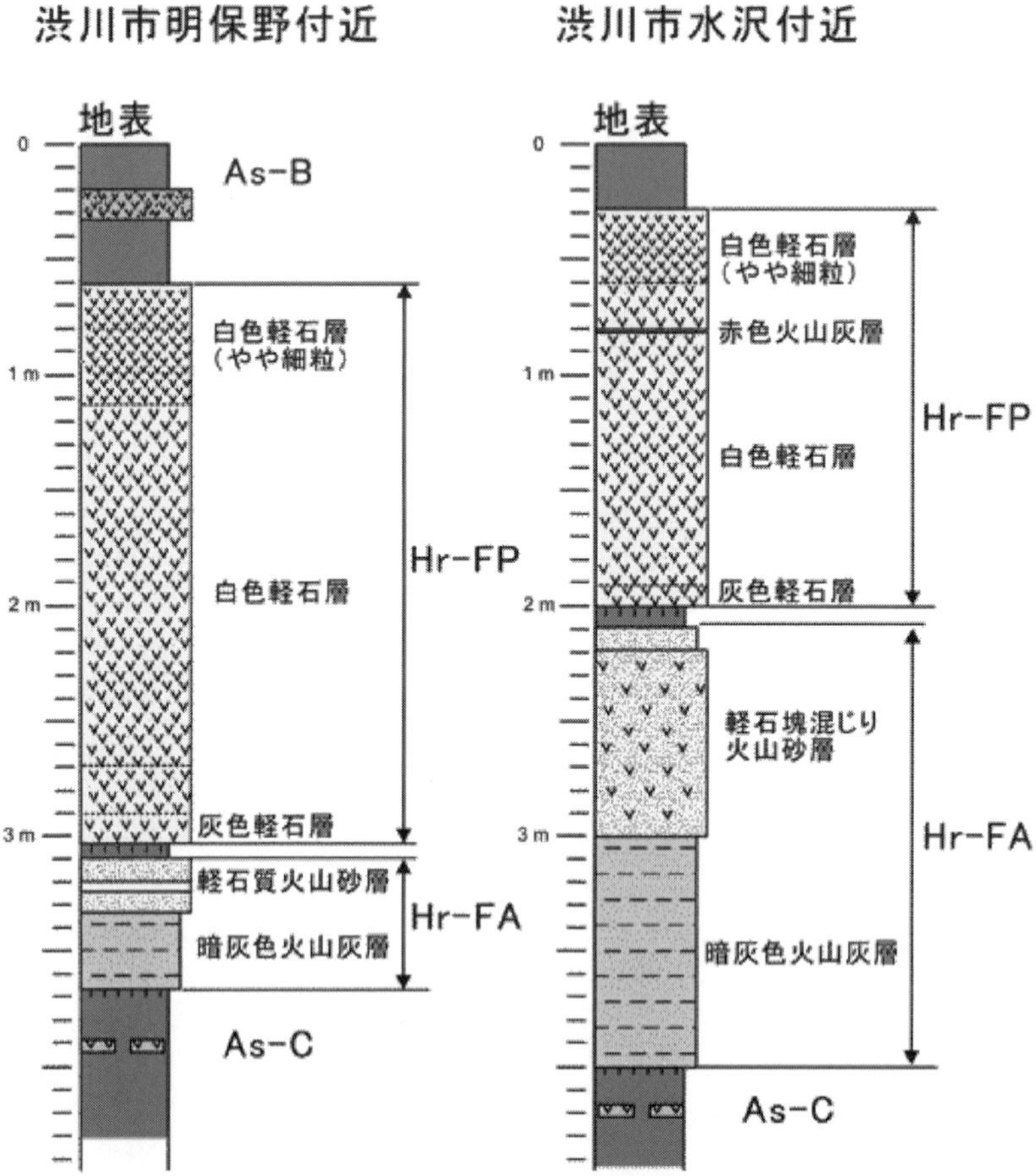

図 9　榛名二ツ岳渋川噴火及び伊香保噴火噴出物の代表的な層序
As-C：浅間 C テフラ　As-B：浅間天仁テフラ　Hr-FA：榛名二ツ岳渋川テフラ　Hr-FP：榛名二ツ岳伊香保テフラ（https://gbank.gsj.jp/volcano/Act_Vol/haruna/page4_2_11.html の第 37 図）

二ツ岳渋川噴火と呼ばれ、この噴火による一連のテフラのうち、火砕流堆積物は榛名二ツ岳渋川火砕流堆積物、降下テフラは榛名二ツ岳渋川降下テフラと呼ばれる。給源は榛名山二ツ岳で、噴火様式はマグマ水蒸気噴火であり、榛名山東山腹～山麓域で泥流が発生した。[4] マグマ噴出量は〇・三二 DREkm^3[5]（DREとはマグマ噴出総量）。

この噴火の推移は早田氏によって詳細にまとめられている。[6] それによると、噴火初期にはマグマ水蒸気噴火が発生し、細粒の火山灰が榛名山東山麓に降下した。続いて軽石質火砕流が榛名山東麓の谷沿いに流下し、それに伴う火砕サージは榛名山東山麓の扇状地面を覆い、その一部は利根川を越えて現在の前橋市付近まで到達した。この噴火により被災・埋没した古墳時代の集落遺跡としては、中筋《なかすじ》遺跡（渋川市行幸田）、宮田諏訪原遺跡（同市赤木町宮田）、空《から》沢《さわ》遺跡（同市行幸田空沢）などがある。中筋遺跡では竪穴住居や平地式建物、畑跡・垣根・祭祀跡などが発見されている。[7] 宮田諏訪原遺跡では、巨石や集石を依代とした複数の磐座祭祀跡と祭祀に用いたとみられるミニチュアの土器・臼玉・石製模造品・鉄製品・鏡、それに小札や馬の蹄跡、交差する道路遺構などが発見された。[8] 空沢古墳群は榛名東麓台地上の遺跡で、五五基の古墳からなる群集墳が営まれている。四三基がＦＡで埋没し、ＦＰの軽石に埋もれた古墳が二基、軽石上の古墳一〇基が確認されている。[9] ＦＰ上の古墳は、墳丘の消失したものを除けば、いずれも径五メートル前後の小規模な積石塚（円墳）である。[10]

火砕流堆積物は二ツ岳から主に北東から南東側の広い範囲に分布する。また付随する降下火山灰層は北関東の広い範囲で確認されている。粗粒の軽石質火砕流堆積物は榛名山東麓の谷沿いに厚く堆積しており、滝沢川・黒沢川などの谷沿いに分布している。

本層上部の灰白色軽石質火山砂礫～火山角礫層は、谷沿いで厚さ五メートル以上の塊状の軽石流堆積物として認められる（図10）。二ツ岳渋川火砕流堆積物（Sbf）として分布を示した範囲は、おおよそ層厚一メートル以上で塊状の軽

図10　榛名二ツ岳渋川火砕流堆積物
粗粒な軽石塊に富む軽石流堆積物の部分。軽石塊の粒径等の違いによって、複数のフローユニットが識別できる。中央やや右下部に１ｍのスケールあり。渋川市大野の黒沢川沿い。(https://gbank.gsj.jp/volcano/Act_Vol/haruna/page4_2_11.html の第38図)

石流堆積物の分布範囲に相当する。二ツ岳付近から噴出・流下した塊状の軽石流堆積物は、古期扇状地堆積物の上面を下刻する谷に沿って流下した。黒沢川に沿って流下した軽石流堆積物は渋川市入沢付近まで、南東に流下した堆積物は滝沢川に沿って伊香保町水沢付近から渋川市有馬付近まで分布する。また北東方向に流下した堆積物は沼尾川に沿って分布し、その末端は祖母島付近で吾妻川を越えてその北岸まで分布する。

考古資料との関係から、本テフラの噴出時期は六世紀前半と推測された[11]。早川由紀夫氏らは、二ツ岳東山麓の本テフラに埋没した樹幹を用いてウイグルマッチング年代測定を行い、最外年輪は四九七／＋３／－６ cal ＡＤの年代を報告している(「cal ＡＤ」は、較正曲線を用いて較正された西暦年代値)。したがって、本層の堆積年代は五世紀末と考えられる[12]。噴火の起こった季節は考古遺跡より、作付け直前・田起こし作業中の初夏と考えられている[13]。

2　榛名二ツ岳伊香保噴火

六世紀頃に二ツ岳周辺から発生した二回の噴火による噴出物のうち、新井房夫は上位の噴出物に属する降下軽石層を二ツ岳浮石層（ＦＰ）と命名した[14]。新井はまた、沼尾川沿いに分布する火砕流堆積物のうち、二回目の噴火に伴う火砕流を二ツ岳第二火砕流と呼び、これと同時に噴出した降下軽石層を二ツ岳降下軽石層（ＦＰ）と改称した[15]。早田勉氏は、一連の噴出物を榛名二ツ岳伊香保テフラ層（Ｈｒ—Ｉ）と総称した[16]。二回目の大規模噴火は榛名二ツ岳伊香保噴火と呼ばれ、この噴火によるテフラのうち、降下テフラは榛名二ツ岳伊香保降下テフラ、火砕流堆積物は榛名二ツ岳伊香保火砕流堆積物と呼ばれている。給源は榛名山二ツ岳火口で[17]、噴火様式はマグマ噴火→マグマ水蒸気噴火→マグマ噴火と変遷し、榛名山東山腹〜山麓域で泥流が発生した[18]。マグマ噴出量は〇・七四DREkm[19]^3。

　この噴火の推移は早田氏によってまとめられている[20]。それによると、まず噴火の初期に大量の降下軽石が噴出し北東方向に飛散した[21]。図11内の黒井峯遺跡（渋川市北牧）は二ツ岳伊香保噴火の降下軽石によって被災・埋没した古墳時代の集落の遺跡として知られている。降下軽石は宮城県内でも確認される。降下軽石の噴出の末期には軽石質火砕流が発生し、榛名山東麓の沼尾川、滝沢川などの谷沿いに流下した。一連の噴火の最後には二ツ岳溶岩ドームが形成された。

　榛名二ツ岳渋川テフラの上位に数センチの腐植質土壌を挟んで堆積する。上位には数センチ〜数十センチの腐植質土壌を挟んで浅間天仁《てんにん》テフラ（Ａｓ—Ｂ、一一〇八年）が認められる。

　本テフラは榛名二ツ岳から主に北東方向に分布する（図11）。二ツ岳から約二・七キロ離れた模式地付近では、約一〇メートルの降下軽石層として認められる。伊香保温泉北東で降下軽石層の最大層厚は約四メートルである。分布主軸は榛名山から北東に伸び、黒井峯遺跡付近を通り沼田方面に伸びている[22]。本テフラはさらに遠方の北関東から南東北の広い範囲で確認されている[23]。

　噴出源である二ツ岳近傍の伊香保温泉湯元付近では、伊香保降下テフラの層厚は一五メートルを超え、細粒物を含

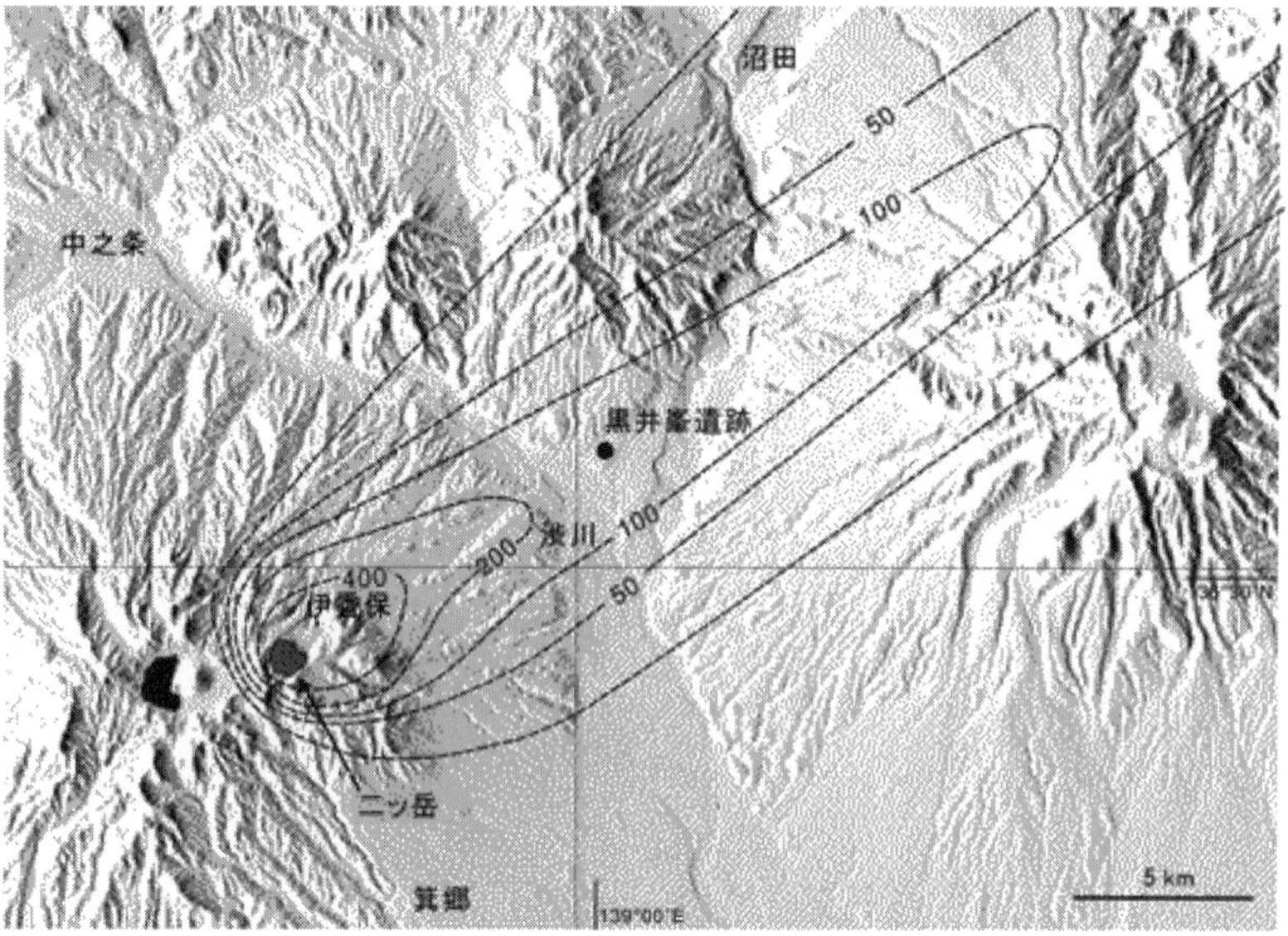

図 11　榛名二ツ岳伊香保降下テフラの分布
（https://gbank.gsj.jp/volcano/Act_Vol/haruna/page4_2_12.html の第 41 図）

む淘汰の悪い[24]軽石層として堆積する。[25]軽石の最大径は三五センチを超える。噴出源から一キロ程度以上離れた榛名山北東山麓では、本テフラは淘汰の良い粗粒（径五センチ以上）の降下軽石層として認められる（図12）。

本テフラの噴出時期は、考古資料との関係から六世紀中葉または後半と推測されている。[26]黒井峯遺跡は六世紀中頃の集落遺跡、[27]宇津野・有瀬遺跡（渋川市上白井）は小積石塚古墳・作りかけの石塚・積み石塚古墳[28]が本降下軽石によって埋没している。二ツ岳から東北東に五キロ離れた渋川市明保野御蔭及び東方に七キロ離れた渋川市行幸田で本層の基底部から採取した炭化植物片の炭素14年代測定を行い、いずれも一四八〇±三〇 yrBP の炭素14年代を得た。[29]この年代の暦年較正年代は五五五～六一五年（六八・二% probability）なので、本層の形成年代は六世紀後半から七世紀初頭であると考えられる。噴火の起こった季節は考古遺跡より、田起こしから代かきまでが連続して行われた植え付け寸前の初夏と考えられている。[30]

図 12　榛名二ッ岳伊香保降下テフラの露頭

A：渋川火砕流堆積物の上面を覆う榛名二ッ岳伊香保降下テフラ。淘汰の良い降下軽石層からなる。スケールは 1 m。渋川市大野の黒沢川沿い。
B：榛名二ッ岳伊香保降下テフラの拡大図。角礫状の白色軽石からなる。渋川市伊香保。
(https://gbank.gsj.jp/volcano/Act_Vol/haruna/page4_2_12.html の第 42 図)

二　天明の浅間山大噴火

火山噴火が在地社会にどのような影響を与えたのかを、記録が豊富な後世の例からみてみよう。榛名山二ツ岳に近接し、噴火による被害が甚大だった天明三年（一七八三）の浅間山噴火を取り上げる。

浅間山は古墳時代以降、三度、顕著な噴火をしている。[31]古墳時代（四世紀中頃）には、浅間C（As—C）が広範囲に噴出し、山麓に小滝火砕流と丸山・下の舞台溶岩流が流下・堆積した。天仁元年（一一〇八）には、浅間B（As—B）が広範囲に噴出し、山麓には追分火砕流と上の舞台溶岩流が流下・堆積した。天明三年（一七八三）には、浅間A（As—A）が広範囲に噴出し、山麓に吾妻火砕流と鬼押出し溶岩流が流下・堆積した。さらに、鎌原土石なだれと天明泥流が噴出・流下した（死者一五〇〇名以上）。

天明三年五月～八月、釜山火口を給源とする大噴火が起きた（表13）。[32]七月八日（新暦八月五日）「（噴火の音が静かになった）その直後、熱湯がものすごい勢いで三〇〇メートルあまりにわたって山から湧き出し、斜面を流れ下り、その間にあった谷や川、神社、仏閣、民家、草木はいうに及ばず、すべてのものを一押しに押し払ってしまい、その跡は真っ黒になった」（『浅間大変覚書』[33]）。噴火様式はマグマ噴火で、山体崩壊・二次爆発・泥流発生などを引き起こした。堆積物は、降下火砕物→降下火砕物・火砕流→溶岩流・降下火砕物・火砕流・泥流→火砕流・岩屑なだれ→泥流と変遷した。[34]マグマ噴出量は、〇・五一 DREkm^3。[35]「浅間焼け」とも呼ばれたこの噴火については、『天明雑変記』『信濃国浅間岳之記』『浅間大変覚書』『天明浅間山焼見聞覚書』『浅間山津波実記』『浅間山大焼無二物語』『浅間山大変日記』など多数の記録が残されている。[36]

『浅間山焼荒一件』に、天明四年に善光寺で行われた施餓鬼供養で配られた経木の合計が一四九〇枚と記録されていることから、群馬県内の犠牲者数は一四九〇人と考えられ、下流域での八人、長野県側で降下物により落命した一ないし二人が加わる(37)。

浅間山の北麓標高九〇〇メートルに鎌原村が形成されたのは、天仁噴火（一一〇八）から三〇〇年以上あとの室町時代のことであり(38)、天明当時、一〇〇戸、五七〇人前後の集落が存在しえたのは、信州街道の馬継場だったからである(39)。

鎌原村では四七七人が亡くなり、観音堂に逃れた九三人が生き残った。九三軒の家屋すべて、耕地の九五％、二〇〇頭の馬のうち一七〇頭を失った。一家全滅が五八軒（六二％）、家族のうち一人だけが生き残った家が一四軒（一五％）だった(40)。

鬼押出し溶岩流や鎌原土石なだれ・天明泥流の発生・流下状況については、発生当時から色々と意見があった。現在も多くの説が提案されているが、未だに統一見解は得られていない(41)。最近では鎌原村を襲った土砂は、常温に近い土砂の流れだったとされ(42)、井上公夫氏らは「鎌原火砕流／土石なだれ」と命名している(43)。

領主や支配者による救済措置は遅く、江戸幕府の見分役が被災地を訪れたのは、土砂災害が発生してから二カ

表 13　浅間山天明三年の噴火活動

旧　暦	新　暦	主な出来事
四月八～九日	5 月 8～9 日	最初の噴火 46 日間の静穏期
五月廿六日	6 月 25 日	二度目の噴火 19 日間の静穏期
六月十八日	7 月 17 日	北方向への噴火 7 日間の静穏期
七月二日	7 月 30 日	激しい噴火が始まる
七月七日	8 月 4 日	プリニー式噴火の開始 吾妻火砕流の流下
七月八日	8 月 5 日	噴火のクライマックスへ 鬼押出し溶岩流の流下 鎌原土石なだれの発生 天明泥流の流下
浅間山北麓と吾妻川・利根川沿川に大被害が発生		

月ものちのことだった。被災直後、生存者たちに穀物や金銭を寄付して救済したのは近隣の篤志家たちだった。①大笹村名主兼問屋の長左衛門は、腹を空かせて来る者に三〇日余にわたって食事を与え続けた。②干又村名主の小兵衛は、逃げ延びてきた者に食事を与え、鎌原村の五〇～六〇人をかくまい、資産をはたいて米一二〇俵を買い救助した。③大戸村百姓の安左衛門は、近隣の村へ義捐金を提供した。①～③の篤志家は、鎌原村の復興にも尽力している。原町年寄の五郎兵衛・六兵衛、山田村（現中之条町）の三右衛門と十五郎親子、三島村の片貝清兵衛、大柏木村の権右衛門も救済を行った。篤志家たちは、噴火被害直後の家を失った人々に対する直接的な救済ばかりではなく、その後襲ってきた天明飢饉への救済も行った(44)。

噴火から一四日後の七月二十一日（新暦八月十八日）、江戸幕府は泥流や降灰・砂礫で被災した武蔵・上野・信濃の被害地の見分のために、役人を派遣した。その後、八月下旬になって、勘定吟味役・根岸九郎左衛門（別名鎮衛《やすもり》）を代表とする正式な見分役が組織された。見分後に根岸が記したものが『浅間山焼けに付見分覚え書き』である(45)。江戸時代の大災害では、大名に復興資金を出させる「御手伝普請」が行われるのが一般的だったが、「天明浅間焼け」ののちの復旧工事は「御救い普請」と呼ばれた(46)。

鎌原村では、噴火のあった天明三年の内に、計一〇組の祝言が挙げられた。幕府の勘定吟味役として天明三年の浅間災害復興工事の巡検役を務めた根岸九郎左衛門は、随筆『耳袋』のなかで、「これまでの身分とか血筋はないものとし、……夫を失った女には、女房を流されし男をとり合わせ、子を失いし老人へは親のなき子を……」という家族の再編成が行われたと記した。罹災前のもち分に関係なく均等な屋敷割りが行われ、平等の原則によって村の再建が進められ、元の住処《すみか》の上に仮普請の家が建てられていった(47)。現在鎌原地区の多目的活動センターで行われる「廻り念仏講」や供養祭で詠われる「浅間山噴火大和讃《わさん》」では、「隣村有志の情けにて　妻なき人の妻となり　主なき人の主となり」との歌詞がある[48]。

川沿いの泥流被害地域だけでなく、内陸部の軽石や火山灰が厚く堆積した地域では、田畑の端にかき寄せる「砂灰除け」や、「箱どよ（樋）」を利用して川に流すなどの復旧作業が行われた[49]。

マグマ噴出量は、榛名二ツ岳渋川噴火が〇・三二DREkm^3、榛名二ツ岳伊香保噴火が〇・七四DREkm^3、浅間山天明三年噴火が〇・五一DREkm^{3}となり、前二者の噴火時でも天明三年噴火と同等の被害が想定される。注目されるのは、浅間山噴火後に幕府の勘定吟味役である根岸九郎左衛門が復興工事の巡検役となっている点である。統治体制（政府）の機構・規模が大きく異なるので単純比較はできないが、地元の社会・経済・交通が壊滅的な被害を被っているため、外部からの組織的・計画的な支援が必要になる点は共通であったと考えられる。

註

（1）産業技術総合研究所地質調査総合センターウェブサイト（榛名二ツ岳渋川噴火については、https://gbank.gsj.jp/volcano/Act_Vol/haruna/page4_2_11.html／二ツ岳伊香保噴火については、https://gbank.gsj.jp/volcano/Act_Vol/haruna/page4_2_12.html）を参照。テフラ（tephra）とは、ギリシア語で灰の意味をもち、火砕物（火山砕屑物、広義の火山灰）と同義であり、具体的には、「降下テフラ（軽石・スコリア・火山灰）」・「火砕流堆積物（軽石・火山灰など）」・「火砕サージ堆積物」からなる。研究者により、降下物に限定する立場、火砕流堆積物を含むが溶結したものを除く立場、溶結・非溶結を問わずすべてを含むとする立場がある（町田洋・新井房夫編『新編　火山灰アトラス』東京大学出版会、二〇〇三年）七頁。

（2）新井房夫「関東地方北西部の縄文時代以降の指標テフラ層」（『考古学ジャーナル』一五七、一九七九年）。

（3）早田勉「6世紀における榛名火山の2回の噴火とその災害」（『第四紀研究』二七、一九八九年）。

（4）新井前掲註（2）。早田前掲註（3）。

（5）早田勉「古墳時代に起こった榛名山二ツ岳の噴火」（新井房夫編『火山灰考古学』古今書院、一九九三年）。同「榛名火山―古墳時代の大噴火をさぐる―」（高橋正樹・小林哲夫編『（フィールドガイド日本の火山）関東・甲信越の火山』一、築地書館、一九九八年）。

（6）早田前掲註（3）。Soda, T. "*Explosive activities of Haruna volcano and their impacts on human life in the sixth century A.D.*" Geograph. Rep. Tokyo Metropolitan Univ. vol. 31, 1996。

（7）渋川市教育委員会『中筋遺跡発掘調査概要報告書』（渋川市発掘調査報告書13、一九八七年）。

（8）赤城村教育委員会『宮田諏訪原遺跡概報（火山灰下発見の祭祀遺跡）』（赤城村埋蔵文化財発掘調査報告書22、二〇〇三年三月）。『宮田諏訪原遺跡1・2』（赤城村埋蔵文化財発掘調査報告書30、二〇〇五年三月）。『宮田諏訪原遺跡3・猫持久保遺跡（榛名山噴火によって埋もれた古墳時代祭祀遺跡の調査）』（赤城村埋蔵文化財発掘調査報告書28、二〇〇四年三月）。『宮田諏訪原遺跡4（榛名山噴火軽石によって埋没した古墳時代祭祀遺跡）』（赤城村埋蔵文化財発掘調査報告書31、二〇〇五年三月）。

（9）渋川市教育委員会『空沢遺跡―渋川市行幸田空沢地区土地改良の事前埋蔵文化財発掘調査報告書』（渋川市発掘調査報告書3、一九七九年三月）。

（10）土生田純之『古墳時代の政治と社会』（吉川弘文館、二〇〇六年）三三七―三三八頁。

（11）町田洋・新井房夫・小田静夫・遠藤邦彦・杉原重夫「テフラと日本考古学―考古学研究と関係するテフラのカタログ―」（古文化財編集委員・渡辺直経編『古文化財に関する保存科学と人文・自然科学』同朋舎出版、一九八四年）。

（12）早川由紀夫・中村賢太郎・藤根久・伊藤茂・広田正史・小林紘一「榛名山で古墳時代に起こった渋川噴火の理学的年代決定」（『群馬大学教育学部紀要』自然科学編六三、二〇一五年）。

（13）原田恒弘・能登健「火山災害の季節」（『群馬県立歴史博物館紀要』五、一九八四年）一一―一六頁。坂口一「火山噴火の年代と季節の推定法」（新井房夫編『火山灰考古学』古今書院、一九九三年）。

（14）新井房夫「関東盆地北西部地域の第四紀編年」（『群馬大学紀要』自然科学編、一九六二年）。

（15）新井前掲註（2）。

(16) 早田前掲註(3)。
(17) 早田前掲註(3)。同前掲註(5)「榛名火山―古墳時代の大噴火をさぐる―」。
(18) 新井前掲註(2)。早田前掲註(3)など。
(19) Soda, T. 前掲註(6)。
(20) 同右。
(21) 町田・新井前掲註(1)、一四〇頁、図三・三―一。
(22) 早田前掲註(3)。
(23) 町田・新井前掲註(1)。
(24) 「淘汰が悪い」とは、いろいろな粒径の粒子が混じり分級が良くない状態を示す。様々な粒径の粒子をもつ状態。火砕流堆積物の特徴は、数ミクロン程度の細かい粒子~数10センチ(ときには数メートル)以下の岩片や軽石を含むことであり、一般的に淘汰が悪いことが多い。
(25) 早田前掲註(3)。
(26) 町田ほか前掲註(11)。
(27) 石井克己・梅沢重昭『黒井峯遺跡』(大塚初重編『日本の古代遺跡を掘る』4　読売新聞社、一九九四年)。
(28) 『宇津野・有瀬遺跡』(子持村文化財調査報告第17集、二〇〇五年)。
(29) 下司信夫・大石雅之「榛名火山の後期更新世及び完新世噴出物から得られた炭素14年代」(『地質調査研究報告』六二、二〇一一年)。
(30) 原田・能登前掲註(13)一六―一八頁。
(31) 井上公夫『噴火の土砂洪水災害』(古今書院、二〇〇九年)一〇頁。
(32) 国土交通省利根川水系砂防事務所「天明三年浅間焼け」(製作/(財)砂防・地すべり技術センター、二〇〇四年)。荒牧重雄「浅間天明の噴火の推移と問題点」(新井房雄編『火山灰考古学』古今書院、一九九三年)。井上ほか「浅間山天明噴火時の鎌原火砕流から泥流に変化した土砂移動の実態」(『応用地質』三五—一、一九九四年)などをもとに編集。
(33) 関俊明『浅間山大噴火の爪痕』(新泉社、二〇一〇年)九頁。
(34) 田村知栄子・早川由紀夫「史料解読による浅間山天明三年(一七八三年)噴火推移の再構築」(『地学雑誌』一〇四、一九九五年)。Yasui and Koyaguchi "*Sequence and eruptive style of the 1783 eruption of Asama Volcano, central Japan : a case study of an andesitic explosive eruption generating fountain-fed lava flow, pumice fall, scoria flow and forming a cone*" Bull. Volcanol. vol. 66, 2004。
(35) 噴出量は、一七八三年降下火砕堆積物、一七八二年火砕流堆積物および鬼押出溶岩流の合計値。鎌原火砕流/岩屑流堆積物の体積は〇・〇四七立方キロメートル(井上ほか前掲註(31)、「浅間山天明噴火時の鎌原火砕流から泥流に変化した土砂移動の実態」)。
(36) 浅間山天明三年噴火に関する当時の史料は、萩原進『浅間山天明噴火史料集成』(群馬県文化事業振興会、一九八五—一九九五年)に網羅されている。「信濃国佐久郡浅間嶽之図」「信州佐久郡浅間ヶ嶽大変略図」「泥流被害絵図」「天明三年浅間大焼泥流利根川流下絵図」「浅間焼吾妻川利根川泥押絵図」「吾妻川筋被害絵図」「浅間山焼出上州火石流満水絵図」「鎌原村復興絵図」などは、井上公夫ほか「浅間山の天明大噴火」(『ドキュメント災害史1703—2003』国立歴史民俗博物館、二〇〇三年)に収載されている。
(37) 関前掲註(33)、八—九頁。
(38) 松島榮治「よみがえった鎌原村」(中央防災会議災害教訓の継承に関する専門調査会編『一七八三天明浅間山噴火』報告書、二〇〇六年、第二章第二節)。
(39) 井上前掲註(31)、六一頁。
(40) 関前掲註(33)、九頁。
(41) 井上前掲註(31)、第一章第一項と六五頁を参照。
(42) 関前掲註(33)、一七頁。

(43)　井上前掲註（31）、三七頁。
(44)　同右、一四五頁。
(45)　同右、一四五—一四六頁。
(46)　同右、一四六頁。
(47)　関前掲註（33）、八〇頁。
(48)　同右、八三頁。
(49)　同右、五八頁。

第五章　舒明朝―遣唐使・百済大宮・八角形墳―

一　蘇我本宗家討滅の背景―大王権力を脅かす蘇我氏の支配体制―

推古朝における帝国性を考察した本書第三章と天智朝における帝国性の問題を論じた本書第一章とあわせて得られた結論を整理すると表14のようになる。

倭国の王権が帝国性を帯びていったのは、様々な事象の積み重ねのなかにおいてであり、徐々に進展していった。とくに注目されるのは、六世紀における金官加羅国・加耶諸国の滅亡である。第三章の関連部分を再掲しながら考察する。

表8（第三章の表8参照）をみると、金官国が滅亡した八年後に秦人・漢人が戸籍に編貫されている。さらに金官国以外の加耶諸国全てが滅亡した七年後に吉備白猪屯倉の丁籍作成が行われている。白猪屯倉の「丁」の詳細については不明だが、加耶諸国の滅亡時には相当数の亡命者が日本列島に渡ってきたことが想定され、白猪屯倉の「丁」として編成された可能性がある。加藤謙吉氏は、漢氏のウヂ名の「アヤ」が、もともと安羅の国名から転じたものではないかと推測している(1)。安羅人を含む加耶諸国民の日本列島への移住は五世紀以前にも行われていたであろうが、金

地方制度	戸　籍	歴　史	貨　幣
畿内制？ 軍尼—伊尼翼制	（秦人・漢人の戸籍） （白猪屯倉の丁籍）	**『天皇記』** **『国記』**	
評—五十戸制 **「軍事的」畿内制？**	**庚午年籍**		**無文銀銭**
国—評—里制		**『日本書紀』編纂開始**	**富本銭**
	庚寅年籍		

官国滅亡と加耶諸国滅亡の両時期に急増した可能性がある。この亡命者たちが戸籍に編貫されたり、「钁丁（季節労働者）(2)」として白猪屯倉に付属させられ、加耶系(3)の白猪史が丁籍を作成したのではないだろうか。

欽明元年における秦人・漢人の戸籍への編貫、同三十年一月における吉備白猪屯倉の丁籍作成により、倭国内に加耶系亡命者のコロニーが形成され、倭王はこれを支配する立場を獲得した。倭国内におけるこの構造が、亡命者の元々の出身地である加耶への支配を正当化する前提となり、金官国王家の食邑からの「任那の調」を要求するに至ったのではないだろうか。馬子は敏達三年十月に白猪屯倉に赴き白猪屯倉の田部を増やし、その名籍を白猪史膽津に授けた。翌年二月に帰京した馬子が屯倉のことを復命すると、天皇は任那復興を皇子と馬子に命ずる。天皇の命令からは、馬子が大加耶・安羅などの亡

表 14　推古朝と天智朝における帝国性（**太字**は中国的な制度・思想に関連すると思われるものを意味する）

天皇	外　交	君主号	冠　位	律　令	皇后・皇太子	氏族支配
推古朝	「任那の調」 倭国的外交儀礼	**天子** **天皇**	**十二階**	**中国律の部分的導入** 賠償制	大后・太子	
孝徳朝			**十九階**			
天智朝	**冊封（小帝国）**	**天皇**	**二十六階**	**近江令？**	**皇太子？**	甲子の宣 （氏上）
天武朝 持統朝			**四十八階**	**飛鳥浄御原令**	**皇太子制**	

命者が安置されていた白猪屯倉を視察し、復命のなかで彼らの祖国の復興を天皇に進言したと推測することも可能である。四月には、新羅と任那に使節が派遣され、六月に新羅は任那四邑の調を進上した(4)。四月の遣使の目的が、「任那の調」の進上を新羅に催促することだったのは明白である。金官加羅国・加耶諸国の滅亡により、ヤマト王権の支配下に加耶諸国の亡命者が再編成されていったことは、王権の性格に他国の王権を内包する契機となった点で重要である。

　次に注目されるのは、隋による度重なる高句麗征討事業である。倭国遣隋使の派遣時期（六〇〇〜六一四）は、高句麗僧恵慈(5)の倭国滞在期間（五九五〜六一五）とほぼ重なっている。さらにこの時期は、隋の高句麗征討が行われた時期（五九八〜六一四）でもある。坂元義種氏は、恵慈が祖国（高句麗）の危機と関連して倭国の対隋外交を主導した可能性を指摘している(6)。

隋による高句麗征討事業により動揺した朝鮮半島では、百済・高句麗で相次いで大規模な政変が発生している。百済では六四一年に義慈王が即位するや、王弟などの一族と有力者四〇人余りが追放され、国王への権力集中がはかられたという。また高句麗では六四二年、泉蓋蘇文が栄留王を殺害し、その弟の子である宝蔵王を即位させ、みずから莫離支と称して実権を掌握した。一方、唐の太宗は高句麗征討の決意を固め、高句麗・百済の圧迫にさらされた新羅は唐に出師を請うに至る。唐の東方政策と絡まりあいながら、朝鮮三国はそれぞれ国の存亡をかけた準戦時体制を構築しようとしていたのである。古人大兄の即位を目的とする上宮王家滅亡事件はそのさなかに起こった。(7)

国家運営の根幹に触れる諸事項での蘇我氏の存在が膨張するにつれ政治・経済のシステムに対する掌握が分散・分権化し、王権による国力集中ができなくなっていたヤマト王権は君主権の強化と中央集権体制構築の必要に迫られていた。とくに人民の私的支配を否定し、王民思想にもとづく公民制を樹立することが求められていた。(8)

二　ヤマト王権の宮都・寺院造営

推古十一年（六〇三）、天皇は豊浦宮から小墾田宮に遷居した。小墾田宮への遷居とともに、王宮での礼儀作法が改められており、従来の王宮とは大きく変化した画期的な構造だったとみられている。(9)遣隋使がもち帰った「天子、南面す」という中国の思想を取り入れ、中心となる建物を王宮の中軸線上に配置するという中国の王宮にならった王宮がはじめて造営されたことは、画期的な要素の一つであった。(10)ただ内裏と朝堂を対置させる構造は、小墾田宮以降の飛鳥諸宮や近江大津宮に継承されていない。小墾田宮の有力な推定地である雷丘東方遺跡の遺構群は北から大きく西に振れていて『書紀』の小墾田宮の記述と合わないため、それほど整然としたものではなかった可能性もある。しかし、小墾田宮が中国の思想や王宮の影響を受けた画期的な王宮であったことは間違いない(11)。

推古三十六年に推古天皇が崩御すると、王位継承をめぐり田村皇子を推す蘇我蝦夷と、山背大兄皇子を推す境部摩理勢が対立した。結局、蘇我蝦夷が境部摩理勢を攻め滅ぼして田村皇子が即位した（舒明天皇）。舒明二年（六三〇）十月、天皇は飛鳥岡の傍らに王宮をつくって遷った。飛鳥岡本宮である。和田萃氏によれば、「飛鳥岡」とは細川山から西～西北方向に延びる、幾筋かの尾根の先端部の総称である。石舞台古墳北方の丘から飛鳥坐《あすかにいます》神社が鎮座する鳥形《とりがた》山まで、南北に連なる丘陵端をあわせて飛鳥岡と称した(12)。飛鳥岡本宮は、飛鳥宮遺構で最下層になるⅠ期遺構に該当するとされている。飛鳥宮Ⅰ期遺構では、掘立柱建物・塀・石敷・石組溝などが発見されている。中心軸は北から西に約二〇度振れていて、飛鳥・藤原地域の地形条件に制約されたものと考えられている(13)。

舒明天皇は、蘇我氏と血縁関係のない皇子であったが、擁立の経緯から蘇我氏の強い影響下にあり、その治世の間、実権を蘇我氏に握られていたとされている。そのため、即位直後に蘇我氏の勢力圏である飛鳥に宮殿を造営し遷居するが、舒明八年に飛鳥岡本宮が焼失すると田中宮に遷る。田中宮は橿原市田中町にあったといわれ（田中廃寺がある）、その後二度と飛鳥に戻ることはなかった。同十一年に伊予温湯宮に行幸したあと、翌年には厩坂《うまやさかの》宮を経て百済宮に遷った。厩坂宮は橿原市大軽町にあったとされる（法起寺式伽藍の厩坂寺跡がある）。百済宮は百済川の畔に作られた大宮で、同じ場所に作られた百済大寺が桜井市吉備にある吉備池廃寺に該当することが確実なので、隣接地域に存在するものと考えられている。舒明は、飛鳥に対抗するかのように百済の地を王権の支配拠点として空間整備しようとしたのである(14)。

吉備池廃寺は法隆寺式の伽藍配置で、金堂は東西三七メートル、南北二五メートル、高さ二メートルを超える基壇をもち、同時代の他寺院金堂を超越した規模である。塔は一辺が三二メートルで中央には東西六メートル、南北八メートルもの巨大心礎の抜き取り穴があった。同時代の内外諸寺院の塔の規模を比較すると吉備池廃寺の九重の塔の巨大さが理解できる（図13）。蘇我氏が前代に建立した飛鳥寺と比べると、金堂基壇で約三倍、塔基壇で約七倍となる。(15)伽藍中心の東西規模（東西回廊の外側柱間の距離）は一五六・二メートルもあり、法会の参加者が多数でも対応できるほどの破格の規模だった。(16)吉備池廃寺の寺域は、周囲を囲む塀や溝などが発見されておらず確認できていない。しかし南北二六〇メートル以上、東西一八〇メートル以上の広範囲に及んでいることから、飛鳥寺や川原寺と並び、飛鳥諸寺の中で最大級の規模だったことは疑いない。(17)

百済大寺を頂点とする、大王家みずからの寺院整備が急速に推進された。舒明の死後も、百済大寺の造営は皇極（斉明）から息子の天智・天武に引き継がれ、天武は即位の翌年（六七三）、高市に寺地を移し、のち寺号を「大官大寺」と改めた。新川登亀男氏によれば伽藍の造営はもとより、寺内の管理指導組織の整備、そして共通した財源に至るまで、「大官」すなわち天皇のもとで組み立てられはじめた役所機構から分配された。このため百済寺は「大寺」と呼ばれ、旧来型の寺院の頂点に立つ飛鳥寺はなお尊重され続けはしたものの、別枠に位置づけられるようになっていた。(18)

五一六年、北魏の首都洛陽に造営された永寧寺（中国、河南省洛陽市）の九重塔基壇は、一辺長三八・二メートルであった。新羅の善徳女王十四年（六四五）、皇龍寺（韓国、慶州市）に建立された木造九重塔は一辺長三二メートルほどである。『三国遺事』によれば百済でも武王の時代（六〇〇―六四一）に王命により益山《えきさん》弥勒寺（全羅北道益山郡）に木造九重塔が建立されており、その基壇の一辺長は一八・五メートルである。後述するように、百済大寺（吉備池廃寺）が造営される八年前、第一回の遣唐使が唐使・高表仁とともに帰国する。百済大寺の九重の塔は、このような東アジア世界の動向と無関係であったとは思えない。(19)

大王家の寺院ではないが、蘇我倉山田石川麻呂により建立された山田寺も注目される。『上宮聖徳法王帝説』裏書に

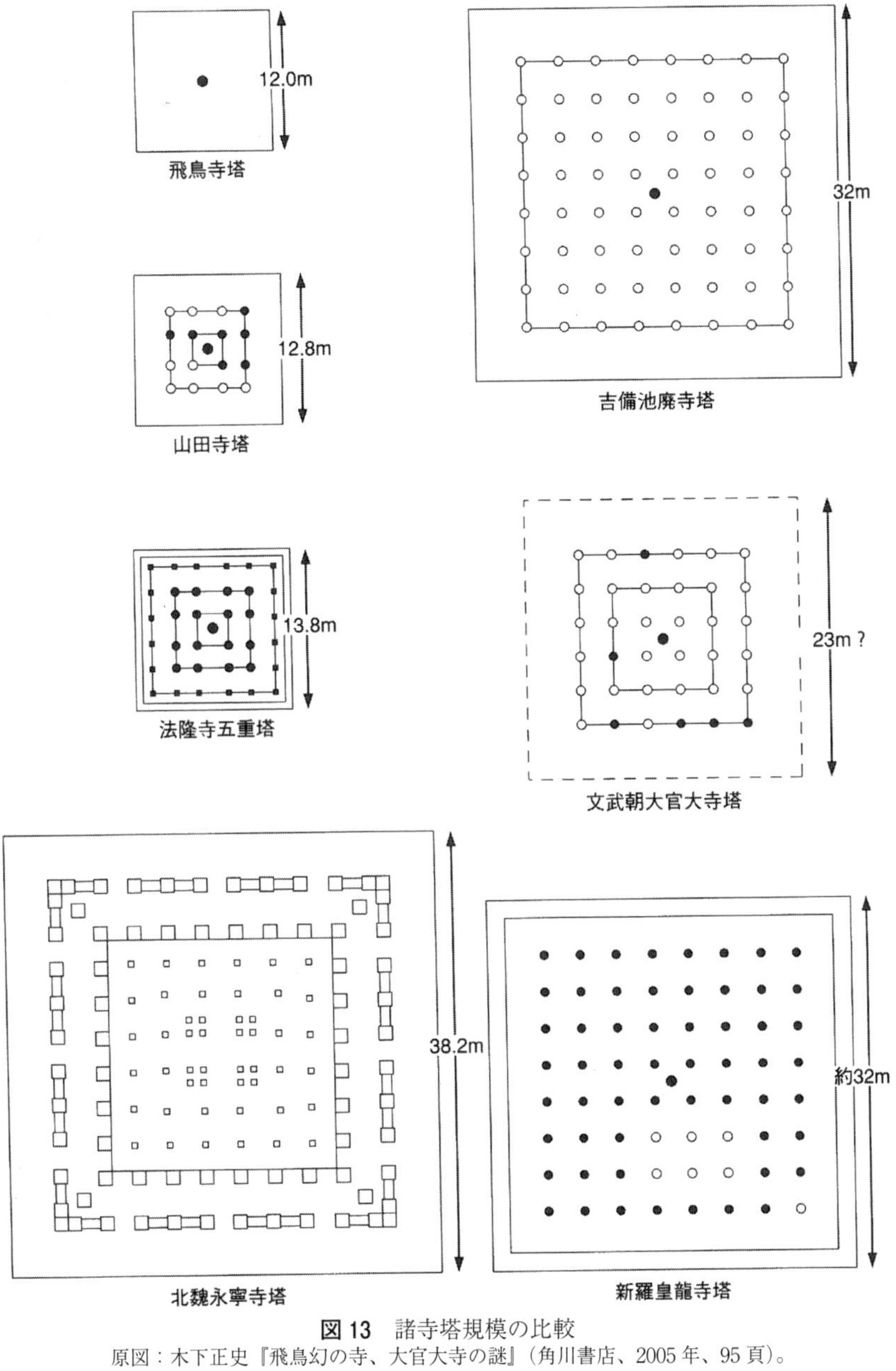

図 13　諸寺塔規模の比較

原図：木下正史『飛鳥幻の寺、大官大寺の謎』（角川書店、2005 年、95 頁）。

よれば、山田寺は舒明十三年（六四一）三月十五日に「始平地」とあり整地工事がはじめられ、二年後の皇極二年（六四三）には金堂の建立がはじまり、大化四年（六四八）には「始僧住」と僧が居住しはじめる。大化五年には、孝徳天皇により派遣された穂積咋が兵を率いて山田寺を包囲したため、石川麻呂は妻子とともに山田寺で自害した。しかし石川麻呂の娘遠智《おちの》娘《いらつめ》は中大兄皇子の妃となり大田皇女・鸕野讃良皇女（後の持統天皇）・建皇子（夭逝）を、別の娘である姪娘《めいのいらつめ》も中大兄皇子妃として御名部皇女・阿閇皇女（草壁皇子妃。後の元明天皇）を産んでいる。中大兄皇子やその子孫たちにとって山田寺は、中国の思想・技能を習得した出家者が師となり、多くの書物が収蔵されている「カルチャー施設[20]」であった。

　舒明朝の王権中枢が、宮殿の造営や寺院の建立において中国や朝鮮諸国などの思想・技術を積極的に取り込もうとする意志を有していたことは確実であり、中大兄皇子とその子孫たちにとっての教育（学習）施設も設置されていた。

被　葬　者
畿内と結びつきの強い在地の有力豪族か中央の有力官人層[1)]
上毛野国の中枢に与した進取的な知識層[2)]
畿内の在地首長（土生田説）・宣化天皇三世孫被葬者[3)]
中央との政治的関係を強固にして、上毛野国や武蔵国の地方政治機構の一翼を担った進取的な勢力[2)] 多氷屯倉経営のために派遣された大和政権の有力者[4)]
朝鮮半島系氏族[2)]・緑野屯倉の管掌者[5)]
朝鮮半島系氏族[6)]

1997年3月）2〜3頁。
報告』第4冊、2007年、384頁。

表 15　地方の八角形古墳（土生田純之『埴輪』（吉川弘文館、2011 年、192 頁）を元に中野が加筆）

古墳名	所在地	形　状	築造時期
尾市《おいち》一号墳	広島県福山市	正八角形	七世紀後半
三津屋《みつや》古墳	群馬県吉岡町	正八角形	七世紀末[2]
梶山古墳	鳥取県鳥取市	変形	
経塚《きょうづか》古墳	山梨県笛吹市	不整形	
桑原《くわのはら》C─三号墳	大阪府茨木市	不整形	
中山荘園《そうえん》古墳	兵庫県宝塚市	不整形	
稲荷塚古墳	東京都多摩市		七世紀前半（土生田説） 七世紀後半[2]
伊勢塚古墳	群馬県藤岡市	不整形[5]	六世紀末～七世紀前半[2,5]
一本杉古墳	群馬県勢多郡吉井町	正八角形[6]	七世紀前半[6]

註　1）新市町文化財協会『尾市 1 号古墳発掘調査概報』（1985 年、21 頁）。
2）梅澤重昭「東日本の八角形墳丘古墳の性格と出現の画期」（『考古学ジャーナル』414、
3）高橋照彦「猪名川流域の古代氏族と勝福寺古墳」（『大阪大学文学研究科考古学研究
4）桐生直彦「稲荷塚古墳の八角形墳丘プラン」（『考古学ジャーナル』414、17 頁）。
5）志村哲「伊勢塚古墳の八角形墳丘プラン」（『考古学ジャーナル』414、9～12 頁）。
6）梅澤重昭「吉井町一本杉古墳の八角形墳丘」（『考古学ジャーナル』414、31 頁）。

三　八角形墳

中国の宇宙観・世界観との関連で注目されるのが、段ノ塚古墳（舒明天皇陵）・叡福寺北古墳（伝聖徳太子陵、孝徳天皇陵か）・岩屋山古墳（斉明天皇陵）・牽牛《けんご》子塚《しづか》古墳（斉明天皇・間人皇后陵）(21)・御廟野古墳（天智天皇陵）・野口王墓古墳（天武・持統天皇陵）・束明神古墳（草壁皇子陵か）、中尾山古墳（文武天皇陵）などの八角形墳である。(22)「八紘」（『書紀』神武天皇即位前紀己未年三月丁卯〈七日〉条）や「八荒」（『古事記』序）は、世界全体を八角形として把握認識することを意味し、前漢代の思想書『淮南子《えなんじ》』原道編にも同様の世界観がみえる。(23)『古事記』序文では、八角形の世界観を以下のように表現している。

乾符《あまつしるし》を握りて六合《あめのした》（四方と上下）を摠《す》べ、天統《あまつすじ》を得て八荒《よものきわまり》を包《か》ねたまいき。二気の正しきに乗じて、五行の序を斉《ととの》えたまひき。神《あや》しき理《ことわり》を設《もう》けて俗《ならわし》を奨《すす》め、英《すぐ》れたる風《おしえ》を敷きて国を弘めたまいき。

現代語訳すると「皇帝たる璽をとって天下を統治し、皇統を継いで八荒（八方の僻遠の地）を広く治められた。陰陽は正しく作用し、五行の秩序を整えられた。神祇を敬い良い風俗を勧め、優れた教えを国に広められた」となり、陰陽五行説に則った世界観である。

八角形墳は地方にもあるが変形や不整形であり(24)（表15）、七世紀後半と考えられる広島県福山市・尾市《おいち》一号墳は畿内との結びつきの強い在地の有力豪族かまたは中央の有力官人層説がある。(25)畿内の正八角墳の被葬者はいずれも舒明＝皇極（斉明）夫妻の直系一族が想定されており、天下四方八方の支配者にふさわしい形態として採用されたもので、古代中国の宇宙観との関連が指摘されている。(26)大極殿の中央にすえられた玉座「高御座」は八角形であり、藤原宮大極殿には確実にあったらしく、文武天皇の即位宣命に「天津日嗣高御座の業」という言葉がはじめて現れる。また、「やすみしし　わご大君」などと用いられる天皇の枕詞「やすみしし」とは「八角（隅）知し（天下の隅々まで支配する）」という意味である。(27)

山尾幸久氏によれば、中国の陰陽五行的天下観・宇宙論的君主思想に基づいて天皇統治の正統性や軌範の根拠を宇宙の生成に求める思想が七世紀中葉には認められる。(28)「天皇大帝」「北辰」など古代中国の天文知識や八角形世界観などが舒明＝皇極夫妻の直系一族周辺に受容され、新しい君主像を裏づける根拠として用いられたものと思われる。

四　天命思想

戸川芳郎氏の所説[29]に従って、殷代から漢代までの「天」と「天子」の関係を概観すると以下のようになる。殷代に、自然と王国とを支配する上帝＝天概念が発生した。上帝は祖先神や自然神を主宰する最高神であり、下界の人間の一切の運命を支配するだけでなく、日月風雨の作用を左右して年穀の豊凶を決定し、人心の向背を察して禍福賞罰を降すという威力を行使した。周の貴族たちは、呪術儀礼によって天を祭り天命を賜ったと宣言する。人間の徳が強調され、周末（前三世紀前半）には天人相関思想の傾向が現れ、陰陽五行説が流行した。後期墨家によれば、衆民は天子・国君の公儀（専制統治）の意志に収斂されるように尚同《しょうどう》され、天子は人格神〈天〉によって天の申し子としての資格が与えられる。陰陽家によれば、天命を受けた天子は時令を通じて天下人民の社会生活を統治する。漢代になると人間社会の営みと宇宙自然の働きとの関係を理想の人格を媒体として説く天人相関思想が深化し、現実の皇帝に理想の為政者を求める治政理論を提供した。『易経』では、数理を交えて天地宇宙の理法を簡単にわりだして未来予知を可能にし、天人相関説の盛行とともに前漢後期の治政理論を生み出した。薫仲舒らが奉じた公羊家春秋学では、陰陽五行説や三統説を取り入れた天人相関説である休祥災異思想を骨格としていた。自然現象と人事とが対応関係にあると考える天人相関の陰陽理論では陰陽五行説を習合し、人事、時に政事にそれが広く適用され、宇宙秩序の根元〈天〉に随順すべきことを説いた。〈天〉は宇宙の全現象を統御し、人事、ことに君主の統治行為の原理である〈道〉もそれにもとづかしめる、とされた。

「天」と「天子」の関係に関する見解は時代や提唱者によって差異があるが、宇宙の根本的な秩序として「天」があり、「天子」が掌る「人事」と自然現象に対応関係があるとする天人相関説に基づく治政理論の基盤となっていたことは明らかである。地上における本来の統治者は、宇宙全体の統治者である天帝（昊天上帝）である。しかし人間ではない天帝が地上を実際に統治することはできないため地上の誰かに委任する必要があり、その人物には天帝の命令（天命）がくだることになる。天命をくだされた者はこれを受け（受命）、天子として地上を統治するのだが、受命者の絶対条件は「徳を有すること」である。中国皇帝は「上帝＝天」を祀る「天子」として下界の「人事」を差配するので、「天子」の支配イデオロギーのなかでは「上帝＝天」を祀る行為が重要な位置を占めることとなる。天子は常に天帝を祀り、天帝の意志を聞き、有徳の君主になるべく努力をする。

天子が徳を以て統治し、それが天帝の意志にかなうものであれば、天帝はその徳を愛でて地上にめでたい徴《しるし》（祥瑞・休祥）をもたらす。逆に天子が徳に欠け、その統治が天帝の意志に反するならば、天帝はその不徳を責めて地上に災い（災異）をもたらす。天人相関説にもとづく休祥災異思想をまとめれば概略以上のようになる。

天帝から受命して地上の統治を委ねられた天子の居所は地上の中心（中華・中国）とされ、世界の中心と認識された。地上の万物は本来天帝のものであるので、その統治を任された天子のものでもあった。このような中華思想・王土王臣思想にもとづいて形成された政治体制は、専制君主制の形態をとって現れる。中国の律令法は、専制君主制を維持しこれを体制化するための法体系であるので、その中国律令法を継受した七世紀以降の倭国（日本）の政治体制は、形式上、専制君主制の形態をとることになった(30)。蘇我氏の本拠地である飛鳥に対抗するかのように王権の支配拠点として空間整備しようとした百済宮造営や大王家みずからの寺院整備である百済大寺造営（本章二節）、陰陽五行説に則った世界観である八角形墳の舒明陵以降の造営（本章三節）などから、日本律令制国家の統治イデオロギーの根底に据えられた天命思想は、舒明朝後半以降には確実にヤマト王権の中枢に受容されていたと考えられる。

五　ヤマト王権の中華的変貌の背景

「天皇大帝」など古代中国の天文知識や八角形世界観などが舒明＝皇極夫妻の直系一族周辺に受容され、新しい君主像を裏づける根拠として用いられた可能性が高い。新たに造営される宮殿は中心軸が正確に南北軸方向に設定されており、中華的な世界認識・宇宙観が導入されていたことが確実である。「天」や「天子」など天命思想に関わる君主観がヤマト王権の周辺で受容され、ヤマトの大王は中華的君主に変身していったと思われる。

ヤマト大王家の陵墓のなかで八角形墳を採用した最古の例は舒明天皇陵（段ノ塚古墳）である。舒明天皇が崩御した翌年（皇極天皇元年・六四二）十二月十三日に喪を起こした。同月二十一日、まず滑谷岡《なめはさまのおか》（伝承地は明日香村冬野字天野の「出鼻の岡」）に葬られたが、同二年九月六日、段ノ塚古墳に改葬された。段ノ塚古墳がどの程度の築造期間を費やしたのかは不明だが、舒明朝末期（六四〇年代前半）には八角形の墳丘のプランにもとづき造営されていたはずである。遅くとも舒明朝末期にはヤマトの大王を中華的八角形世界観の中心に据えるような、王権の強化・絶対化の志向が存在していたことになる。このような志向性の背景には、舒明朝に帰国した遣唐使の存在が考えられる。

舒明二年（六三〇）八月、遣唐使（大使犬上御田鍬・薬師恵日ら）を派遣した。唐の建国は六一八年なので、この使節は倭国が最初に派遣した遣唐使ということになる。同四年八月、犬上御田鍬らは、唐の高表仁を伴って帰国した。唐には使者の他にも学問僧や学生が渡り、隋の頃に渡った者も含め、僧霊雲・僧旻・僧清安（南淵請安）・高向玄理が帰国した。本書第八章で詳述するように、古代中国の天文知識は推古朝に来朝した観勒によりはじめて本格的に伝えられたと考えられる。しかし、舒明朝に帰国した学問僧・留学生により、天文知識のみならず進んだ政治制度や律令法体系、それに天命思想などの君主観が舒明の周辺王族・臣下に浸透していったのではないだろうか。『書紀』によれば、百済大寺の造営には「西の民は宮を造り、東の民は寺を作る」と記されており、従来とは異なった方法・規模の労働力編成が行われたと思われる。倭国の支配者として君臨する者が、中華的な世界観を導入して新たに作り上げられた支配イデオロギーを身にまとい、それにもとづいた形で新たな人民支配を開始したものと評価できる。

註

（1）加藤謙吉『大和の豪族と渡来人』（吉川弘文館、二〇〇二年）。
（2）大川原竜一「国造制の成立とその歴史的背景」（『駿台史学』一三七、二〇〇九年）。
（3）山尾幸久氏は、王辰爾後裔を称すると、王仁後裔を称するとにかかわらず、船氏一族はもともと五世紀中頃に半島南部の弁韓地方（加耶地方）から散発的に渡来した、出身地も始祖もばらばらの人たちが、東漢氏〔加藤説では安羅人〕や秦氏の興隆に刺激されて次第にまとまってゆき、その過程において、実在の人物で、しかも朝廷に重用された王辰爾の事蹟を核にして、その始祖伝説も作り上げたものと述べている（同『日本国家の形成』岩波新書、一九七七年）四二頁。彼らは六世紀から七世紀にかけて、しばしば有能な事務官僚として用いられている。
（4）すべて、洛東江河口の地名で、旧金官国の旧領。日本古典文学大系『日本書紀』下（岩波書店、一九六五年）四二頁、頭注二。
（5）恵慈は厩戸皇子の仏教の師であり、法興寺（飛鳥寺）が完成すると百済の僧慧聡《えそう》と住し、ともに三宝の棟梁と称された。
（6）坂元義種「推古朝の外交―とくに隋との関係を中心にして」（『歴史と人物』一〇〇、一九七九年）。
（7）鎌田元一「七世紀の日本列島―古代国家の形成―」（『日本通史』第三巻・古代2、岩波書店、一九九四年）二五頁。
（8）同右、四頁。

(9) 林部均『飛鳥の宮と藤原京』(吉川弘文館、二〇〇六年) 一三頁。
(10) 同右、一六―一七頁。
(11) 同右、一九頁。
(12) 和田萃『飛鳥―歴史と風土を歩く―』(岩波書店、二〇〇三年) 七六頁。
(13) 林部前掲註 (9)、三四頁。
(14) 同右、三九頁。
(15) 義江明子『天武天皇と持統天皇』(山川出版社、二〇一四年) 六五頁。
(16) 林部前掲註 (9)、四〇―四二頁。
(17) 木下正史『飛鳥幻の寺、大官大寺の謎』(角川書店、二〇〇五年) 一七〇頁。
(18) 新川登亀男『道教をめぐる攻防』(大修館書店、一九九九年) 四五頁。
(19) 木下前掲註 (17)、二〇三頁・二四七―二六〇頁。
(20) 新川前掲註 (18)、四二―四三頁。
(21) 牽牛子古墳の埋葬施設は内部に石郭内の中央に間仕切りがあり、それを境に二つの埋葬空間がある (明日香村教育委員会『明日香村発掘調査報告会』二〇一〇年)。斉明天皇と娘の間人皇女 (孝徳天皇の皇后) の合葬墓の可能性がある。
(22) 段ノ塚古墳の被葬者を舒明天皇、岩屋山古墳の被葬者を斉明天皇としたのは白石太一郎氏説による (同「畿内における古墳の終末」〔『国立歴史民俗博物館研究報告』第一集、一九八二年六月〕)。叡福寺北古墳の被葬者を孝徳天皇、岩屋山古墳の被葬者を斉明天皇 (のち牽牛子塚古墳に改葬された) としたのは、今尾文昭氏説による (同「八角墳の出現と展開」〔『古代を考える　終末期古墳と古代国家』吉川弘文館、二〇〇五年〕)。束明神古墳の被葬者を草壁皇子としたのは河上邦彦氏説による (同「八角形の墳丘」〔『明日香風』一九、一九八六年〕)。同『飛鳥を掘る』(講談社選書メチエ、二〇〇三年) 第二章5「古墳の被葬者決定」が、白石太一郎氏は今後の調査を待つべきとしている (同「八角墳の出現―天皇陵の成立」〔『天皇の歴史01　神話から歴史へ　月報01号』講談社、二〇一〇年〕)。八角形墳の研究史や畿外の例については、河上邦彦『大和の終末期古墳』(学生社、二〇〇五年）第二章３「八角形の古墳」を参照。

(23) 日本古典文学大系『日本書紀』上（岩波書店、一九六七年）二一三頁、注一六頁。望月信成・藤沢一夫・井上薫・藤川正数・安井良三・和田萃・近江昌司各氏は、八角形古墳の形状は天武天皇の仏教信仰に由来し、インドの卒塔婆《ストゥーパ》、あるいは仏寺の八角円堂や舎利塔に関連するとした。

　これに対して網干善教氏は、八角形の意味するところは、仏教思想というより、中国における政治制度・天祭地祀の思想を基調とするものと考えるべきとする（同「八角方墳とその意義」（『橿原考古学研究所論集』五、吉川弘文館、一九七九年））。

(24) 梶山古墳（鳥取県鳥取市）は変形。経塚《きようづか》古墳（山梨県笛吹市）、桑原《くわのはら》C―三号墳（大阪府茨木市）、中山荘園《そうえん》古墳（兵庫県宝塚市）は不整形（土生田純之『埴輪』、吉川弘文館、二〇一一年、一九二頁）。稲荷塚古墳（東京都多摩市）は七世紀前半の八角形墳。伊勢塚古墳（群馬県藤岡市）は、六世紀後半の不正八角形墳（両袖横穴式石室）である。甘粕健・久保哲三は、上毛野の緑野《みどの》屯倉は白石稲荷山古墳を盟主とする白石古墳群の領域と重なるため、白石古墳群の勢力が一部を大和の直轄地として収奪されたために著しく弱められたのではないかと推定した。緑野屯倉の設置は上毛野勢力の西南端に大和政権が橋頭堡を築いたことになる（近藤義郎・藤沢長治編『日本の考古学』第四〈古墳時代・上〉、河出書房新社、一九六六年）四九五頁。新井喜久夫氏は、尾張国造軍を含む大和朝廷の武力的圧力により緑野屯倉が設置されたとする（同「古代の尾張氏について（下）」（『信濃』二一―一、一九六九年）二三頁）。志村哲氏は、伊勢塚古墳の被葬者を緑野屯倉の管掌者とする（同「伊勢塚古墳の八角形墳丘プラン」（『考古学ジャーナル』四一四、一九九七年）九―一二頁）。先学諸氏の見解に従えば、伊勢塚古墳の被葬者は尾張氏の関係者である可能性があり、継体天皇との姻戚関係をもつ氏族であることからヤマト王権との関連が連想されるが、詳細については不明とせざるを得ない。

(25) 新市町文化財協会『尾市1号古墳発掘調査概報』一九八五年、二一頁。七世紀後半の八角形墳としては、ほかに三津屋《みつや》古墳（群馬県吉岡町）がある。

(26) 白石太一郎氏は、広い意味での中国政治思想の影響とする（同前掲註（22）、「八角墳の出現―天皇陵の成立」）。

(27) 吉川真司『飛鳥の都』（岩波新書〈シリーズ日本古代史③〉、二〇一一年）一七八頁。

(28) 山尾幸久「孝徳紀の品部廃止詔について」(『歴史における政治と民衆』日本史論叢会、一九八六年)四九八—五〇八頁。
(29) 戸川芳郎『古代中国の思想』(岩波現代文庫、二〇一四年)。
(30) 早川庄八『天皇と古代国家』(講談社学術文庫、二〇〇〇年)二二一—二二二頁(初出一九八七年)。

第六章　皇極朝～孝徳朝―百済大乱・中華的王権・阿倍氏・「大化改新」―

一　百済大乱

『日本書紀』（以下、『書紀』）には、舒明三年（六三一）三月一日、百済の義慈王が王子の豊璋を質として送った、と記されているが、『三国史記』百済本紀には義慈王十三年（六五三）倭国と通好すとあるので、豊璋を送ったのはこの頃ではないかとも考えられる。ところで皇極元年（六四二）一月から四月頃まで、百済で「大乱」が発生し太子扶余豊（豊璋、翹岐）などが人質となり倭国に来たとされている。以下、『書紀』の関連記事を列記する。

皇極元年正月二十九日条

正月乙酉。百済の使人・大仁阿曇連比羅夫、筑紫国より駅馬に乗り来りて言す、「百済国、天皇の崩を聞き、弔使を遣わし奉る。臣、弔使に随い、共に筑紫に到る。而るに臣、望みて葬に仕えまつる。故に先に独り来る也。然るに其の国は今大乱す」と。

同年二月二日条

二月丁亥朔戊子。阿曇山背連比良夫・草壁吉士磐金・倭漢書直県を百済弔使の所に遣わし、彼の消息を問う。弔使、報《こた》えて言わく「百済国主（義慈王）、臣に謂いて言わく、『（王の弟）塞上《さいじょう》、恒に悪を作《な》す。還《かえ》る使に付《さづ》けたまわんことを請うに、天朝（天皇）許したまわじ』」と。百済弔使の傔人《ともびと》ら言わく、「去年十一月、大佐平智積《ちしやく》卒す。また百済使人、崑崙《こんろん》の使を海裏《うみ》に擲《なげい》れる。今年正月、国主の母薨ず。また弟王子《だいおうじ》たる子の翹岐《ぎようき》、およびその母妹の女子四人、内佐平岐味《きみ》、高き名ある人四十余、嶋に放たれる」と。

同月二十二日条

戊申。難波郡において高麗・百済に饗す。大臣に詔して曰わく、「津守連大海《おおあま》をもって高麗に、国勝吉士《くにかつのきし》水鶏《くいな》を百済に使わすべし。（割注略）草壁吉士真跡《まと》をもって新羅に、坂本吉士長兄《ながえ》をもって任那に使わすべし」と。

同月二十四日条

庚戌。翹岐を召し、安曇山背連の家に安置す。

同月二十五日条

辛亥。高麗・百済の客に饗す。

同月二十七日条

癸丑。高麗使人・百済使人、並びに罷帰りぬ。

四月八日条

夏四月丙戌朔癸巳。大使翹岐、その従者を将いて拝朝す。

同月十日条

乙未。蘇我大臣、畝傍家に百済翹岐らを喚《よ》び、親《みずか》ら対《むか》いて語話《ものがたり》す。よりて良馬一疋・鉄二十鋌を賜う。ただし塞上をのみ喚ばず。

五月五日条

五月乙卯朔己未。河内国依網屯倉の前に翹岐らを召し、射猟を観さしむ。

鈴木靖民氏はこの一連の流れを翹岐（豊璋）が「大乱」によって太子の地位を異母兄に奪われて放逐され、その後倭国への人質という形で国外追放されたものとしている。(1)(2)

豊璋が倭国にやって来る契機となった「大乱」が百済で起こった前年（六四一）の五月、百済では義慈王が即位して唐の冊封を受けている。ところが「大乱」の起きた年（六四二）の七月から八月にかけて、百済は新羅を侵略し高句麗と共同戦線を開き反唐の立場を鮮明にした。この時、百済王が自ら軍を率いて占領した党項城一帯（京畿道華城郡）は新羅と唐が交流する交通の要衝であり、百済の行為は唐に対する「相当露骨な敵対行為」であった。また百済が占領した大耶城付近（慶尚南道を中心とする洛東江中流域）は、かつての加耶地域（多羅国）に該当する経済上・交通上最重要の地域であり、「倭の支援を期待するという政策効果を狙ったものと推測できる」のである。(3)(4)

『書紀』によれば、孝徳天皇の六五〇年（大化六）二月十五日、造営途中の難波宮で白雉改元の契機となった白雉献上の儀式に豊璋が参列している。倭国は太安万侶の一族多蔣敷《おおのこもしき》の妹を豊璋に娶わせるなど賓客として遇した。鈴木氏によれば、豊璋を中心とした人質集団は彼を大使とする外交使節団であり、国王に代わる人質として対倭外交の安全保障の役割を担っていた。豊璋らの存在は、ヤマト王権が彼らを通じて朝鮮情勢・国際問題に恒常的に干渉するようになる一方、倭の外交政策が親百済路線に立つことを決定づける契機ともなったのである。豊璋らの来日を契機に、緊迫する東アジア情勢のただなかに引き込まれたヤマト王権は、一方で実権を蘇我氏に握られていた。当然、外交路線の決定過程においても、対外的危機に対応するための国内体制の整備についても王権の意思は制限されることとなる。政策決定の迅速さや政策遂行における強靱さに欠ける状況は、場合によっては国家存亡の危機を招く危険性もあ(5)(6)

り、その解消は喫緊の課題であったと思われる。

本書第一章で言及したように、豊璋は天智元年に百済王として冊立されたうえで百済に送られている。豊璋（翹岐）が倭国に人質として渡来してきたことから、ヤマト王権は外国の王権の冊立にかかわることが可能になったという意味において、豊璋の倭国来訪はヤマト王権の〈小中華意識〉に実体的な意味を与える重要な契機となったのである。

二　諸氏族を超越しようとする大王家の指向

1　正方位による空間整備

ヤマト王権の宮殿では、七世紀中頃の飛鳥宮Ⅱ期遺構（飛鳥板蓋宮）から建物などの造営方位が北を向きはじめる。すなわち正方位を重視した都市計画がなされるようになる。(7) 中国では、都城造営にあたり最初に設定されるのは、北極星と太陽の南中点を結んだ南北軸であった。中国の世界認識・宇宙論では、正方位（南北軸）はその支配の正統性を象徴的に示すものであった。(8)

2　寺院建築──ヨコ型伽藍配置

図13は、七世紀の主要寺院を一覧にしたものである。豊浦寺は欽明朝に蘇我稲目の向原の家を喜捨して寺にし（『元興寺縁起』）、飛鳥寺は用明朝に馬子が発願して推古朝に完成し（『書紀』）、四天王寺は聖徳太子が推古元年から建立に取りかかった（『書紀』）という伝承をそれぞれ有している。(10) しかし古瓦の同笵関係の分析により、(11) 飛鳥寺は五九〇年代、(9) 豊浦寺は六世紀第1四半期、創建法隆寺（若草伽藍）は六一〇年前後、四天王寺は若草伽藍より新しく六一二年〜(12)

六三〇年(13)の創建であることがわかっている。さらに素弁九葉蓮華紋の瓦当笵の考察により飛鳥寺→豊浦寺→若草伽藍の順に建立されたことが明らかにされている(14)。

推古天皇三十二年段階で、四六の寺があったとの記事(15)があるが、古瓦の出土状況から飛鳥時代の寺院数は五〇カ所程度だったと考えられており(16)、信用できる数字だと考えられる。百済仏教の影響下で開始された飛鳥仏教(17)においては、崇峻朝の飛鳥寺からはじまる寺院造営は、推古朝で大規模に展開されていく。ところが飛鳥寺も若草伽藍も、講堂―金堂―塔が南北に並ぶ伽藍配置（タテ型）であるのに対し、百済大寺以降、金堂と塔が東西に並ぶヨコ型伽藍配置の寺院が建立されるようになるが、ヨコ型伽藍配置は舒明・皇極（斉明）―天智の血脈に関わる建築様式と考えられると別稿(18)で論じた。別稿の要旨は以下のとおり。

金堂と塔が東西に並ぶ伽藍配置（ヨコ型）は、百済大寺（大官大寺・大安寺）にはじまり(19)、川原寺で南北配置（タテ型）と混合する。このような横並びの伽藍配置の系譜が、舒明天皇発願の百済大寺から天智天皇発願の川原寺、そして大津宮造営に関連して創建された崇福寺や再建された南滋賀町廃寺・穴太廃寺と引き継がれていることから、舒明・皇極―天智の血脈と関係していることが推察される。百済大寺の軒丸瓦には全く新しい単弁蓮華文の瓦が用いられており、白石太一郎氏は「王家の紋章」と呼んでおり(20)、大王家の独自性が看取される。亀田修一氏によれば、川原寺式軒平瓦は中国で類例が出土しているのに対し朝鮮半島では出土例がない。また川原寺裏山遺跡（史跡地北の丘陵）出土の塼仏《せんぶつ》に酷似した「大唐善業」銘塼仏（伝西安出土・七世紀）もあるなど、中国からの直接的な影響が想定され、百済大寺にもこの傾向が看取されるという(21)。ヨコ型伽藍の寺院系統は、中国系の特色をもった寺院として位置づけられ、飛鳥寺以来の百済仏教系寺院とは明らかに異なっている。法隆寺西院がヨコ型伽藍配置を継承していることは、舒明・皇極―天智の血脈に関わる建築と考えられる。

ところで、安倍寺（奈良県桜井市阿部木材団地一丁目）は、山田寺の創建時代（六四一～六八五年）とほぼ同じ頃、阿倍倉梯麻呂により創建されたと伝えられる。昭和四十～四十一年の事前調査、同四十二年度の発掘調査の結果、南面し、塔を左（西）側、金堂を右（東）側とし講堂を回廊外後方に配置する法隆寺式伽藍配置あるいは川原寺式伽藍配置であることが確認された[22]。ヨコ型伽藍配置の嚆矢と思われる百済大寺推定地である吉備池廃寺から、直線距離で七五〇メートルほどの近接した場所に、ヨコ型伽藍配置の寺院が阿倍氏により建立されたことは注目に値する。

直木孝次郎氏は、①阿倍氏が天皇の側近として親しい関係を有していたと考えられる、②百済大寺建立の地が阿倍氏の勢力範囲であったと考えられる、③『大安寺伽藍縁起并流記資財帳』の後半に阿倍倉梯麻呂が百済大寺の造寺司に任命されたとする記事があることなどを根拠に百済大寺の建立に阿倍氏が関与したと主張する[23]。ヨコ型伽藍配置の成立の背景として阿倍氏の存在に注目したい。

3　四天王寺―須弥山思想

『書紀』大化三年二月条に四天王寺の塔内の装飾にかかわったと記されている「阿倍大臣」は、阿倍倉梯麻呂と解するのが一般的である。『大安寺縁起』には「後岡基宮御宇天皇」の時に、「阿倍倉橋麻呂」が「造此寺司」に任命されたとの記載があるが、倉梯麻呂は孝徳朝に死去しているので、菱田哲朗氏はこの記事を皇極朝の出来事と解している[24]。大安寺の皇極朝における前身寺院は百済大寺であり、吉備池廃寺が該当すると考えられている。吉備池廃寺跡から出土した軒丸瓦ＩＡと軒丸瓦ＩＢは、内区に蓮子《れんし》と八弁の単弁蓮華文を飾り外縁に重圏文《じゅうけんもん》をめぐらす「重圏文縁単弁八弁蓮華文軒丸瓦」である。この瓦の製作に使用した笵型には文様の違う二種類があり、それぞれの笵型によって造られた軒丸瓦をＩＡとＩＢとに分類している。ＩＡ・ＩＢともに、六四三年に完成したとされる山田寺金堂の創建時に使われた「山田寺式軒丸瓦」と類似するが、山田寺創建瓦より「連弁が長い」「弁端が尖る」「連子を模した中房《ちゅうぼう》の断面形は低い半球形」「外縁の重圏文は中央の一本が太いが、両側の二本は細い」などの違いが認められるため、吉備池廃寺の軒丸瓦は山田寺金堂創建軒丸瓦よりもやや先行して造られたとする大脇潔氏説が有力である。(25)(26)山田寺は蘇我倉山田石川麻呂の発願により造営されたが、石川麻呂と阿倍倉梯麻呂は密接な関係だった可能性があり、山田寺式軒丸瓦の創出にあたっては、倉梯麻呂が主導的な役割を果たしていたと考えられる。(27)

百済大寺造営で「大匠」として従事した倭漢書直県は自らの氏寺の檜隈寺の造営に山田寺式軒丸瓦を採用し、船を作るために派遣され安芸国の横見廃寺の造営にも関与した。乙巳の変を境に天皇家の主導のもと国家仏教を指向していくが、(28)舒明朝の百済大寺造営によりすでに新しい仏教政策が開始され、大化の仏教政策に継承されていく過程で阿倍倉梯麻呂が大きな役割を果たしていた。(29)

集中して四天王像が造られて四天王寺に納められた七世紀中頃、中央では護国仏教への流れがはじまっていたと考えられる。菱田氏は、この時期に金光明経をはじめとする護国経典が導入されていたと推測し、このような護国思想の流布を背景として七世紀後半における地方寺院の急速な拡散が進展したとする。(30)須弥山は仏教の構想する宇宙の中心の山であり、頂上は忉利天《とうりてん》（三十三天の住処）で上空に天宮が存する。(31)現存最古の須弥山像は、仏像の台座を別にすれば飛鳥石神遺跡出土伝須弥山像(32)で斉明朝のものとされている。用明二年（五八七）に厩戸皇子は四天王寺建立を祈願したが、四天王は須弥山の中腹にいるとされ、この段階で須弥山観念が見出せる。(33)

菱田氏は、「百済宮・百済大寺」と「四天王寺・長柄豊碕宮」のいずれにも、阿倍倉梯麻呂（内麻呂）がかかわったとする。(34)②で述べた百済大寺以降のヨコ型伽藍配置は舒明・皇極—天智の血脈にかかわる建築様式と考えられ阿倍氏の関与が想定される。③の四天王は、仏教教義においては須弥山の中腹に住むものとされ、斉明朝の須弥山造置との関連が指摘できる。本書五章で考察した「八角形墳」が古代中国における八角形の宇宙観にもとづくものであるのなら、舒明・皇極―天智の血脈にかかわる人々が中国の宇宙観を意識し、倭王をその中心に据えようとしていた意図が想定できる。

注目されるのは、百済大寺・四天王寺・八角形天皇陵のいずれにも、舒明・皇極（斉明）―天智の血脈と阿倍倉梯麻呂の関与が確認できることである。当時、優勢だった蘇我氏が積極的に採用した大形方墳に替わるものとして、新たに創り出されたのが八角墳ではないかと解釈した白石太一郎氏は、八角墳の出現はこの時期にヤマト大王が諸豪族を超越した地位を目指そうとしたことと不可分の動きと捉えた。(35) 白石氏説によれば、最古の八角墳が造営された舒明崩御当時、大王家は蘇我氏をはじめとする諸豪族に超越しようとする志向性を有していたことになる。

ヨコ型伽藍寺院・須弥山思想・八角形墳墓と阿倍内麻呂の事績を一覧にしたものが表16である。田村皇子（舒明天皇）擁立時には蘇我氏の意向を受けて行動していた阿倍倉梯麻呂（内麻呂）だが、舒明崩御当時には、宝皇后（皇極）・中大兄母子と内麻呂が蘇我氏に対抗して大王家を諸豪族に超越する立場に押し上げようとしていたのではないだろうか。表16をみると、百済大寺の造寺司になった頃に内麻呂が親蘇我氏的立場から親大王的立場に変化した可能性が高いと思われる。

阿倍氏について検討する。大塚徳郎氏によると、阿倍氏は天皇の身辺の食膳・駈使・護衛などの仕事にあたる近侍的な諸官（膳部・水取・丈部など）の最高統率者であったらしい。(36) 宣化朝の阿倍火（大）麻呂は大夫であり、宣化紀元年五月辛卯条の詔では、大臣蘇我稲目・大連物部麁鹿火とともに筑紫那津に官家を修造するため、伊賀国の屯倉の穀を筑紫に運ぶことを命じられている。敏達朝の阿倍目臣は、日羅のもとに遣わされた三人のうちの一人である。崇峻朝の阿倍臣人は、物部氏討滅のための軍兵を率いて志紀郡から渋川の物部守屋の家に向かった諸将のうちの一人であり、六世紀の阿倍氏は、外交・軍事で活躍していたことが分かる。阿倍氏は、六世紀においてヤマト大王の側近として近衛軍的武力の指揮者としての性格を有し、外交に従事する能力も備えていた(37)。

大塚・志田諄一両氏(38)が阿倍氏の大嘗祭儀における職能に言及している点に佐藤長門氏は注目する(39)。大塚氏は、阿倍氏が大嘗祭で官人の名簿を奏上するのは、官人を統轄する性格を示唆しているとする。志田氏によれば、阿倍氏は大化前代の新嘗・服属儀礼である食物供献儀礼を統率する地位にあったので、それに従事する膳部・水部などの氏族を同族系譜に組織・編成した。二氏の指摘を受けて佐藤氏は、阿倍氏の供奉行為は大嘗祭儀と不可分のものとして認識されていたとした。『延喜式』践祚大嘗祭式の卯日神事の規定によると、阿倍氏は大嘗宮に供奉する宿直《とのい》の官人の名簿を天皇に奏上することになっている。佐藤氏は、大嘗祭儀における阿倍氏の職能の性格を天皇に対する服属儀礼の一種と推定し、日常的に中小伴造氏族を指揮・統轄する立場にあった阿倍氏は、彼らの奉仕（＝服属）行為を大王に取り次ぐ立場だったとする(40)。先述のとおり、八角墳の思想的基盤だった陰陽五行説、須弥山思想、さらに百済寺を嚆矢とするヨコ型伽藍配置の寺院建築などに阿倍氏が深くかかわっていたと思われる。百済寺の造寺司に任じられた頃から、大王を中華的君主のように権威づけするための思想的基盤を整備する役割を果たしていた、一種のイデオローグだったのではなかろうか。

乙巳の変の背後には、《ヤマト大王を中国的君主に転換させるための思想的基盤を整備するイデオローグ》としての面と、《ヤマト大王に近侍し警衛する直属の軍事力の指揮者》としての面という二つの性格をもつ阿倍臣内麻呂がいたのではないだろうか。このような志向性を大王家がもつに至った背景には、全国支配システム（屯倉制・国造制・品部制）をはじめ外交政策の決定権までも掌握しつつあった蘇我氏の台頭への危機意識があったと思われる。ところで、2項「寺院建築」では川原寺や百済大寺に中国からの直接的な影響が想定され、③の須弥山思想、「八角形墳」の基盤

八角形墳墓など（陰陽五行説）	阿倍倉梯麻呂の事績
	蘇我馬子の意を受け、天皇が伝領する大和葛城県の割譲を天皇に要求 推古天皇崩後、田村皇子（舒明）の後継天皇擁立で活躍
段ノ塚古墳（舒明天皇陵か）	百済大寺の造寺司（『大安寺縁起』）
前期難波宮八角形建物？ 叡福寺北古墳[註1]（孝徳天皇陵か）	崇敬寺（安倍寺）建立 四天王寺で大がかりな仏事を営む
岩屋山古墳（斉明天皇陵か）	
牽牛子塚《けんごしづか》古墳（斉明天皇・間人皇后陵[註2]） 御廟野古墳（天智天皇陵）	
野口王墓古墳（天武・持統天皇陵） 束明神古墳（草壁皇子陵か）	
中尾山古墳（文武天皇陵）	

切りがあり、それを境に二つの埋葬空間がある（明日香村教育委員会『明日香村発
天皇と娘の間人皇女（孝徳天皇の皇后）の合葬墓の可能性がある。

にある陰陽五行説などが中国の宗教思想であり、舒明・皇極―天智の血脈には中国文化が色濃く見出せる。

三　ヤマト王権の近衛軍的軍事力

ヤマト王権において、大王の直轄下にあり大王の意思で動員できる軍事力について検討する。

膳臣

田中勝久氏によれば、膳臣は朝廷の大膳を管掌する職掌を有し、一族が若狭に派遣され国造として若狭の地を治め

表 16　阿倍倉梯麻呂（内麻呂）の事績と中国思想

	ヨコ型伽藍寺院	須弥山思想
推古朝		**四天王寺** 小治田宮の南庭に須弥山を造置
舒明朝	**百済大寺**	
皇極朝		
孝徳朝	**安倍寺**	
斉明朝		飛鳥寺西に須弥山を造置 上池辺に須弥山を造置
天智朝	川原寺 筑紫観世音寺 崇福寺	
天武朝		
持統朝		
文武朝		

註　1）**太字**は梯麻呂内麻呂の関与が想定できるもの。
2）叡福寺北古墳は聖徳太子陵と伝えられている。
3）牽牛子古墳の埋葬施設は石郭内の中央に間仕
掘調査報告会』2010 年 11 月 27 日）ので、斉明

た。『延喜式』によれば、北陸諸国の貢納物は敦賀津に集積されたが、田中氏は古墳時代にも同様に若狭の地に集積されて大和に運び込まれたと考えた。膳氏は、大膳管掌以外に、軍事的・政治的・外交的な職務を併せもった一族だった。[41] ヤマト王権で内廷的職務に従事するとともに、外交・軍事でも活躍するという膳氏の特徴は、阿倍氏と同じである。前掲の宣化紀元年五月辛卯詔にみえるように、阿倍氏は那津官家修造に際して伊賀国の屯倉の穀を筑紫に運んでいて伊賀国との関係が深い。一方、膳氏は田中氏が指摘するように若狭との関係が深い。伊賀と若狭は即位前の継体天皇（ヲホド王）との関係が深い地域であり、[42] 継体即位とともに側近として重用されたのではないだろうか。そう考えれば、阿倍火（大）麻呂が宣化朝に大夫となっていることや、膳傾子《かたぶこ》の二人の娘菩岐岐美郎女《ほききみのいらつめ》と比里古郎女《ひりこ》が、それぞれ厩戸皇子の妃と久米皇子の夫人になっていることとの説明が容易となる。

元々、地方で勢力を有していた膳氏や阿倍氏は、二氏とゆかりの深いヲホド王がヤマト大王として即位した時、ともに継体の側近として近侍した。大王の食事の安全を保障し、近衛軍的に大王の身体を守衛し、ひいては大王の意を受けてヤマト王権の中核軍事力を担い、外交交渉にも携わった。

佐伯部

猪名川流域の桜塚古墳群（大阪府豊中市）は、江戸時代の絵図では三〇基以上の古墳が存在し、桜塚を含めて「三十六塚」と呼ばれていた。[43] 桜塚古墳群は、のちに猪名県主に連なる集団の墓域であり、猪名県主に従属した武闘派集団には佐伯部一族があったという。『書紀』仁徳三十八年七月条には、佐伯部が誤って鹿を射殺して献上したので安芸に移されたとあり、『同』雄略即位前紀には市辺押磐皇子の舎人として佐伯部が登場する。二つの説話の史実性はともかく、佐伯部は古くから警備・軍事に関わっていた伝承をもつ氏族であり、飛鳥・奈良時代には宮門を守る氏族として知られ、乙巳の変で蘇我入鹿が倒された時も斬首実働部隊は佐伯氏だった。[44]

尾張氏同祖諸氏族

尾張氏と同祖の諸氏族も王権中枢で王権直属の軍事力として想定できる。尾張氏同祖諸氏族のうち、①水主直は水取・主水と同じくモヒトリであり、[45]②子部は主殿寮殿部の名負氏であり子供を率いた。[46]帷帳を殿内にしつらえ、供御の湯沐（木沐）や殿庭の洒掃などの労役に従う。[47]③湯部竹田連は皇子養育に関わる内廷の職掌であり、④襷多治比《たすきのたじひ》は膳部で、⑤竹田川辺連とともに供膳に従事した。⑥伊福部・丹比宿禰などの宮城十二門号氏族は軍事的部であるとともに膳部的部であり護衛・狩猟・供膳にあたった。[48]伊福部はもと天皇の食饌を煮焚する職と推定される。[49]内廷における尾張氏の職務は必ずしも明らかでないが、尾張連が内廷に分在した氏族であった可能性は高い。[50]

藤原哲氏によれば、弥生中期までは短剣・短刀による至近戦が行われていたが、中期末からは矢合戦の集団戦になり、[51]蘇我・物部戦争や壬申の乱も矢合戦だったと考えられている。[52]西川寿勝氏によれば、物部伴造軍は弱体であり、大伴軍や皇族の私軍も宮廷警護の規模で、蘇我氏でさえも強力な私軍をもっていたとはいいがたく、天皇も強い国軍を掌握していたわけではなかった。[53]国防の任に堪えられるような組織力を有する軍団は、白村江の敗戦以降に成立したと考えられている。[54]このような六世紀～七世紀前半におけるヤマト王権内の軍事的実態において、膳氏・佐伯氏に前節で考察した阿倍氏を加えた近侍的氏族が舒明・皇極―天智の血脈の「近衛軍的武力」として蘇我氏打倒の中核的存在となりえた。なお軍団の維持には、兵士の強化と再生産が鍵になる。狩猟の組織力、殺生と解体の覚悟や興奮は軍事教練に通じ、高句麗古墳には軍団の行列図とともに、相撲・狩猟・騎射（流鏑馬）を描く壁画も数多くみられる。白雉元年（六五〇）に長柄宮で儀仗兵を天覧し、天智四年には水軍による観艦式が行われた可能性がある。天智九年と天武五年には大射の儀が催されており、軍事教練が正月の通例行事となっていく過程を示している。[55]

日常的には大王の護衛と供膳に従事し、軍事教練にも通じる狩猟においても中心的な役回りを担っていたこれら近侍的氏族が、ヤマト王権の意思により動員できる近衛軍的軍事力であった。

四　「大化改新」について

1　地方支配

飛鳥京跡第五一次発掘調査で出土した「白髪部五十戸」の木簡は、同一時期に一括投棄された冠位木簡との関係から、大化五年（六四九）二月から天智三年（六六四）二月までの、税の徴収単位にかかわる付札であることがわかった。五十戸制の施行を孝徳朝と断定することはできないが、五十戸の単位が古いことが確認された(56)。『常陸国風土記』を分析した鎌田元一(57)などにより、孝徳朝に全国に評が設置されたこと（「天下立評」）が解明され、前期難波宮跡発掘の進展により孝徳朝に大規模な宮殿（難波長柄豊碕宮）が造営されていたことも明らかになった。改新詔は、『書紀』編纂時の現行法である大宝令によって修飾されているものの、「大化改新」と呼ぶべき中央集権化をめざした改革が行われた可能性は高まっている(58)。

ただ地方行政の単位については、「国造のクニ」→「大化五年の評」→「白雉四年の評」という編成過程と立評の申請者などが出土木簡から読み取れることが森公章氏により指摘されており(59)、いくつかの段階があったことが推測される。鎌田元一のような「孝徳朝一斉立評説」に対して「孝徳朝―天智朝―天武朝段階立評説」も提示されている。ただ松原弘宣氏が、伊予国の道後平野では孝徳朝に久米・別の立評、天智朝に湯評の分評と越智評の立評、庚午年籍作成時に全面的な編戸・立評が行われたとする(60)など、段階立評説も多様である。また熊谷公男氏が、おそらく大化五年頃に一斉立評される一方(61)、遅くとも斉明朝までには国（国宰が常駐）―評制が成立し、天智朝初年には五十戸制が成立していた[62]、とするなど「国―評―五十戸」の行政システムの成立もある程度の期間が想定されている。

昭和三十六年（一九六一）の平城宮発掘調査において日本ではじめて木簡が発見されて以後、平成二十三年（二〇一一）末時点で、飛鳥木簡は約一万五〇〇〇点、藤原京木簡は約三万点出土している。これらの木簡を詳細に分析した市大樹氏[63]の研究により、七世紀中頃以降の国家機構成立の様子を概観する。出土木簡の表記により、国の下の行政単位である「郡」は七〇〇年までは「評」だったことがわかる。七〇一年施行の大宝令が「郡」を規定した事による変化であることは異論がない。「評」の下の行政単位であるサトについては、同じく出土木簡の表記により、古くは「五十戸」とされていたことが確認できる。「里」表記への切り替わりは六八一～六八三年頃と考えられている。六八九年に施行された飛鳥浄御原令は六八一年に編纂がはじまったが、六八五年の四八階冠位制など一部は先行的に施行されているので、「里」表記への転換も浄御原令の規定に依拠したものではないかと市氏は想定している[64]。税品目の一つである「庸」は、従来、「養」であったものが大宝令により変化したと思われる。田積の単位である町段歩は、七世紀には「代《しろ》」を用いるのが一般的であった。

いわゆる「大化改新詔」における「郡」「庸」「町段歩」などについて、一次資料である出土木簡の表記との異同により信憑性に欠けると判断すべきかというと、市氏は慎重な姿勢を示す。①郡の分類について、大宝令では大郡・上郡・中郡・下郡・小郡と五段階に分けられているのに対し、「改新詔」では大郡・中郡・小郡の三分類にとどまり、含まれる里の数も異なっている。「改新詔」は大宝令の「郡」字は用いているものの、それに完全に依拠しているわけではない。②「改新詔」の「庸」は、中央官司などで雑役を担う仕丁や、後宮に仕える采女の生活費として使われることになっており、純粋な意味での税ではない。大宝令の「庸」は歳役（年一〇日間の無償労働）の代納物で、税そのものである。「改新詔」の「庸」は、当時の「養」に大宝令の「庸」字を用いているものの、中身は七世紀の状況に合

致する。(65)

「地名＋五十戸」表記の木簡が「部名＋五十戸」表記の木簡の七倍近くも多いことから、市氏は「六九〇年の庚寅年籍よりも前に、地域的な原理を導入したサト編成が実施されていたことを示唆する(66)」と結論づけている。「地名＋五十戸」表記の木簡の存在は、サト編成を行う際に既存の集落のまとまりを利用したことを示唆しており、五十戸は地域的な原理によって編成されたサトであったと考えられる。「地名＋五十戸」のサト名が一斉に登場した画期として、市氏は六七〇年作成の庚午年籍に注目する。(67)庚午年籍により地域的な原理にもとづくサト編成が一般化したのである。もっとも「国—評—五十戸」の重層関係は形成されていたが、その統轄関係はやや曖昧であった。国と評の責任者である「国造」「評造」の姓《かばね》はともに「造」であり、明確な階層差があったとは思われないのである。市氏によれば、地方行政の単位の重層関係が厳密になるのは、国境画定事業（六八三—六八五年）の実施後のことである。(68)市氏は、六六四年の甲子の宣を経て、地域的な原理によるサト編成が進展したのではないかという見通しを提示している。(69)

いわゆる「大化改新詔」の規定は、語句については大宝令により書き換えられているが、内容については、当時の実態を反映しているようであり、「改新詔」の核心部分が孝徳朝に成立していた可能性は十分にある。一次史料による考察は、木簡の出土状況によりこれ以上さかのぼることが困難であるので、律令公民制の成立過程についてその原理から考えてみたい。

鎌田元一によれば、律令公民制の歴史的前提となったのは部民制と屯倉制である。両者はそれぞれ原理を異にする制度として成立し、前者がいわば後者の原理の上に止揚されたところに公民制が成立した。(70)部曲《カキ》とは人間集団に対する諸豪族の領有・支配の側面を表現した語であり、品部《しなべ》とはそれを王権への従属・奉仕の側面から捉えた語である。諸豪族は大王への従属・奉仕を前提として「カキ」の所有を認められ、それが「べ」として王権のもとに組織されているのである。この「べ」（＝トモ）と「カキ」の表裏一体の関係こそが重要なのであり、子代の部はいわば「王家のカキ」として王権への直接的な帰属がとくに強く意識された部である。部の制度が人間そのものに対する支配であるのに対し、屯倉《ミヤケ》は土地支配をその本質とする。(71)

確証に乏しいものの、評《コホリ》の実体としては屯倉を想定する説に鎌田は同意する。(72)推古朝にあっても旧来の屯倉に対する経営の革新とともに、それを踏まえた新たな屯倉の設置があったものとみてよいのではなかろうかとしたうえで、推古朝は六世紀以来の屯倉制の展開を踏まえ、それを基軸として、旧来の部民制を止揚する新たな支配の方式を模索しはじめた時代であったとみた。(73)

十七条憲法にみられるように、厩戸皇子は馬子の意図を超えて王権の絶対化を目指しはじめていた。山背大兄皇子はその影響下にあるものとして危険視された可能性があり、皇極二年（六四三）十一月、蝦夷の子入鹿は巨勢徳太らを遣わして斑鳩宮に山背大兄をおそい、一族ともどもにこれを滅ぼすという挙に出たのである。この上宮王家滅亡事件は当時の人々に大きな衝撃を与えた。皇極紀には蝦夷・入鹿父子の専横を物語る数々の逸話が伝えられているが、宮廷の一部に反蘇我氏の気運が以後急速に高まっていくこととなる。(74)

右のように考察した鎌田は、部の廃止は孝徳朝の史実であったと認定してよいと結論づけた。(75)

2　前期難波宮＝難波長柄豊碕宮

孝徳朝の前期難波宮は、のちの藤原宮に匹敵する大型の朝堂院が作られており、『書紀』の記述を裏づけている。のちに大極殿と呼ばれる内裏前殿は、軒廊で内裏後殿とつながっている。朝堂院の北方に東西にわかれて、八角形の楼がある。一九八九年後半に、朝廷には少なくとも東西七堂で一四堂が存在することが判明した。藤原宮や平城宮は一二堂であるから、予想もしなかった新事実である。孝徳朝には、先に述べたように午前中は庁堂で執務したので、多くの建造物が必要であった(76)。

早川庄八は、前期難波宮の朝堂院は儀式の場であり、整列した官人に対して天皇のミコトノリを宣読し、新たな位階に応じて整列することに意義があったとする。また、東国国司詔にみえるように、上京し「朝集」する地方豪族（評官人候補者）のためのスペースを確保するために、前期難波宮の朝堂院の規模が巨大になったと推測している(77)。

前期難波宮の巨大な朝堂院は、文書行政や官僚制の成熟を前提とする必要はなく、音声のマジカルな機能を前提とする、口頭による政務・儀式の存在が本質的であることを主張した。さらに「冠位の授与を基調とする君臣関係が孝徳朝で拡大されたこと」、「全有位者が参列する必要のある国家事業が整備されたこと」、「口頭伝達を基本とする執務形態が整備され、さらには改新政治に伴う地方の人民の上京・参集に際して、畿内政権として彼らを圧服せしめる必要があったこと」、などの理由から朝堂院が広大化したと説明した(78)。

吉川真司氏は早川説を継承しつつ、大化五年の「八省百官」設置記事（『書紀』大化五年二月是月条）に着目し、前期難波宮＝難波長柄豊碕宮の造営は新しい中央官僚機構の創出への対応として十分理解可能とした。複数の朝堂は国政処理の場として機能し、周辺の曹司では実務が行われたとして、前期朝堂院は朝堂院と曹司の両方を収容したために巨大化したと推定した(79)。平成九年、内裏西方官衙西側の貯水施設から、これまでに難波宮で出土した古代の土器の総量を上回る、大量の土器が出土した。これらの土器の編年の結果、貯水施設が七世紀中葉に機能していたことが確認された。貯水施設と内裏西方官衙は同時期に造営された可能性が高く、内裏・朝堂院などの中心施設も同時期に造営されたことが確実と考えられている(80)。平成十一年には、難波宮北西部の大阪府警本部敷地内に南東から北西に下る大きな谷が見つかり、多くの土器や木製品が見つかった。三二点出土した木簡のうち、「戊申年」と記されたものは、共伴土器の年代観から大化四年（六四八）とされた[81]。前期難波宮＝難波長柄豊碕宮が七世紀中葉に十分機能していたことはまず間違いがない。

古市晃氏は、前期難波宮の構成要素が基本的に藤原宮以前の宮の一般的な形態を示しているとして、その前近代性を強調する見解[82]を退けたうえで、前期難波宮＝難波長柄豊碕宮は、小郡宮における執務形態や儀礼システムの整備、官制の整備を前提とした、きわめて画期的な宮であったとする。氏はまた、内裏西方官衙の平面形態と宋代に描かれた唐長安城の太倉が酷似することから、前期難波宮の造営にあたって先進国唐の都城の形態を直接模倣する部分があったとみている[83]。

3　前期難波宮の八角形建物

前期難波宮遺構から八角形の建物群が検出され、八角堂院と名づけられた。楼閣状の建物とみられ、鼓楼あるいは鐘台と想定されている。

八角形は古代中国の宇宙観に関係するものと考えられ、舒明天皇陵（段ノ塚古墳）からはじまる舒明・皇極天皇の直系一族の墳墓に取り入れられている（本書第五章三「八角形墳」）。しかし前期難波宮の八角堂院が同様の思想的背景を有するものであるかどうかは不明である。古市晃氏は、前期難波宮の壮大な内裏南門の左右に屹立する八角殿について、中国・北魏における須弥山殿と耆闍崛山殿の存在に示される、須弥山・耆闍崛山を一対の関係で把握する認識を反映して造営されたものと考える。孝徳朝の難波宮に参集する多数の人々を迎えたのは、最新の建築様式で造営された難波宮であり、とりわけ八角殿は仏教にもとづく統合論理を明確に示す機能を果たしたと推定する[84]。

4　神祇祭祀・神殿建築

『書紀』皇極元年（六四二）八月朔条にみえる、南淵の河上における天皇の「四方拝」と「天」の祭祀による祈雨は在来祭祀の延長ではなく、『書紀』孝徳即位前紀における「仏法を尊び、神道を軽んず。生国魂社の樹を斮《き》るの類、是なり」という天皇の行為からは在来祭祀を超える王権の祭祀意識がみてとれる。『書紀』天智九年三月壬午（九日）条に「山御井傍に諸神の座を敷きて、弊帛を班ち中臣金連が祝詞を宣す」とあるのは諸神班弊の初見記事であるが、皇極・孝徳から続く在来祭祀を超越する新しい祭祀意識による行為と考えられている。[85]

ところで『書紀』天武十年（六八一）一月己丑（十九日）条に「畿内および諸国に詔して、天社・地社の神の宮を修理せしむ」とあり、この頃には神殿建築がはじまっていたことがわかる。[86]常設社殿の起源を反映したと思われる記事は少ないが、社殿そのものの起源を語ると思われるのは、以下の三点である。[87]

『書紀』斉明五年（六五九）是歳条

　出雲国造に命じて、（中略）厳神の宮を修む。（後略）

『常陸国風土記』香島郡条、天智朝（六六二〜六七一）

　淡海大津朝に、初めて使人を遣りて、神の宮を造らしめき。尓より已来、修理絶えず。

伊勢神宮『大神宮諸雑事記』持統天皇条

　即位四年庚寅大神宮御遷宮。

これらの記事により、天武朝よりもさかのぼる神殿の存在が想定されている。[88]木製形代や斎串は、前期難波宮から出土しはじめており、七世紀中葉にさかのぼることが確実視されている。これらは、[89]七世紀後半に各地に拡がっていったものと考えられている。[90]七世紀中葉頃から、在来祭祀を超越する新しい祭祀意識が展開され、「諸神班弊」や「常設社殿」、そして律令制的祭祀が開始されたことが推定できる。

5　皇位継承者を決定する大権の確立

乙巳の変をめぐる変動のなかで注目すべき事象の一つとして、皇極天皇が同母弟の軽皇子に譲位したことが挙げられる。天皇が自らの意思によって生前譲位を行ったはじめての例であり、倭国（日本）王権の歴史上、分水嶺をなす出来事といえる。五～七世紀の王権の基本構造として「群臣が治天下大王を選出し、選出された新王が群臣を承認／任命する」というシステムが存在した(91)。しかしこの譲位により先帝が王位継承に確実に関与し続けるシステムの創始につながった(92)。石母田正は、古代天皇の大権の一つとして「王位継承に関する大権(93)」を挙げている。皇極の生前譲位により、ヤマト大王自らが王位継承者を決定できる大権が確立するとともに、王位を継承していく血縁者集団＝王家（天皇家）も成立した。

6　生産工房・技術者

飛鳥池遺跡の工房地区から出土している木簡に、大和国葛上郡の地名「朝妻」と関連のある「阿佐ツ麻《あさつま》」の名がみえる。同じ木簡にみえる「加須波《かすわ》」「以波田《いわた》」「野西《のせ》」などの人々を葛城系の工人と推測した市大樹氏は、飛鳥池遺跡の鉄工房・銅工房では「官大夫—東漢氏系を中心とする工人—仕丁（匠丁）」という編成がとられていたと復元する(94)。葛城地域の南郷遺跡群（奈良県御所市）では葛城氏の居館跡や渡来系工人の集落跡などが発見されており、鍛冶生産を中心に各種の手工業生産がなされていたことが確かめられている(95)。五世紀後半に葛城本宗家が雄略天皇によって滅ぼされると、葛城の工人たちは東漢氏の元に編入される。当初、東漢氏は大伴氏と親密な関係にあったが、やがて大伴氏ともども蘇我氏の傘下に入った。六四五年に乙巳の変が起き蘇我本宗家が滅亡すると、蘇我氏の氏寺である飛鳥寺と葛城にいた東漢氏系工人集団はヤマト大王家に接収された。このため飛鳥池遺跡の第一次工房は七世紀中葉に建設されたのである。(96)

いわゆる「大化改新詔」にみえる畿内制の規定は天武朝後半期以降のあり方とは異なっており、同詔にみえる「田之調」「戸別之調」などの租税制度は大宝令以降の律令制度にはなく、単純に律令法体系をさかのぼらせたものとは思われない。飛鳥宮では基本的には各職務を世襲する有力豪族が各自の本拠地で実務を執っていたのに対し、前期難波宮（長柄豊碕宮）では宮内官衙で政務を運営したと考えられる。豊碕宮への遷都に伴い、豪族・官人が本拠地からの移住を余儀なくされた。豊碕宮が置かれた上町台地では難波遷都に伴い大規模な土地造成が行われ、宮付近は非常に高い密度で整地が行われており、(97)ヤマトの王と官人の関係は根本的に変質している。孝徳朝の冠位制改革も何らかの政治改革が実施されたことを示唆しており、史上はじめて生前譲位が行われていることも注目される。

右の諸点に加え、宇宙の中心とされる須弥山観念を有していたり、陰陽五行説に則った世界観である八角形を天皇陵のプランに採用しているなど、当時のヤマト大王家（舒明・皇極―天智の血脈に連なる親族集団）が古代中国の君主像を摂取しようとしていた可能性を指摘したい。また乙巳の変の背景には、蘇我氏が独占していた先進技術者集団（葛城の東漢氏系工人集団）を王権が接収し、最終的に国家的工房を設置した。

乙巳の変に先立ち、舒明朝（百済大宮・百済大寺・八角形墳〈段ノ塚古墳〉）～皇極朝（正方位の宮殿〈飛鳥板蓋宮〉・生前譲位）段階で、中華思想の導入によるヤマト王権の変質が展開されていた。乙巳の変ののち、孝徳朝では全国的な立評が実施され、天智朝では甲子の宣を契機に地域によるサトの編成が進展した。「国―評―五十戸」の重層関係の成立には一定の時間が費やされたが、天武朝後期には確立することとなる。これらの諸事象を総合的に判断すると、

「大化改新はたんなるクーデターでも、政変でもない」[98]とした石母田正の評価は改めて注目される。乙巳の変を、権力闘争に伴う一般的な政争・クーデタとすることはできないであろう。背景には、遣隋使・遣唐使および彼らとともに中国に渡った留学生・僧が倭国に将来した中国の先進思想（宇宙観・世界観・君主観・政治行政制度・仏教思想・法体系・手工業技術・文字文化など）があった。中華帝国の君主像をモデルにしたヤマト大王位の〈装飾〉作業は、律令制国家における君主《天皇》を生み出した。国政全般のみならず、支配イデオロギーやその基底にある宇宙観・世界観までにも中華的な〈装飾〉を施そうとする指向性が、乙巳の変実行者たちに共有されていたと考える。

註

（1）翹岐と豊璋は同一人物とされている（西本昌弘「翹岐と豊璋」〔『ヒストリア』一〇七、一九八五年〕）。
（2）鈴木靖民「七世紀中葉の百済の政変」（『日本の古代国家の形成と東アジア』吉川弘文館、二〇一一年、初出は一九七二年）。
（3）同右、七九頁。
（4）同右。
（5）同右、八〇頁。
（6）同右、八五頁。
（7）林部均『飛鳥の宮と藤原京』（吉川弘文館、二〇〇八年）二七頁。
（8）妹尾達彦『長安の都市計画』（講談社、二〇〇一年）。
（9）森郁夫氏によると、瓦の年代で最も確実なものは、飛鳥寺創建時に用いられた桜花状の蓮弁を飾った、いわゆる弁端切り込みの単弁十弁蓮華文の軒丸瓦である。建築工事で瓦が早い段階で屋根に葺かれるということを考慮し、少なくとも飛鳥寺で工事がはじめられた崇峻三年（五九〇）には瓦生産もはじめられたと考えられる（同『瓦』法政大学出版局、二〇〇一年）一二〇頁。

（10）豊浦寺の瓦は宇治市隼上《はやあ》がり瓦窯跡から出土している。この窯跡から出土している、最も古い瓦と須恵器はほぼ同時期に生産されたものであることがわかり、その須恵器が七世紀第1四半期に年代づけされているので、豊浦寺創建時の瓦もまた七世紀第1四半期に生産されたことを示している（森郁夫『続・瓦と古代寺院』六興出版、一九九一年）一二一—一二三頁。

（11）森前掲註（9）、一二一—一二三頁。ただ、西院金堂東の間に安置されている薬師如来光背銘にある造像の年が推古十五年（六〇七）なので、建立時期が若干さかのぼる可能性があるとも指摘している（同、一二三二頁）。

（12）創建四天王寺で用いられた単弁八弁蓮華文軒丸瓦は若草伽藍のものと同笵で、型くずれの具合から若草伽藍のものが四天王寺のものに先行している（森郁夫『かわらのロマン』毎日新聞社、一九八〇年）三五頁。同『瓦と古代寺院』（臨川選書〔ロッコウブックスが旧版、一九八三年〕一九九三年）一一二頁。同前掲註（2）、一二三二頁。

（13）森郁夫『日本古代寺院造営の研究』（法政大学出版局、一九九八年）一七七頁。

（14）素弁九葉蓮華紋は飛鳥寺創建瓦の一種で、胎土や焼成が飛鳥寺の瓦と同じことから、製品として豊浦寺に供給されたとされている。瓦当笵の劣化に伴い豊浦寺での使用中に改笵を受けた瓦当笵は、その後若草伽藍へと移動し創建瓦に使用された。これらの事実から、飛鳥寺→豊浦寺→若草伽藍という建立順序が解明されている（上原真人「蓮華紋」〔『日本の美術』三五九、至文堂、一九九六年〕）三九頁。平成十一年度春季特別展図録『蓮華百相』（橿原考古学研究所付属博物館、一九九九年）。

（15）『書紀』推古三十二年九月丙子（三日）条に、「寺四十六所」とある。

（16）古瓦の出土数などから、白鳳時代の寺院数は全国で約二百か所が知られており、飛鳥時代の寺院数は、その四分の一の五十寺前後が適当な数だと考えられている（日本古典文学大系『日本書紀』下）五六三—五六四頁、補注二二—九。

（17）飛鳥寺（法興寺）が百済・王興寺と密接に関連していることが指摘されている（『古代文化の源流を探る　百済王興寺から飛鳥寺へ』國學院大學エクステンション事業課、二〇〇八年）。

（18）中野高行「天智朝創建寺院と正史」（『続日本紀研究』三九一、二〇一一年）。

（19）ヨコ型伽藍配置を神社建築の影響であるとする見解がある（武澤秀一『法隆寺の謎を解く』ちくま新書、二〇〇六年）。

（20）白石太一郎「古墳の終末と古代国家」（『古代を考える終末期古墳と古代国家』吉川弘文館、二〇〇五年）三一〇頁。

(21)　亀田修一「考古学からみた日本列島と朝鮮半島の交流」(『モノの移動と古代東アジア世界』専修大学東アジア世界史研究センターシンポジウム、二〇一〇年一月二一日)。
(22)　桜井市(『安倍寺跡—昭和四二年度調査概要—』一九六八年)桜井市『安倍寺跡環境整備事業報告—発掘調査報告書—』一九七〇年)。桜井市史編纂委員会(『桜井市史』、「安倍寺跡」の項、一九七九年)。
(23)　直木孝次郎「百済大寺の建立と阿倍氏」(『相愛大学研究論集』一五—一、一九九八年)。のち同『日本古代の氏族と国家』(吉川弘文館、二〇〇五年)に所収。
(24)　菱田哲朗「瓦当文様の創出と七世紀の仏教政策」(水野祐監修・荒木敏夫編『古代王権と交流』5、名著出版、一九九四年)、二一七頁。
(25)　大脇潔『飛鳥の寺』(日本の古寺美術一四、保育社、一九八九年)。
(26)　木下正史『飛鳥幻の寺、大官大寺の謎』(角川選書、二〇〇五年)一八一—一八二頁。
(27)　菱田前掲註(24)、二一八頁。
(28)　同右、二二四—二二五頁。
(29)　同右、二二七頁。
(30)　菱田哲郎「日本列島の国家形成と宗教政策」(『国家形成の比較研究』学生社、二〇〇五年)一〇三—一〇五頁、一一五—一六九頁。
(31)　定方晟『須弥山と極楽　仏教の宇宙観』(講談社現代新書、一九七三年)。
(32)　『飛鳥の石造物』(飛鳥資料館図録一六、一九八六年)。
(33)　石上英一「古代東アジア地域と日本」(『日本の社会史』1〈列島内外の交通と国家〉、岩波書店、一九八七年)八四頁。
(34)　菱田前掲註(24)、二二六頁。
(35)　白石太一郎「畿内における古墳の終末」(『国立歴史民俗博物館研究報告』第一集、一九八二年)。
(36)　大塚「阿倍氏について」(『続日本紀研究』三—一〇・一一、一九五一年)。

（37）大嘗会で阿倍氏により奏される「吉志舞」について志田諄一氏は、新羅などの服属儀礼を芸能化したものと捉え、それを阿倍氏が管掌しているのは六世紀〜七世紀初頭において彼らが対外交渉に従事していたためとする（同「阿倍氏とその伝承」〔『茨城キリスト教大学紀要』一、一九六七年〕）。のち「阿倍臣」と改題して同『古代氏族の性格と伝承』（雄山閣出版、一九七一年）に所収。大橋信弥氏は、「吉志舞」は難波に本拠を置く「吉士集団」によって伝承された士風歌舞であるとし、対外交渉の統括者だった阿倍氏が外交の拠点として難波に勢力を拡張した時に吉志舞を管掌したとする（同「吉志舞と阿倍氏」〔『芸能史研究』五七、一九七一年〕）。

（38）志田前掲註（37）。大塚前掲註（36）。

（39）佐藤長門「阿倍氏と王権儀礼」（『日本歴史』五四〇、一九九三年）。

（40）同右、二五頁。

（41）田中勝久「継体大王の出現背景（上）」（『古代文化』五〇―七、一九九八年）四九頁。

（42）中野高行「継体天皇と琵琶湖・淀川水系」（三田古代史研究会編『法制と社会の古代史』慶應義塾大学出版会、二〇一三年）。

（43）西川寿勝「北摂の雄　桜塚古墳群の被葬者像」（西川寿勝・田中晋作『倭王の軍団』新泉社、二〇一〇年）一七三頁。

（44）同右、一八七頁。

（45）直木孝次郎「県主と古代の天皇」（『日本古代の氏族と天皇』塙書房、一九六四年）。

（46）佐伯有清「ヤタガラス伝説と鴨氏」（『新撰姓氏録の研究』研究編、吉川弘文館、一九六三年）。

（47）井上光貞「カモ県主の研究」（『日本古代国家の研究』岩波書店、一九六五年）。

（48）佐伯有清「宮城十二門号と古代天皇近侍氏族」（前掲註（46））。

（49）同右。

（50）新井喜久夫「古代の尾張氏について（下）」（『信濃』二一―二、一九六九年）二六頁。

（51）藤原哲「弥生時代の戦闘戦術」（『日本考古学』一八、二〇〇四年）。

（52）西川寿勝「半島に進出した倭王の軍団」（前掲（43）、『倭王の軍団』）三五頁。

(53) 同右、三一頁。
(54) 森公章『「白村江」以後―国家危機と東アジア外交』（講談社選書メチエ、一九九八年）。
(55) 西川寿勝「北摂の雄　桜塚古墳群の被葬者像」（前掲註（43）『倭王の軍団』二五―三二頁）。
(56) 吉村武彦『古代王権の展開』（〈集英社版日本の歴史③〉、一九九一年）一八一頁。
(57) 鎌田元一『律令公民制の研究』（塙書房、二〇〇一年）。
(58) 大津透『古代の天皇制』（岩波書店、一九九九年）二八一頁。
(59) 森公章『古代郡司制度の研究』（吉川弘文館、二〇〇〇年）。
(60) 松原弘宣「伊予国の立評と百済の役」（『古代瀬戸内の地域社会』同成社、二〇〇八年）五一―五二頁・六八頁。
(61) 熊谷公男『大王から天皇へ』（講談社学術文庫、二〇〇八年）二六三頁。
(62) 同右、三一六頁。
(63) 市大樹『飛鳥の木簡』（中公新書、二〇一二年）。
(64) 同右、三三―三四頁。
(65) 同右、五五―五六頁。
(66) 同右、六九頁。
(67) 同右、七一頁。
(68) 同右、七四頁。
(69) 同右、七五頁。
(70) 鎌田元一「七世紀の日本列島―古代国家の形成―」（『日本通史』第三巻・古代2、岩波書店、一九九四年）五頁。
(71) 同右、七―一〇頁。
(72) 同右、一三頁。
(73) 同右、一九頁。

(74) 同右、二三―二四頁。
(75) 同右、二八頁。
(76) 吉村前掲註(56)、二〇〇頁。
(77) 早川庄八『天皇と古代国家』(講談社学術文庫、二〇〇〇年)。
(78) 早川庄八『日本古代官僚制の研究』(岩波書店、一九八六年)第Ⅱ部第二章「前期難波宮と古代官僚制」一九八二年。
(79) 吉川真司「難波長柄豊碕宮の歴史的位置」(『日本国家の史的特質』古代・中世、思文閣出版、一九九七年)。
(80) 大阪市文化財協会(『難波宮址の研究』一一、一九九九年)。
(81) 大阪府文化財調査研究センター『難波宮跡北西の発掘調査：大阪府警察本部庁舎新築工事に伴う大坂城跡(その6)発掘調査速報』二〇〇〇年三月。江浦洋「難波宮の発掘調査と木簡」(『東アジアの古代文化』一〇三、二〇〇〇年)。
(82) 林部均『古代宮都形成過程の研究』(青木書店、二〇〇一年)。小澤毅『日本古代宮都構造の研究』(青木書店、二〇〇三年)。
(83) 古市晃「孝徳朝難波宮の史的意義」(『日本古代王権の支配理論』塙書房、二〇〇九年、初出二〇〇二年)。
(84) 同右。
(85) 榎村寛之「『律令祭祀』と『律令天皇制祭祀』」(〈二〇一三年度歴史学研究会大会報告〉『歴史学研究』九一一(増刊号)、青木書店、二〇一三年)。
(86) 菱田哲朗『古代日本国家形成の考古学』(京都大学学術出版会、二〇〇七年)二二七頁。
(87) 岡田精司「神社建築の源流」(『考古学研究』四六―二、一九九九年)。
(88) 菱田前掲註(86)。
(89) 金子裕之「考古学からみた律令的祭祀の成立」(『考古学研究』四七―二、二〇〇〇年)。
(90) 菱田哲郎「日本列島の国家形成と宗教政策」(『国家形成の比較研究』学生社、二〇〇五年)一〇六―一〇九頁。
(91) 吉村前掲註(56)、一六〇―一六一頁。
(92) 義江明子『天武天皇と持統天皇』(山川出版社、二〇一四年)七五頁。

(93) 石母田正『日本の古代国家』(岩波書店、一九七一年)二四九頁。のち『石母田正著作集』三(岩波書店、一九八九年)に所収、二〇九頁。
(94) 市前掲註(63)、一二八―一三六頁。
(95) 坂靖『葛城の王都・南郷遺跡群』(新泉社、二〇一一年)。
(96) 市前掲註(63)、一三四―一三五頁。
(97) 古内絵里子「七世紀における大王宮周辺空間の形成と評制」(『日本歴史』七七〇、二〇一二年)三五頁。
(98) 石母田前掲註(93)、一七五頁。『石母田正著作集』三(岩波書店、一九八九年)、一四八頁。

第七章　斉明朝—百済滅亡・「興事」・蝦夷—

一　百済滅亡

斉明朝における対外的契機は、治世末期に起こった百済滅亡をおいて他にない。ただ百済滅亡に至る朝鮮半島の動乱や、唐・高句麗との外交交渉は斉明朝を通して展開されている。

斉明朝における倭国の外交関係を一覧にしたのが表17である。日唐関係を考察する便宜上、斉明元年に帰国した遣唐使（高向玄理・河辺麻呂・薬師恵日ら）が発遣された白雉五年から年表を作成した。

高句麗関連記事は以下のようになる。

斉明二年八月	八日	高句麗使が来朝し調を進める
三年九月		高句麗に遣使
六年一月	一日	高句麗使・賀取文ら百人余が筑紫に到着
五月	八日	高句麗使・賀取文らが難波館に到着
七月	十六日	高句麗使・賀取文らが帰国

表 17　斉明朝外交関係年表

日本年紀	西暦	事　　項
白雉五年	654 年	2 月（5 月?）　遣唐使（高向玄理・河辺麻呂・薬師恵日ら）出発 数ヵ月後、北路（新羅道）をとって唐にわたり、高宗に謁見 10/10　孝徳天皇崩
斉明元年 （62 歳）	655 年	7/11　北と東の蝦夷・百済の調使を饗応 8/1　遣唐使（河辺麻呂ら）が帰国
二年	656 年	8/8　高句麗使来朝、進調
三年	657 年	9 月　高句麗に遣使 7/3　覩貨邏国の男女が筑紫に漂着 7/15　暮に覩貨邏人を饗応 この年、新羅に遣使。僧の智達らを新羅の使に付けて大唐に送ってほしいと告げるが、新羅が受け入れず、智達らは帰国
四年	658 年	7 月　僧の智通・智達が勅を受けて新羅船に乗って大唐国に行き、玄奘法師から無性衆生義（法相宗）を受ける
五年	659 年	7/3　遣唐使（坂合部石布・津守吉祥ら）派遣 9/15　坂合部石布の船は南海の島「爾加委」に漂着。島民に殺害される 9/16　津守連吉祥の船が唐に到着 閏 10/30　遣唐使が高宗に謁見。連れて行った蝦夷を高宗に示しみせる 11/1　唐での冬至の儀式にて、日本の遣唐使の風采挙措が最も優れていたとの評価を受ける
六年	660 年	1/1　高句麗使・賀取文ら百人余が筑紫に到着 5/8　高句麗使・賀取文らが難波館に到着 7/16　高句麗使・賀取文らが帰国。覩貨邏人・乾豆波斯達阿が帰国 7 月　百済が唐と新羅により滅亡 9/5　百済使が来日。鬼室福信が百済復興のために戦闘していると伝える 10 月　鬼室福信が遣使し、唐の俘百余人を献上して援兵を求め、皇子豊璋の帰国を願う。天皇は百済救援軍の出兵を命じ、豊璋を帰国させるよう命じる 12/24　軍器の準備のため、難波宮へ行幸。
七年	661 年	1/6　西に向かって出航 1/8　大伯海に至る。大田皇女が皇女を産み、大伯皇女と名付ける

		1/14	伊予の熟田津の石湯行宮に泊まる
		3/25	娜大津に着き、磐瀬行宮に居す
		4月	百済の福信が、使を遣わして王子の糺解の帰国を求める
		5/9	朝倉橘広庭宮に遷幸
		5/23	耽羅が初めて王子の阿波伎らを遣わして貢献
		7/24	朝倉宮で崩御
		8/1	皇太子が天皇の喪に付き添い、磐瀬宮に到着
		10/7	天皇の喪が帰りの海路に出航
		10/23	天皇の喪が難波津に着く
		11/7	飛鳥の川原で殯した

斉明二年（六五六）に来朝した高句麗使は、翌年、倭国が派遣した遣高句麗使とともに帰国したと思われる。斉明六年に来朝した高句麗使・賀取文は、同年七月に滅亡する百済の窮状についての情報交換や支援策などについて協議するために派遣された可能性が高い。百済に対する唐・新羅連合軍の攻勢や、百済滅亡直前の倭・高句麗の連携強化の動きがみてとれる。

ところで倭国は唐に対して、反新羅・親百済の立場から外交的アプローチを試みていた。遣唐使関連記事は以下のようになる。

白雉五年　二月（五月？）　遣唐使（高向玄理・河辺麻呂・薬師恵日ら）出発
　　　　数ヵ月後　北路（新羅道）をとって唐にわたり、高宗に謁見
斉明元年　八月　一日　遣唐使（河辺麻呂ら）が帰国
　四年　七月　僧の智通・智達が勅を受けて新羅船に乗って大唐国に行き、玄奘法師から無性衆生義（法相宗）を受ける
　五年　七月　三日　遣唐使（坂合部石布・津守吉祥ら）派遣
　　　九月三十日　遣唐使が高宗に謁見
六年十一月　一日　冬至の儀式にて、日本の遣唐使の風采挙措《ふうさいきょそ》が最

も優れていたとの評価を受ける

白雉五年は六五四年で、唐の永徽五年にあたる。同年十二月、唐に来着した倭国使節に関する記述が『唐会要』巻九九（倭国・日本国伝）にみえる。

永徽五年十二月。遣使、琥珀《こはく》・瑪瑙《めのう》を献ず。琥珀の大きこと斗の如し。瑪瑙の大きこと五升器の如し。高宗、書を降しこれを慰撫す。仍《なお》云うに、「（倭）王の国、新羅と接近す。新羅、素より高麗・百済の侵せるところとなす。若し危急あらば、王、宜しく兵を遣わしこれを救う。倭国、東海の嶼の中の野人。耶古・波耶・多尼の三国あり。皆、倭に附庸す。北は大海を限り、西北は百済に接し、正北は新羅と抵《あた》る。南は越州と相接す。頗《すこ》ぶる絲・綿有る。瑪瑙を出し、黄白二色有り。その琥珀は好《よ》きものにして、海中にて湧き出ずると云う。

六五四年の十二月、倭国の遣唐使が琥珀と瑪瑙を高宗に献上した。高宗は降書を以てこれを慰撫した。遣唐使は「倭王の国は新羅と近接している。新羅は平素から高句麗や百済を侵略している。危急が生じれば、倭王は宜しく派兵してこれを救う」と奏上した。倭国王は新羅の侵略行為を非難する一方、侵略された際には高句麗・百済に救援軍を派遣するという決意も表明している。

しかし、六四九年に太宗が崩御したあとも唐の高句麗征討の意志は弱まらなかった。斉明五年（六五九）に派遣された遣唐使（坂合部石布・津守吉祥ら）は、「海東之政」（百済討伐）の計画があることを理由に帰国を許さない旨の勅書が下され、長安に幽閉された（斉明紀五年七月三日条）。津守吉祥らは翌年九月十二日に帰国を許され、同十九日に長安を出発した（同六年七月十六日条）。斉明朝期の唐は高句麗・百済との戦闘を貫徹する意志をもち、永徽五年における倭国の高句麗・百済支援表明が唐の東アジア政策に影響を与えたとは思われない。

斉明六年七月、百済は唐・新羅連合軍の攻撃により滅亡する。直後の九月五日、百済使が来朝し、鬼室福信が百済復興のために戦闘していると伝えた。翌七年十月には百済遺臣の鬼室福信が使節を派遣し、唐の捕虜百余人を献上して倭国に援兵を求め、王子豊璋の帰国を願った。斉明天皇は百済救援のための出兵と、礼を尽くして豊璋を帰国させることを命じた。十二月二十四日、軍器準備のため難波宮に行幸した。翌七年一月六日、西に向かって出航し、三月二十五日、娜大津に到着し磐瀬行宮に居した。四月には鬼室福信が、使を遣わして王子・糺解（余豊璋）の帰国を求めた。五月九日、朝倉橘広庭宮に遷幸したが、七月二十四日に崩御した。「飛鳥川原」で殯し、九日まで発哀した。

百済滅亡をめぐる国際情勢の緊迫化に関する斉明朝の動向については、以下の三点が指摘できる。第一は、倭国の反新羅路線と百済・高句麗との同盟策は、白雉五年に高向玄理らが遣唐使として派遣された時点から一貫しているが、斉明五年に坂合部石布らを唐に派遣するなど、外交交渉で解決できると考えていたようにみられることである。

第二は、百済からの復興運動支援要請に対して、天皇自らが朝倉橘広庭宮に親征するなど「軍事王」としての側面をもっていたことである。その姿勢は、『宋書』倭国伝に引かれている倭王武の上表文の「昔から祖禰《そでい》躬《みずか》ら甲冑を環《つらぬ》き、山川《さんせん》を跋渉《ばっしょう》し、寧処《ねいしょ》に遑《いとま》あらず」の文言を彷彿とさせる。斉明天皇以降、（ヤマトタケル伝承のように）王の代理（分身）を派遣したり、王の軍事指揮権を臣下に一時付託するかたちで軍事行動が行われるようになるので、斉明は古代最後の「親征」王といえる。(1)

第三は、対外交渉のなかで倭国が小中華世界を構築したことを強調する場面が垣間みられることである。この点については節を改めて論ずることにする。

二　「興事」（飛鳥京周辺の整備事業）

斉明朝における主要事項を整理した表18を、あらためて概観する。

前節で考察した外交交渉関係の記事を除くと、宮の造営にかかわる記事と蝦夷に関する記事が多い。宮の造営にかかわる記事は斉明元年・二年に集中している。

斉明元年十月十三日　小墾田に宮を造ろうとしたが中止
　冬　飛鳥板蓋宮が火災に遭い、飛鳥川原宮に遷幸
二年　この年　後飛鳥岡本宮の造営開始
　吉野宮を作る
　田身嶺（多武峰）に両槻宮（天宮）を作る
　岡本宮が火災に遭う

『書紀』斉明二年是歳条を挙げる。

[A]是歳、飛鳥の岡本に更に宮地を定む。時に高麗・百済・新羅、並に使を遣し調を進む。為に紺の幕をこの宮地に張りて、饗たまう。遂に宮室を起つ。天皇乃ち遷りたまふ。号けて後飛鳥岡本宮と曰う。
[B]田身嶺《たむのみね》に冠《こうぶ》らしむるに周《めぐ》れる垣を以てす。復《また》、嶺の上の両《ふた》つの槻の樹の辺に観《たかどの》を起つ。号けて両槻《ふたつき》宮とす。また天宮《あまつみや》と曰う。
[C]時に興事《おこしつくること》を好む。廼《すなわ》ち、水工《みずたくみ》をして渠《みぞ》を穿《ほ》らしむ。香山《かぐやま》の西より「㋐石上《いそのかみ》山」に至る。舟二百隻を以て、

表 18　斉明朝略年表

日本年紀	西　暦	事　　項	宮都	外交	蝦夷
斉明元年	655 年 (62 歳)	7/11　北と東の蝦夷・百済の調使を饗応		○	○
		8/1　遣唐使（河辺麻呂ら）が帰国		○	
		10/13　小墾田に宮を造ろうとしたが中止	○		
		冬　飛鳥板蓋宮が火災に遭い、飛鳥川原宮に遷幸	○		
二年	656 年	8/8　高句麗使来朝、進調		○	
		9 月　高句麗に遣使		○	
		この年　後飛鳥岡本宮造宮開始	○		
		高句麗、百済、新羅が遣使・進調したため、紺の幕を張って饗応		○	
		吉野宮を作る。	○		
		多武峰に両槻宮を作る。	○		
		岡本宮が火災に遭う	○		
		香久山の西から石上山まで溝を掘り、舟で石を運んで石垣を巡らせた。	○		
		この時期、天皇主導での土木工事が相次ぎ、掘った溝は後世に「狂心の渠」と揶揄された。	○		
三年	657 年	7/3　覩貨邏国の男女が筑紫に漂着		○	
		7/15　［須弥山］の像を飛鳥寺の西に造り、盂蘭盆会実施。暮に覩貨邏人を饗応。	須弥山		
		この年、新羅に遣使。僧の智達らを新羅の使に付けて大唐に送ってほしいと告げるが、新羅が受け入れず、智達らは帰国		○	
四年	658 年	1/13　左大臣巨勢徳多が死去			
		4 月　阿倍比羅夫が蝦夷に遠征。降伏蝦夷を渟代・津軽二郡の郡領に定め、有馬浜で			○
		渡島の蝦夷を饗応			○
		7/4　蝦夷二百余が朝献。常よりも厚く饗応し、位階を授け、物を与える			○
		7 月　僧・智通らが勅を受けて新羅船で入唐、玄奘から無性衆生義（法相宗）を受く		○	
		11 月　有間皇子の変			
		この年　越国守阿部引田臣比羅夫が粛慎を討つ			○
五年	659 年	3/10　吐火羅人が妻の舎衛婦人とともに来る		○	
		3/17　甘檮丘の東の川辺に［須弥山］を造り陸奥と越の蝦夷を饗応	須弥山		○
		3 月　阿倍比羅夫が蝦夷国を討つ。飽田・渟代・津軽各郡の蝦夷を饗応。後方羊蹄に郡領を置く。粛慎と戦闘			○
		7/3　遣唐使（坂合部石布・津守吉祥ら）派遣		○	

六年	660年	1/1　高句麗使・賀取文ら百人余が筑紫に到着 3月　阿倍比羅夫が粛慎を討つ 5/8　高句麗使・賀取文らが難波館に到着 5月　皇太子（中大兄）が初めて漏刻を作る。阿倍比羅夫が蝦夷を献上。石上池のほとりに須弥山を作り、粛慎を饗応 7/16　高句麗使・賀取文らが帰国。覩貨邏人・乾豆波斯達阿が帰国 7月　百済が唐と新羅により滅亡。 9/5　百済使が来日。鬼室福信が百済復興のために戦闘していると伝える 10月　鬼室福信が遣使し、唐の俘百余人を献上して援兵を求め、皇子豊璋の帰国を願う。天皇は百済救援軍の出兵を命じ、豊璋を帰国させるよう命じる 12/24　軍器の準備のため、難波宮へ行幸。	 須弥山	○ ○ ○ ○ ○ ○	 ○ ○
七年	661年	3/25　娜大津に着き、磐瀬行宮に居す。 4月　百済の福信が、使を遣わして王子の糺解の帰国を求める 5/9　朝倉橘広庭宮に遷幸。 5/23　耽羅が初めて王子の阿波伎らを遣わして貢献 7/24　朝倉宮で崩御。 11/7　飛鳥の川原で殯した		 ○ ○	

註　斉明元年における天皇の年齢を62歳としたのは、『本朝皇胤紹運録』による。

「㋑石上山」の石を載《つ》みて、流《みず》の順《まま》に控引《ひ》き、宮の東の山に、石を累《かさ》ねて垣とす。時の人誇《そし》りて曰く、「狂心《たぶれこころ》の渠《みぞ》。功夫損《ひとちからおと》し費すこと、三万余。垣造る功夫を費やし損すこと、七万余。宮の材爛《ただ》れ、山椒《やまのすえ》埋れたり」と。また誇りて曰く、「石の山丘を作る。作る随《まま》に自づから破《こほ》れなむ」と。

Cによれば、香久山の西から「㋐石上山」まで溝を掘り、舟二百隻に「㋑石上山」の石を運んで石垣を巡らせたことが記されている。「石上山」が二カ所にみえるが、それぞれ異なった場所を指している。香具山の西から掘った溝の終点にあたる「㋐石上山」は、従来、奈良県天理市の石上神宮付近の山であると推定されていたが、最近では明日香村岡の酒船石遺跡にあてる説[2]が有力である。舟二百隻に積んだ石を切り出した「㋑石上山」は天理市豊田町にある豊田山とされている[3]。この時期、天皇主導での土木工事が相つぎ、掘った溝は後世に「狂心の渠」と揶揄されたとある。

近年、斉明期の飛鳥宮周辺施設の遺構が多数発見されている。

宮　殿

後飛鳥岡本宮は、舒明天皇の飛鳥岡本宮（六三〇年十月〜六三六年六月）が焼失した跡に造営された。斉明天皇が六五六年に川原宮から遷り、天智天皇代まで使用された。天武・持統期には拡充される形で飛鳥浄御原宮として成立した可能性が高い。国史跡「伝飛鳥板蓋宮跡（飛鳥京跡）」のⅢ―A期が後飛鳥岡本宮、Ⅲ―B期が飛鳥浄御原宮の遺構に相当するとみられる(4)。（Ⅱ期遺構は飛鳥板蓋宮、Ⅰ期遺構は飛鳥岡本宮にあてられている）

Ⅲ―A期の内郭北区画で検出された建物群は、中央の大型建物が南と北とに庇をもつ切妻建物であった。一つの四面に庇をもつ建造物だったとすると、東西一八間で約五四メートル、南北東西四間で約一二メートルの巨大建物（群）が、内郭の中央かつ内郭の北区画に、南北に並んで配置されていたことになり(5)、斉明朝の宮殿（正殿）の画期性は明らかである。

広場（衢）

飛鳥寺西方遺跡は飛鳥寺西門門前に広がり、石敷・石敷帯・砂利敷・石組溝・土管暗渠・木樋・土坑・建物跡・掘立柱塀などが発見されている。『書紀』にみえる「飛鳥寺西」「飛鳥寺西槻下」「甘橿丘東川上」などとの関連が指摘されている。大化改新前夜の蹴鞠、斉明紀の須弥山像の設置、蝦夷・都貨邏などの辺境民の饗宴、壬申の乱の軍営、天武・持統紀の饗宴や隼人の相撲など、儀礼・饗宴が行われた場で、饗宴広場（槻樹《つきのき》の広場）とされる(6)。

儀礼の場

儀礼空間としては石神遺跡と酒船石遺跡が挙げられる。

石神遺跡は、飛鳥の迎賓館ないし饗宴の場の可能性がある。斉明期には一郭の南を限る掘立柱大垣が設けられ、水落遺跡との間が区分される。大垣の北の遺構群は大きく東区と西区とに二分される。東区の南部は南北四〇メートル、東西五〇メートル以上の石敷バラス敷の広場となる。その東端から須弥山石と石人像が出土している。石敷広場の北端に井戸があり、儀礼で使う霊水を汲むなど特殊な用途の井戸と判断されている。(7)

斉明紀には飛鳥寺の西に須弥山を作って蝦夷らを饗宴した記事が三度登場する（傍線部は中野）。

①斉明三年（六五七）七月十五日条

辛丑、須弥山像を飛鳥寺の西に作る。且つ盂蘭盆会を設け、暮に覩貨邏人《とからびと》を饗す。〈或本に云わく、堕羅人と。〉

②同五年三月十七日条

甲午。甘橿丘の東の川上に須弥山を造り、陸奥と越の蝦夷に饗す。

③同六年五月条

又阿倍引田臣。〈闕名〉夷五十余を献ず。又石上池辺に須弥山を作る。高さは廟塔の如し。以って粛慎三十七人に饗す。

石神遺跡では東北日本で作られた食器(8)が多量に出土しており、これらの大規模施設は、斉明紀に登場する宮廷付属の服属・饗宴儀礼施設の一郭であったと考えられる。(9)

酒船石遺跡では、湧水施設（砂岩）、小判形ないし船形の水槽（花崗岩）、亀形ないしスッポン形の石造物（石英閃緑岩・飛鳥石）が発見された。水槽は二〇〇リットル、亀形石は八〇リットルの容量があり、水による祭祀が行われたと推測されるが詳細は不明である。木下正史氏は「神仙世界を反映した水に関わる祭祀を行う神聖な場であったろう」(10)としている。和田萃氏は、亀形石造物には有機質の甲羅があったのではないか、小判形水槽では酒の香りや味を加えて「醴泉《れいせん》」にみたてていたのではないか、などと推測している[11]。

漏刻台

水落遺跡は二階建ての楼状建物で、下階に漏刻、上階に鐘や鼓を設置して飛鳥の都に時刻を報せたと考えられる。中大兄皇子は中国の政治思想にならって、時の支配をめざす漏刻《ろうこく》台と領土の支配を象徴する服属儀礼施設を一体的に造って、政治改革の推進を図った可能性がある[12]。

苑　池

飛鳥宮Ⅲ—A期遺構の内郭の北西地域（明日香村岡字出水ほか）から大規模な苑池遺構が検出された。斉明朝頃の土器が出土しており[13]、後飛鳥岡本宮や飛鳥浄御原宮に付属する苑池と考えられている。この苑池については、天武紀十四年十一月戊申条に「白錦後苑《しらにしきのみその》に幸す」とみえる「白錦後苑」とみなす説が有力である。「後苑」とは宮殿の後ろ（北側）にあるとの意であり、「白錦」は飛鳥川の川面が太陽光に照らされて白い錦のように光っている様子を表現したものとする[14]。しかし藤原京左京七条一坊西南坪の発掘調査で出土した「白錦殿作司□」という木簡の存在などから、飛鳥宮北方にあったとみなし、右の苑池遺構は持統紀五年三月丙子条の「天皇、公私の馬を御苑《みその》に観《みそなわ》す」とある「御苑」のことだとする見解を和田萃氏が提唱している[15]。古代中国において苑池は皇帝の支配領域に生息したり、産出したりする珍しい動物・植物・樹木・石材などを収集・配置して作られた。支配領域のある景観をそのまま再現することもある苑池は、皇帝の支配領域を観念的に示す「象徴的な舞台装置」であった[16]。

飛鳥川を取り込んだ大規模なこの苑池は天皇が祭祀や饗宴を行った庭園であるとともに[17]、ヤマトの大王が列島全域の支配者であることを可視化した空間でもあった。

工房跡

飛鳥池工房遺跡からは、金・銀・銅・鉄を素材にした金属加工、ガラス・水晶・琥珀を組みあわせた玉類の生産、漆工、べっこう細工、屋瓦の焼成、富本銭[18]などが出土している。飛鳥寺に付属する総合官営工房跡で、多様な生産が一カ所で稼働している点に特徴がある。[19]官衙跡を想定する見解もある。

乙巳の変ののち接収された飛鳥寺周辺地域は天皇家の支配下に置かれた。新しい租税や力役の制度が施行され、都が難波から飛鳥に移った斉明朝に飛鳥寺と周辺地域の整備が行われたとみられる。[20]斉明紀四年十一月三日条には、斉明天皇・中大兄皇子への批判を有間皇子が蘇我赤兄臣に語ったことが記されている。そのなかで有間皇子が挙げている天皇の「三失」が以下の三点である。

①大いに倉をたて、民の財を積聚《つ》む。

②長く渠水《みぞ》を穿《ほ》り、公糧を損費する。

③舟に石を載せて、運び積みて丘と為す。

この三点は、先に挙げた斉明二年是歳条の記事と近似している。当時、天皇や中大兄皇子の失政として一般的な批判として存在していたことが分かる。木下正史氏は、「石の山丘」の造営や「狂心の渠」と呼ばれた人工運河の掘削は、都づくりが斉明朝に本格化したことと深くかかわり、その造営工事が時代を先取りしたような大規模なものであったために批判をかったのであろうとしている。[21]造営にかかわる工事（「興事」）には数万人以上の「功夫」が動員されるなど大規模であり短期日に終わるものとは思えない。しかも史料上確認できるだけでも「後飛鳥岡本宮」「吉野宮」「両槻宮」と複数の宮が建設されており、造営工事には数年かかったと思われる。

和田萃氏は、酒船石丘陵が蓬莱山に見立てられ、その北麓には醴泉がわき出し、醴泉を中心とした施設では、斉明天皇自らが秘儀を実修し、また外国使節をもてなす饗宴の場としても利用されたと推測した[22]。斉明紀にみえる特徴的な諸事象の根本にあるのは、〈小中華世界〉を構築しようとする意志である。斉明朝における唐や朝鮮諸国との外交は外交交渉にとどまらず、倭国王を頂点とした〈小中華世界〉を顕示しようとする試みでもある。斉明元年七月十一日、難波朝（長柄豊碕宮）において北と東の蝦夷や百済の調使を饗応しているのは、律令制下の蕃国や化外に相当する人々を天皇が自らの秩序のなかに位置づけようとする行為であった。斉明朝に飛鳥寺周辺地域に大規模造営された諸施設は、外国使節（蕃客）や蝦夷などの「化外の人」を饗応する場合に国家的威信を誇示する背景を有していた[23]。

三　漏刻設置の歴史的意義

天体の位置やその移動を観測するには時間を精密に計る機械が必要である。漢の太初暦制定の際に「漏刻を下す。以って二十八宿の相距を四方に追う」（『漢書』巻二一上・律歴志第一上）とあり、漏刻（漏剋、水時計）が用いられたことがわかる[24]。漏刻をもって二十八宿の相距を四方に追うというのは、二十八宿の目標となるそれぞれの星が南中する（子午線の上に来る）時刻を計り、その間の差によって各宿の距離を定める事と思われる[25]。星が南中したかどうかを確認するのに用いられるのは渾天儀《こんてんぎ》（渾儀）であり、太初の改暦の際に落下閎《らっかこう》がはじめて作ったと伝えられているが、これ以前から存在したとされる[26]。

日本では、『書紀』斉明六年（六六〇）五月条に、

又、皇太子、初めて漏剋を造る。民をして時を知らしむ。又、阿倍引田臣。名を闕《もら》せり。夷《えみし》五十余を献《たてまつ》る。又、石上池の辺に、須弥山を作る。高さ廟塔の如し。以って粛慎卅七人に饗たまう。

『同』天智十年（六七一）夏四月辛卯条に、

漏剋を新台に置く。始めて候時を打つ。鍾鼓を動《とどろか》す。始めて漏剋を用いる。この漏剋は、天皇の、皇太子に為《ましま》す時、始めて親《みずか》ら製造《つく》れる所なりと、云々。

とあり、漏刻は民衆に時を知らせるためのものとされる。また時刻制の本格導入と関連させて、登庁・退庁は日時計に依っていたものの、登朝鼓（日の出前の寅刻）は日時計で計測できなかったので漏刻で補ったとする説もある。[27]

しかし漏刻が星の観測に用いられていた漢代の実例を参照すると、天智天皇（中大兄皇子）が天体観測のために正確な時刻測定器具として漏刻を製作・設置させた可能性も想定できる。斉明紀六年五月条の漏刻に該当すると思われる水落遺跡の遺構には、周囲に貼石を施した基壇上に、中心施設である総柱風の建物がある。基壇の地下一メートルに礎石があり、柱を固定するための直径四〇センチもある刳込座《くりこみ》を穿ち、礎石と礎石の間を石列で連結する特殊な工法（地《ち》中梁《ちゅうばり》工法）を用いるなど他に例をみず、精密な器械が設置されていたと推測される。[28]二四本の総柱を有する楼閣建築と想定され、ことさら堅固な基礎工事で建てられているため、木下正史氏はこの建物が渾天儀などの天体観測機器を備え、天文台的機能を併せもっていたからではないかと推測している。[29]天智十年の漏刻設置には、設置の前月に「水臬《みずばかり》（水準器[30]）」を献上した黄書造本実の関与の可能性が指摘されているが、[31]本実は天智紀六年十一月条にみえる遣唐使（同紀七年正月二十三日に帰朝記事）の一員であり、[32]中国で獲得した天文学の技術・器具を実用化したものと考えられる。天武紀四年正月庚戌条に「初めて占星台を興す」とあるので、日本古代における天文台の成立は天武朝であるが、中国の先進天文技術・天体観測器具の一部が斉明朝末期に導入されていた可能性を指摘しておきたい。

また斉明六年の漏刻設置記事は、前掲の須弥山造置記事と同じ条文中に連続して記されており、「スメラミコト」観念との関連が想定でき、漏刻を「新台」に置いた天智十年は近江大津宮遷都後のことで、六官制の成立した可能性が高い天智朝新体制の発足直後であり、漏刻設置の政治的意義は検討されるべき課題である。

四　蝦夷征討と斉明朝倭国の〈小中華世界〉

蝦夷関連記事は斉明元年に饗応記事が一つあるものの、同四〜六年に集中している。

斉明元年七月十一日　難波長柄豊碕宮で北と東の蝦夷を饗応
四年四月　阿倍比羅夫が蝦夷に遠征。降伏蝦夷を渟代・津軽二郡の郡領に定め、有馬浜で渡島の蝦夷を饗応
七月四日　蝦夷二百余が朝献。常よりも厚く饗応し、位階を授け、物を与える
この年　越国守阿部引田臣比羅夫が粛慎を討つ
五年三月十七日　甘檮丘の東の川辺に須弥山を造り陸奥と越の蝦夷を饗応
三月　阿倍比羅夫が蝦夷国を討つ。飽田・渟代・津軽各郡の蝦夷を饗応。後方羊蹄に郡領を置く。粛慎と戦闘
六年三月　阿倍比羅夫が粛慎を討つ
五月　阿倍比羅夫が蝦夷を献上。石上池のほとりに須弥山を作り、粛慎を饗応

斉明朝における蝦夷・粛慎関連事業とのかかわりで注目されるのが、仙台市の郡山遺跡である。遺跡には官舎群と思われる施設遺構が多数検出され、Ⅰ期官衙とⅡ期官衙が存在したとされている。Ⅰ期官衙は、出土土器の分析から七世紀中頃とされ、前半代にさかのぼる可能性もある。(33) 重量物を収納していたと考えられる「倉庫院」や、官衙内で

の神事にかかわる施設、武器・武具の製造修理をしていた鍛冶工房跡、警備のための櫓状建物などが想定されている。[34]「雑舎院」の竪穴遺構からは「飛鳥Ⅲ」と思われる畿内産土師器が出土しており、畿内の王権と結びつく官人の派遣を意味していると考えられている。[35]官衙内には竪穴住居の密集する区域があり、関東から来た人々が居住し、食器持参の上、自ら調理していたとされている。[36]畿内からの派遣官人が存在したことから国家的施設であることが推測され、長島榮一氏は陸奥国内での評制成立以前の「柵」として設置されたものであり、「移民や主に建評にいたる前段階にかかわった機能を果たしていたと考えられる」と結論づけた。[37]

郡山遺跡ではⅠ期官衙に続きⅡ期官衙が、藤原京の造営開始から遷都（六九四年）が行われた前後に作られている。[38]Ⅱ期官衙には、中心となる官衙内に方形池や石敷遺構が存在することから、飛鳥石神遺跡などで行われていた蝦夷の服属儀礼に関する儀礼を、現地で実施する使命を課せられた官衙だったとされる。長島氏はⅡ期官衙を陸奥国府と考えるべきとしている。[39]国府機能は、大野東人が在鎮の兵の勲功を録すとの記事（『続日本紀』）がある天平元年（七二九）九月十四日頃、多賀城に移転した可能性がある。[40]郡山遺跡のⅠ期官衙が陸奥国府や多賀城の前身的官衙であったことはほぼ確実であり、そのような行政組織が斉明朝頃に成立していたことは重要である。「蝦夷国」・粛慎に対する阿倍比羅夫の遠征・饗応と同時期に、陸奥国に対する積極的な支配の指向性がみて取れる。

斉明五年（六五九・顕慶四年）九月に入唐した津守連吉祥らの遣唐使は蝦夷を同行させていた。[41]閏十月三十日に皇帝に謁見した時、吉祥らは高宗に蝦夷を示しみせている。

斉明天皇五年（六五九）七月三日条所引『伊吉連博徳書』『難波吉士男人書』

戊寅、伊吉連博徳の書に曰わく「同天皇の世に、小錦下坂合部石布連・大山下津守吉祥連等の二船が、呉と唐の路に奉使《つかわ》さる。（中略）三十日に天子相見《あいみ》て、これに問い訊《たず》ねる。（中略）天子問いて曰く、「これらの蝦夷の国は何れの方にあるか」と。使人謹みて答うるに、「国の東北にあり」と。天子問いて曰く、「蝦夷は幾種ぞ」と。使人謹みて答うるに、「類《たぐい》は三種あり。遠き者は都加留《つがる》と名づけ、次の者は麁蝦夷《あらえみし》と名づけ、近き者は熟蝦夷《にぎえみし》と名づく。今これは熟蝦夷なり。歳ごとに本国の朝《みかど》に入貢す」と。天子問いて曰く、「その国に五穀ありや」と。使人謹んで答うるに、「無し。肉を食して存活す」と。天子問いて曰く、「国に屋舎ありや」と。使人謹んで答うるに、「無し。深山の中、樹の本に止住す」と。天子、重ねて曰く、「朕、蝦夷の身面の異なるを見て、極理《きわま》りて喜び怪しむ。使人遠くより来りて辛苦あらん。退《まか》りて館裏《むろつみ》にはべれ。後にまた相見む」と。（中略）難波吉士男人の書に曰く、「大唐に向かう大使、島に触《つ》きて覆る。副使、親《みずか》ら天子に観《まみ》えて蝦夷を示し奉る。ここに蝦夷、白鹿の皮一つ、弓三つ、箭《や》八十を天子に献ず」と。

先述した難波長柄豊碕宮や飛鳥京における蝦夷の饗応は群臣環視のなかで行われた可能性がある。倭国内の諸勢力や外国政府に〈倭王支配下の夷狄〉の存在を強調することにより、倭王を中心とした〈小中華世界〉が存在することを主張する意義があった。

斉明朝におけるエミシについては、河内春人氏と伊藤循氏が異なった見解を提示している。河内氏は、中国史料と『書紀』写本の検討から、顕慶四年の遣唐使記事にみえる「蝦夷」を七世紀後半における表記とし、この段階における萌芽的中華思想の所産であるとした。氏によれば、遅くとも八世紀段階で〈東夷・西戎・南蛮・北狄〉に対応してエミシは東（陸奥）の「蝦夷」と北（越後、後に出羽が加わる）の「蝦狄」に分化して、律令制的中華思想が貫徹したエミシ概念が形成されるに至ったとする。[42] これに対して伊藤氏は、『新唐書』や『書紀』写本の一部に「蝦蛦」という「蝦夷」より画数が多く複雑な文字の表記が存在し、両者が七世紀後半というほぼ同じ年代の記事であることから、日本側の「蝦蛦」表現が中国側に伝えられて記録されたものと判断した。「蝦蛦」用語について、①東北に居住し毎年朝貢する、②五穀がなく食肉の風習がある、③深山に居住し屋舎なく樹木を住居に利用する、などの蝦夷観があるとする佐伯有清説に賛同した伊藤氏は、「律令制段階のそれとは異質であり、七世紀後半における中央政府のエミシ観を表現していると考えられる」と結論づけた。

廣瀬憲雄氏によれば、推古朝段階におけるヤマト王権の外交儀礼は厳密な意味での中国的な礼秩序ではなく、倭国国内の秩序〈貢納―奉仕関係〉にもとづいていた（本書第三章）。七世紀における倭国の世界観や支配秩序は、中華的なものと対応する性質を有する一方、倭国固有の特徴を内包している可能性がある。斉明朝における〈小中華世界〉が「倭国に特有な観念」なのか「律令制的観念」なのかはにわかには判断できず、今後の課題である。しかしいずれの説に立っても、倭王を頂点とする支配秩序にエミシを内包した〈小中華世界〉が構築されたことは明らかである。斉明朝における飛鳥宮周辺諸施設の大規模な整備事業は、このような〈小中華世界〉を具現化し、他者に誇示するための舞台装置として設定されたと考えられる。斉明朝における飛鳥京周辺諸施設の建築・整備は、陸奥や越の蝦夷・粛慎を積極的に支配しようとする指向と連動している。とくに唐の皇帝に蝦夷を披露していることから、倭国王を頂点とした〈小中華世界〉を中国に誇示したものと考えられる。

ところで斉明朝における蝦夷征討と壮大な飛鳥京造営は、桓武朝における「軍事」と「造作」の淵源とみる見解が熊谷公男氏[43]・鈴木拓也氏[44]により提示されている。従うべき見解である。桓武朝においては弛緩した律令制的支配を軍事・行政両面から強化するための試みであったが、斉明朝においては従来のヤマト王権の支配体制を中華的なものに転換していく途上で試みられた政策と位置づけることができる。斉明朝においても桓武朝においても「軍事」と「造作」は財政的負担が大きく、民衆に不満を抱かせた点が共通している。このような犠牲・反発を覚悟で推進された斉明朝の「軍事」と「造作」の背景にあったものは、本章の一で述べたように、唐・新羅連合に圧迫されていた高句麗・

百済の同盟国としての倭国の危機感であった。国際的危機の急速な高まりに対応すべく、東北世界へのアプローチが強引に展開され、飛鳥京周辺の大規模工事が遂行されるとともに、唐皇帝に〈小中華世界〉を誇示することとなった。斉明天皇の治世最末期に百済が滅亡してしまった事実を考えあわせると、これらの試みが有効であったのかは疑わしい。しかし王権を中華的権力に向けて変質させることにより難局を乗り切ろうとするヤマト王権の指向性は、次の天智朝に引き継がれることとなった。

註

(1) 荒木敏夫「斉明女帝論」二〇一六年七月一日、国士舘大学における講演。
(2) 和田萃『飛鳥―歴史と風土を歩く―』（岩波書店、二〇〇三年）一四八―一四九頁。
(3) 奥田尚「日本書紀に出てくる石」（『地学研究』四三―一、一九九四年）。
(4) 小澤毅『日本古代宮都構造の研究』（青木書店、二〇〇三年）。林部均『飛鳥の宮と藤原京』（吉川弘文館、二〇〇八年）。
(5) 林部前掲註（4）、七五頁。
(6) 今泉孝雄「飛鳥の須弥山と斎槻」（『古代宮都の研究』吉川弘文館、一九九三年）。木下正史「飛鳥寺西辺の儀礼空間」（『国立歴史民俗博物館研究報告』七四、一九九七年）。
(7) 木下正史編『飛鳥史跡事典』（吉川弘文館、二〇一六年）七二頁。
(8) 六世紀後半以降、東北地方の土師器は内面が黒く焼き上げられる「内面黒色処理」をほどこされている。石神遺跡では、この特徴をもった七世紀中頃から八世紀のごくはじめくらいの土師器が出土している（長島榮一『郡山遺跡』同成社、二〇〇九年）二七―二八頁。
(9) 木下前掲註（7）、七三頁。
(10) 木下正史「飛鳥の遺跡とその保存・活用」（直木孝次郎・鈴木重治編『飛鳥池遺跡と亀形石』ケイ・アイ・メディア、二〇〇一年）一三〇頁。
(11) 和田前掲註（2）、一五六―一五八頁。
(12) 木下正史『飛鳥・藤原の都を掘る』（吉川弘文館、一九九三年）。同「古代の水時計と時刻制」（高岡市万葉歴史館編『時の万葉集』笠間書院、二〇〇一年）。
(13) 奈良県立橿原考古学研究所編『飛鳥京跡苑池遺構調査概報』（学生社、二〇〇二年）。
(14) 同右、「あとがき」（河上邦彦氏執筆）七〇頁。
(15) 和田前掲註（2）、一九六―一九七頁。
(16) 林部前掲註（5）、一〇二頁。
(17) 荒木前掲註（1）。
(18) 松村恵司「飛鳥池工房遺跡の発掘調査」（『続明日香村史』上、二〇〇六年）。
(19) 花谷浩「考古学からみた飛鳥池遺跡」（前掲註（10）、『飛鳥池遺跡と亀形石』）二九頁。
(20) 吉川真司「飛鳥池遺跡と飛鳥寺・大原第」（前掲註（10）、『飛鳥池遺跡と亀形石』）四五―四六頁。
(21) 木下編前掲註（7）、一一一頁。
(22) 和田前掲註（2）、一六〇頁。
(23) 「飛鳥池遺跡・酒船石遺跡を考える東京シンポジウム」における和田萃・直木孝次郎両氏の発言（前掲註（10）、九九頁・一一五―一一六頁。
(24) 飯島忠夫、補訂『支那古代史論』（恒星社厚生閣、一九四一年）一二一―一二二頁。
(25) 同右、一二五頁。
(26) 同右、一二六頁。
(27) 岸俊男「漏刻余論」（『明日香風』三、一九八二年）。三宅和朗『時間の古代史』（吉川弘文館、二〇一〇年）一四三―一四四頁。

(28)　和田前掲註（2）、一二〇頁。
(29)　木下正史・西口寿生・猪熊兼勝「天文観測を兼ねた『楼閣』」（『明日香風』二、一九八二年）一一〇頁。木下前掲註（12）「古代の水時計と時刻制」三二五頁。
(30)　上田正昭『古代国家と東アジア』（角川学芸出版、二〇一〇年）六七頁。
(31)　東潮「キトラ・高松塚古墳壁画と東アジア」（『朝鮮史研究会論文集』五〇、二〇一二年）九頁。
(32)　黄書造本実を、白雉四年五月（孝徳朝）にみえる遣唐使の第一船の第一組に参加していたと推測する見解がある（松久保秀胤「藤原京薬師寺と平城京薬師寺を再検する」〔白鳳文化研究会編『薬師寺白鳳伽藍の謎を解く』冨山房インターナショナル、二〇〇八年〕二九六頁）。
(33)　長島前掲註（8）、二九頁。
(34)　同右、三六・四二頁。
(35)　同右、四五・四七頁。
(36)　同右、四八・四九頁。
(37)　同右、五三頁。
(38)　同右、五九頁。
(39)　同右、九八・九九頁。
(40)　同右、一五二頁。
(41)　『通典』（巻一八五辺防、蝦夷国伝）に「大唐顕慶四年十月、倭国の使人に随いて入朝す」、『唐会要』（巻百、蝦夷国条）に「顕慶四年十月、倭国使に随いて入朝に至る」などとある。
(42)　河内春人「唐から見たエミシ」（『東アジア史交流史のなかの遣唐使』汲古書院、二〇一三年、初出は二〇〇四年）。
(43)　熊谷公男「蝦夷と王宮と王権と」（『奈良古代史論集』三、一九九七年）。
(44)　鈴木拓也「桓武朝の征夷と造都に関する試論」（近畿大学文芸学部論集『文学・芸術・文化』一三─二、二〇〇二年）。

第八章　天皇号成立と中国・朝鮮の祭天思想

本章の課題

天皇号は天武朝に始用されたとする説が優勢だったが、近年、推古朝始用説が見直されている。[1] 天皇号は複数の君主号の一つとして推古朝に案出され、天智称制七年に天智が天皇として即位した時から唯一最高の君主号として確立したと、別稿で論じた。[2] ところで天皇号推古朝成立説・天智朝成立説は多様である。津田左右吉は、天皇号の始用は推古朝で直接の由来は道教だったとし、[3] 吉田孝・大津透両氏は、天皇号は対隋外交を契機として推古朝に始用されたとする。[4]

吉田氏は、「天子」「皇帝」を用いることはできないが「王」からは抜け出したい倭王が、「天子」「皇帝」「王」以外の称号をどのようにしてみつけるか、という課題に直面した時、「『史記』秦始皇帝本紀の有名な記事が、参考にされた可能性はないのだろうか」と推測する。この記事中に記されている三皇（天皇・地皇・泰皇）のうちの天皇を倭国の君主号として採用したのではないかというのである。吉田氏は、『隋書』倭国伝・開皇二〇年（六〇〇、推古八）の「阿輩鶏弥」をアメキミと読む大野晋説を前提に、天皇には「天《あめ》」の字が含まれることに注目する。「天皇」が「天」

の字を含むのに「王」の字を含まず、アメ・タリシヒコ（あるいはアメキミ）の語義と適合することが倭の君主号としてふさわしいと考えられたとし、浄御原令で君主号として制度化された可能性が高いと結論づけた。(5)「阿輩鶏弥」を「天」にかかわる称号とみたことは卓見と思われるが、『史記』秦始皇帝本紀の「三皇」を参照して天皇を倭国の君主号に採用したとする点については解釈に矛盾があるとの批判(6)があり首肯できない。

推古十六年（六〇八）、小野妹子が持参した国書「東の天皇、敬《つつし》みて西の皇帝に白《もう》す」を根拠に堀敏一氏は、「天皇」は隋との外交を契機としてこの国書ではじめて用いられたと結論づけたが、(7)『日本書紀』（以下、『書紀』）編纂時での書き換え説に説得力があり、(8)従えない。

推古朝に「天皇」称号が用いられていた証拠とされていた金石文などの史料については、時代の下るものだとする批判があり論争となっているが、(9)関連史料の例数が乏しく鉄案を得るのはきわめて困難な状況である。

本章では、天皇号成立の背景と考えられる外来思想の受容過程を分析し、六～七世紀における倭国君主号の実態を考察してみたい。

一　推古朝における倭王と「天」の関係

推古朝では、倭王と「天」の関係について、異なった考え方が少なくとも三種見出せる。（傍線は中野）

Ⓐ「天が兄、日が弟」

開皇二十年（六〇〇）、第一回遣隋使が高祖文帝と交わした問答は以下のとおり（『隋書』倭国伝）。

開皇二十年、俀王姓阿毎、字多利思北孤《（ママ）》、号阿輩雞弥、遣レ使詣レ闕。上令下所司訪中其風俗下。使者言、俀王以レ天爲レ兄、以レ日爲レ弟。天未レ明時出聴政、跏趺坐。日出便停二理務一、云レ委二我弟一。高祖曰、此太無二義理一。於レ是訓令改レ之。[10]

傍線部分を読み下すと、

俀王は天を以て兄となし、日を以て弟となす。天未《いま》だ明けざる時、出でて政を聴くに跏趺《かふ》して座す。日出ずれば、すなわち理務を停《とど》めて云う、我が弟に委《ゆだ》ぬと。

となり、倭王は「天を兄とし、日を弟」としていたことがわかる。

Ｂ日出処「天子」

大業三年（六〇七、推古十五年）、第二回遣隋使の小野妹子が携行した国書には「日出処天子致書日没処天子無恙云云」と記されていた。

一般的に天子とは、「天（天帝）の子」のことである。天界にいて宇宙万物を主宰する「天帝」は、甲骨文字に「帝」として現れる「上帝」、すなわち人格をもたない宇宙の最高神・絶対神であり、天子は上帝に子として従属する。[11] 周代以降、天帝がその子として王を認め王位は家系によって継承され、王家が徳を失えば新たな家系が天命により定まるという天人相関思想が唱えられ[12]、天と君主の関係を表わす語として「天子」が用いられるようになったという。このような中国の思想とは異なる論理を倭王が主張したため、第一回の遣隋使の説明に対し、隋の文帝は「義理無し」と非難したと思われる。文帝の非難を受けたためか、二回目の遣隋使は中国の「天子」思想にもとづく国書を持参したが、世界に一人しかいない天子を倭王が自称したため、再び中国の論理にあわなくなり、煬帝は悦《よろこ》ばず鴻臚卿に「蛮夷の書、無礼なるもの有らば、復以って聞する勿かれ」と語ったという。

Ｃ天照大神の特質

天照大神の神格の特質として、井上光貞は「皇祖神であること」と「日の神であること」の二点を挙げている。[13] 天照大神は、「大日孁貴《おおひるめのむち》」とも号されたと『書紀』に記されている（『古事記』では於保比屢美能武智《おおひるめのむち》）。折口信夫によると「貴」は女神の接尾語、「日孁」は「日之妻《ひぬめ》（日神の妃）」で神聖なる神女の地位を意味し、[14] シャーマンである。日の神を皇祖神としたのは物語作者の知識上の作業ではなく、皇室やヤマト王権が実際に日を崇拝し、日本国土の統一によって日の崇拝を独占した結果である。[15] 一定の地方支配を確立していた推古朝[16]にはオホヒルメの子孫としての天孫意識があったと考えられる。

以上を整理すると、次のようになる。

[A]「倭王（天皇）は、天を兄、日を弟とする」

[B]「倭王（天皇）は天帝の子」

[C]「天皇は、日神（太陽神）の子孫としての天孫」

大津透氏は、日本の天子は天帝や天命にかかわる中国的な天子ではなく、「皇御孫命《すめみまのみこと》」と同義の「天都神乃御子《あまつかみのみこ》」を踏まえたものとする。[17] [C]は大津氏説で説明できるが、[A]と[B]は別の論理である。[B]の「天子」は天帝の子ではなく、菩薩天子とする河上麻由子氏説（後述）によればさらに複雑になる。推古朝頃の倭国君主が、同時には成立しえない複数の君主観念を有するという状況を打開するため、中国・朝鮮の史料（『隋書』倭国伝・『翰苑』・『百済新撰』）にみえる倭王の称号・尊号について次節で再検討してみたい。

二　「阿輩雞弥」「阿毎多利思比孤」「天児」「天子」「天王」

①「阿輩雞弥」

『隋書』倭国伝の「阿輩雞弥」について考察する。

北康宏氏は、「阿毎」を「アメ」と読んでいるのに、同じ文章のなかの同じ「阿」という文字を「オ」と読む「阿輩《オホ》雞弥《キミ》」説には無理があるとする。また「阿輩雞弥《アメキミ》」説についても、「輩」を「メ」と読むことはできないうえに、同じ文章のなかですでに「阿毎」を「アメ」と読んでいるのに、異なる漢字「阿輩」で「アメ」を表記したとすることはできず、成立困難と主張する。[18]「オホキミ」説にも「アメキミ」説にも従えないとした北氏は、「阿輩雞弥」の「輩」を「摩」の誤写と考え、原文は「阿摩雞弥」であり「アマキミ」と読み、この倭語から「天皇」もしくは「天王」の表記が生まれたと考えた。[19]

北氏の提起した疑問点はいずれも説得力があるが、音韻学的には北氏と異なる解釈も可能である。「輩」は両唇閉鎖音fと二重母音aiに分解できる。fは古くpだったと考えられているが、pないしfの破裂が弱ければ両唇鼻音mにも聞こえる。aiの二重母音は、語尾が弱くなってaになったとも考えられるし、母音三角形にいうi—e—a—o—uに照らせば、a—iと大きく動くのを省略してeになったとも考えられる。つまり「輩」を「摩」の誤写と考えずとも、音韻学的に「輩」と「摩」の音通は可能で、発音は「マ」あるいは「メ」となる。[20] しかし「阿輩雞弥」は〈倭人の発音〉→〈古代中国人の聞き取り〉→〈古代中国語で近似の発音の漢字をあてる〉という過程を経た結果の表記であり、もともとの〈倭人の発音〉を正確に復元することは困難と思われる。「阿輩雞弥」は「アマキミ」または「アメキミ」と読める可能性が高い、という程度にしておくべきであろう。同じ文中で「アメ」の表記が「阿毎」「阿輩」の二つあるのはおかしいとする北氏の疑問を尊重し、行論の便宜上「アマキミ」に統一しておくが、音韻学的には「アメキミ」と呼べる可能性も含まれていることを明記しておく。

ところで古代朝鮮南部の諸韓国の都では、「天君」と呼ばれる人物に天神を祭らせていたという。

『後漢書』東夷伝韓条

諸国邑、各、一人を以て、天神を祭ることを主《つかさど》る。号して天君となす。[21]

『三国志』魏書東夷伝韓条

国邑、各、一人を立てて、天神を祭ることを主る。これを天君と名づける。[22]

『晋書』地理志四夷伝東夷馬韓条

国邑、各、一人を立てて、天神を祭ることを主る。謂うに天君となす。[23]

右三書が記述対象とする後漢・魏・西晋・東晋の存在時期をそのままあてはめると、一世紀～五世紀初頭頃の諸韓国の都には、天神を祭る「天君」がそれぞれ一人いたことになる。三品彰英によれば天君とは天神を祀る地上の呪師君長であり、天より生《あ》れ降る神霊を祀ることにより神と等質のもの（霊威＝神の御子）が憑《よ》って身に体得しているので天君と呼ばれた。[24]「天君」は「アマキミ」と読むことができる。

中国正史や『通典』にみえる朝鮮半島の祭祀記事をまとめると表19のようになる。

高句麗で天を祭る東盟祭《トンミヨン》は十月（『後漢書』高句麗伝など）、扶余で天を祭る迎鼓祭《ヨンゴ》は殷正月に行われ（『三国志』扶余伝）、冬至の季節であったと推定され、太陽の誕生にかかわる祭儀（収穫祭）と考えられる。[25]高句麗の始祖朱蒙の父・解慕漱、第二代瑠璃王の太子・解明、第三代王の大解朱留など伝説的祖先の名前に含まれる「解」字は、末松保

表 19　東アジア諸国における祭祀関連記事

国	出　典	記　　事
扶　余	『後漢書』扶余伝	十二月に天を祭り、連日大会して飲み食いし歌舞する。これを「迎鼓」という。 この時には、刑罰を行わず、囚人を解放する。戦争の時にも天を祭り、牛を殺してその蹄で吉凶を占う。
	『三国志』扶余伝	殷暦の正月に天を祭り、国中で大いに会合を開き、連日飲食し歌舞する。これを名づけて「迎鼓」という。この時には刑罰を行わず、囚人を解放する。
	『晋書』扶余国伝	戦争に際しては、牛を殺して天を祭り、その牛の蹄で吉凶を占う。
	『通典』扶余伝	十二月に天を祭る。戦争に際しても、天を祭り、牛を殺して蹄を焼いて吉凶を占う。
濊	『後漢書』濊伝	毎年十月に天を祭り、昼も夜も酒を飲み、歌舞する。これを「舞天」という。
	『三国志』濊伝	常に十月を節として天を祭り、昼も夜も飲食し歌舞する。これを「舞天」といっている。
高句麗	『後漢書』高句麗伝	鬼神・社稷・零星を祠る。十月には天を祭り国中の者が大集会をする。これを「東盟」という。国の東に大きな洞穴があり、襚神を祠り、十月にこれを迎えて祭る。
	『三国志』高句麗伝	国の東部に大きな洞穴があり、襚穴《すいけつ》といっている。十月には国中から大勢の人々が集まり、襚神を迎え、国の東部の河のほとりに還って、この神を祭る。
	『梁書』高句麗伝	十月になると天を祭る大会をする。それを「東明」という。
	『魏書』高句麗伝	朱蒙は、水神に「私は太陽の子、河伯の外孫である」と告げた。
	『南史』高句麗伝	十月になると天を祭る大会をし、それを「東明」という。
	『北史』高句麗伝	朱蒙は、水神に「私は太陽の子で、河伯の外孫である」と告げた。
	『隋書』高句麗伝	朱蒙は、川に「河伯の外孫であり、太陽の子である」と言った。
	『旧唐書』高句麗伝	霊星神・日神・可汗神・箕子神を祀る。王城の東に大穴があり、「神襚《（ママ）》」という。十月に、王みずからこれを祭る。
	『通典』高句麗伝	鬼神・社稷・霊星を祠る。十月には天を祭り、国中の者が大集会をする。これを「東盟」という。
韓	『後漢書』韓伝	諸国の都では、それぞれ一人の人に天神を祭らせ、「天君」と名づけている。また蘇塗《そと》をつくり、そこに大木をたて鈴や鼓をかけ、人々は蘇塗の鬼神に仕えている。
	『三国志』韓伝	人々は鬼神を信仰していて、各国の都にはそれぞれ一人を立てて天神を祭らせている。これを名づけて「天君」といっている。諸国には、それぞれ特別な地域があり、蘇塗と呼ばれている。そこでは大木を立てて、その木に鈴や鼓をかけて、鬼神に仕えている。

馬韓・百済	『晋書』馬韓伝	鬼神を信仰している。毎年五月に耕して種まきを終え、その後群れ集まり歌舞して神を祭った。十月になって農作業が終わると、また同じようにした。各国の都では、それぞれ一人を撰んで天神を祭らせた。これを「天君」という。また別邑をおき、蘇塗といった。大木を立てて鈴や鼓をかけた。
	『通典』馬韓伝	俗では鬼神を信仰し、毎年五月に起耕して、水田に種を下せば群れ集まって歌い舞って鬼神を祭る。毎年十月になって農作業が終わると、またこのようにして鬼神を祭る。
	『隋書』百済伝	毎年四仲の月に、王は天と五帝の神を祭る。また始祖の仇台の廟を国都に立て、年に四回これを祭っている。
	『通典』百済伝	王は、四仲に天を祭り、その祭りのたびに、毎年四回、始祖の仇台の廟を祀っている。
新羅	『北史』新羅伝	毎年元旦に王は宴会を催して、群臣にものを分け与え、日神と月神とを礼拝する。
	『旧唐書』新羅伝	正月元旦にはたがいに慶賀の宴を催し、毎年その日に日神・月神を礼拝する。
	『新唐書』新羅伝	正月元旦には互いに慶賀する。この日に日神や月神を拝む。

註　井上秀雄訳注『東アジア民族史』〈東洋文庫〉1・2（正史東夷伝、1974年・1976年）を参照。

和によれば「xai（太陽）」を意味する借音であるが(26)、東盟祭と迎鼓祭がともに太陽神の祭祀だったことと関係があると思われる。

　これに対して都《ド》珖淳《グワァンスン》氏は、『三国遺事』巻一・壇君神話に出てくる「桓因」「桓雄」はハヌニム（天神・天仙）の写音であり、なかでも「桓因」は最高の神であって後世の道教における元始天尊または玉皇上帝のような存在になっているとする(27)。都氏によれば、「桓雄」や「壇君」はハヌニムであり「神仙」と扱われており、「高朱蒙神話」の思想性も「壇君神話」と異ならない神仙思想である(28)。扶余の迎鼓、高句麗の東盟、濊の儛天《ムチョン》はいずれもハヌニム信仰であり、古代から今日に至るまで続いてきた最も韓国的な信仰であるという。馬韓で国邑ごとに一人ずつ立てられてハヌニムに祭りを上げることを主管した者が「天君《チョングン》」である(29)。

　壇君神話の「桓因」「桓雄」「壇君」が하ᄂᆞ님《ハヌニム》であるとする都氏説には首肯できる。「하ᄂᆞ님」の原形は「하ᄂᆞᆯ님《ハヌルリム》」であり原義は「天（하ᄂᆞᆯ）にいる方（님）」と考えられ、最も意味の近い漢語は都氏の指摘するごとく「天神」となるが、

「天神」は文字どおり「天にいる神」のことであり、神仙思想にのみ結びつける必要はない。『魏書』高句麗伝などで、朱蒙が「私は太陽の子である」と水神に告げているように、朱蒙神話は「日の御子（太陽神の子孫）」観念にもとづいており、ハヌニムも太陽に関係する神格と考えるべきなのではないだろうか。

『晋書』韓伝にみえる、農作業が終わった十月に「諸国の都では天神を祭った」のは、高句麗同様、太陽の誕生にかかわる祭儀（収穫祭）だったと考えられ、『後漢書』や『三国志』韓伝の「天神」も太陽神だったと思われる。中国において天を祭る祭祀は圜丘であり天帝（昊天上帝）を祭るが、圜丘に相当する「統治者による祭天儀礼」は古代の日本・朝鮮では恒常的に受容された痕跡がなく、(30)諸韓国の「天神」を天帝（昊天上帝）とすることはできない。

既述のように、井上光貞は天照大神の性格の一つとして「日の神（太陽神）」を挙げる。(31)津田左右吉は、日の神を最高の神として宗教的に崇拝することはなかったと考えたが、(32)『書紀』には、天照大神とは別に日神を祭ったことが記されており（顕宗紀）、日そのものを祭っていたらしい日祀部《ひまつりべ》という名も少なからず見出されることから、井上は日の神を祀る習俗があったとする。井上は「皇室や、皇室を首長として諸氏族の形成した大和朝廷が、四世紀以後、日本の各地の政治集団や、その連合の王権を統一する以前には、これら氏族的または部族的祭祀において、日を崇拝するものが少なくなかったであろうと思われる」とし、日は山・川と異なり一つしかないので、ヤマト王権が政治的統一を進める過程で、各地の政治勢力の祭祀権を奪い取っていき、日神の祭祀権を独占していったのではないかと推測した。(33)

ところで、律令時代の神衣祭《かんみそのまつり》は、四月と九月、天皇が伊勢神宮に神衣を奉る儀式で、これに関連する『古事記』の記事には「天照大御神、忌服屋に座して神御衣織らしめたまいしとき」(34)という一節があり、天照大御神は神の御衣を織る清浄な巫女として記されている。『惟賢比丘筆記《いけんびく》』所引「大隅正八幡宮本縁起」によれば、オホヒルメは日光に照らされて妊む巫女的女性として神話化されている。(35) オオヒルメの「日神を祀る」性格は、諸韓国の「天君」の「天神を祀る」性格に通ずるところがあり、倭王は「日神を祀る祭祀者（祭天の君）」として「アマキミ」という尊称を有していたのではなかろうか。森公章氏は、『隋書』倭国伝の「阿輩雞弥」を「アメキミ」と読み「天神を祭ることを主る者」という意味の尊称・呼称とする。(36) 読みは北氏の提言した「アマキミ」とする余地もあると考えるが、「天神を祭ることを主る者」とする見解は注目される。諸韓国の「天君」とアマキミ（アメキミ）の関係を直接的に示す史料はないものの、両者の性格には類似する点が見出され、アマキミ（アメキミ）の称号は古代朝鮮の祭天思想に関連があると思われる。早く井上秀雄は、諸韓国の「天君」が古代日本の天皇制の起源である可能性を指摘している。(37)

ところで『書紀』神武即位前紀戊午年六月丁巳（二十三日）条には、神武天皇の兄・稲飯命《いない》が嘆息して「ああ、わが祖先はすなわち天神であり、母は海神である」といったと記されており、天皇は父方に天神系譜を、母方は海神の系譜をもっていることがわかる。井上秀雄によれば、この説話は高句麗の東明王（朱蒙）の開国神話（母は河神）と同じく、天神と水神（河神や海神）の子である始祖が試練を乗りこえることにより天候や水の支配を高めてゆくことを物語っており、(38) 日麗両国始祖の神話的親近性が看取される。

天皇が天神（日の神・太陽神）の子孫とされる点について三品は、『三国遺事』巻一・延烏郎・細烏女条の分析からオオヒルメの原態を「祭天の貴妃的存在」とし、女性の日神は「祀るものから祀られるものへ」の昇華であると解釈できるのではないかとした。(39) 日の神を祀る巫女的女性が原態だったオオヒルメは、「日の神（太陽神）」＝天照大神に転換したのである。その転換がいつ起きたのかは不明だが、『書紀』推古八年是歳条に、

爰新羅・任那王、二国遣レ使貢レ調。仍奏レ表之曰、天上有レ神。地有二天皇一。除二是二神一、何亦有畏乎。(40)

とあり、天上に神があり、地上には天皇がいるのだという。「任那の調」の貢調使は「二神」と言っているので、天皇

は「地上の神」ということになる。推古八年（六〇〇）段階では、「アマキミ」と号しながら、すでに「祀る者」から「祀られる者（＝神）」への転換を遂げていた可能性がある。元来、「祀られる日の神（太陽神）⇕祀るアマキミ（巫女＝オホヒルメの子孫である「祭祀者」としてのヤマト大王）」という関係であったものが、推古朝頃には「祀られる日の神（太陽神）⇕祀るアマキミ（太陽神＝オホヒルメの子孫である「現人神」としてのヤマト大王）」へと転換していたのではないだろうか。

②「阿毎多利思比孤」

「阿輩雞弥」を「アマキミ」と読み、諸韓国の「天君」に通ずる「祭天の君」と考えるならば、『隋書』倭国伝の「阿毎多利思比（原文は北）孤」はどう解釈すればいいのであろうか。古代日朝に共通する穀霊降臨神話を手がかりに分析してみたい。

『三国遺事』巻一・赫居世《ヒョッコセ》王条で、新羅の始祖赫居世王の降臨は楊山のほとりに異気電光が地に垂れて「一紫卵」があり、そのなかから神童が出現したとされる。『三国史記』新羅本紀・脱解尼師今《タレイサグム》条によれば、脱解尼師今の九年三月、首都金城（慶州市）の西方にある始林の地で鶏の鳴き声を聞き、夜明けになって瓠公に調べさせたところ、金色の小箱が木の枝に引っかかっていた。その木の下で白い鶏が鳴いていた。小箱をもち帰って開くとなかから小さな男の子が現れ、容姿が優れていたので脱解尼師今は喜んでこれを育てた。長じて聡明であったので「閼智《アルジ》」（知恵者の意味）と名づけ、金の小箱に入っていたので「金」を姓とした。金氏の始祖譚とされる。

三品彰英によれば、赫居世や閼智は穀霊であり、赫居世・閼智の来臨は穀霊の来臨と同義である。[41]『三国遺事』巻二・駕洛国記では、金官加羅国の始祖首露《スロ》王が紅幅に包まれた金合子のなかの卵に入って亀旨峯に降臨したとするが、これも穀霊来臨神話の類例とすることができよう。[42]天孫が真床襲衾《まどこおふすま》に包まれて降臨するとする日本の天孫降臨神話は、真床襲衾に包まれた出誕したばかりの嬰児の姿の天孫が降臨するというのが原初形態であり、赫居世・閼智と同様、穀霊の降臨だった[43]。「アメタリシヒコ」は「天に満ち溢れるほどの霊力をもった方（男）」という意味であり[44]、「天」から降臨した「穀霊」との関連が想起される。「阿毎多利思比孤」とは天孫降臨に関連する尊号と考えられる。

③「天児」

『翰苑』蕃夷部には「阿輩雞弥　自表㆓天兒之稱㆒[45]」という記述がある。「阿輩雞弥」をアマキミと読み「天君」と関係があるとするならば、「天児（天の子）」とはどのように解釈するべきなのであろうか。ところで『通典』辺坊典倭条の、

隋文帝開皇二十年、倭王姓阿毎、名多利思比孤、其国号阿輩雞弥、華言天児也、遣㆑使詣㆑闕。

という記事について森田悌氏は、君主の姓名は阿毎多利思比孤で、その意味するところは天児＝天子（天の子ども）であり、国内では阿輩雞弥と号した、と解した[46]。「華言天児也」は「阿毎多利思比孤」に対する説明であり、「阿輩雞弥」は国内での称号を付記した記述となる。②で考察したように、「阿毎多利思比孤」は穀霊降臨にかかわる称号であり、「天下られたお方＝天孫」のことを意味するのであるから、「阿毎多利思比孤」＝「天孫」＝「天児」と解することができる。

④「天子」

③で述べたような「天児」の性格から、大業三年（六〇七）、煬帝に宛てた国書で倭王は「天子」を自称したと考えられるのは北氏の指摘のとおりである。ただ遠山美都男氏が指摘しているように、「天児」は中国の「天子」に似ているが決してそのものではないという含意がうかがわれ[47]、単に「天の児」を「天子」に直訳したものではない。

東野治之氏によれば、遣隋使が持参した「日出処天子」国書の出典は鳩摩羅什訳『大智度論』巻一〇であり[48]、韓昇

氏は遣隋使は宗教交流を装った「仏教外交」の一つであったとする。(49)これらを受けた河上麻由子氏は、鳩摩羅什訳『首《しゅ》楞厳《りょうごん》三昧経』によれば「菩薩天子」とは天界の神々の一人であり、その仏道修行への強い決意を認められて如来から成仏を約束された菩薩のことを意味し、隋の皇帝は二人とも菩薩戒を受けているので、「菩薩天子」の呼びかけは相応しい選択だったとした。(50)『合部金光明経』では、正法によって国を治める王を「天子」と呼んでおり、「日出処天子」国書における「天子」は、仏教用語であれば複数の王を指し得る。(51)

遣隋使の派遣時期（六〇〇～六一四）は、高句麗僧恵慈《えじ》(52)の倭国滞在期間（五九五～六一五）とほぼ重なり、隋の高句麗征討が行われた時期（五九八～六一四）でもある。坂元義種氏は、恵慈が祖国（高句麗）の危機と関連して倭国の対隋外交を主導した可能性を指摘している。(53)また飛鳥寺造立は百済仏教の強い影響下で執り行われ、(54)推古天皇十年（六〇二）十月には百済僧観勒が来日している。『隋書』倭国伝にみえる大業三年の「日出処天子」国書の天子称号は、恵慈・観勒など高句麗・百済の仏教関係者により用いられたのではないだろうか。もしそうであれば、倭王の国書における「天子」が仏教用語としての「天子」であったとしても不思議はない。「阿毎多利思比孤」＝「天児」という思想を基底にしつつ仏教的な「天子」に変質したことになる。

⑤「天王」

『書紀』には、「天王」という表記が二か所でみられる。

雄略五年七月条

秋七月。軍君、京に入る。既にして五子有り。〔割注〕百済新撰に云わく、「辛丑年、蓋鹵王、弟昆支君《こにきし》を遣す。大倭に向い、天王に侍らしむ。以て兄王の好を脩むるなり」と。

同二十三年四月条

廿三年夏四月、百済の文斤《もんきん》王薨ず。天王、昆支王の五子の中に、第二末多《また》王の幼年にして聡明なるを以って、勅して内裏に喚す。親ら頭面を撫で、誡《いましむる》勅《みこと》慇懃《ねんごろ》にして、其国に王とならしむ。仍りて兵器を賜い、并せて筑紫国の軍士五百人を遣わし、国に衛り送らしむ。是を東城《とうせい》王とす。

森田悌氏は、「大王」の訓がオホキミであることを参考にすれば、「天王」はアメキミないしアマツオホキミとなると推定しながら、古代日本においてアメキミやアマツオホキミという「呼称が行われていたことを示す徴憑が皆無なので」、天王称号は行われていなかったとした[55]。しかし「阿輩雞弥」が「アマキミ」と読めるのであれば、その漢字表記として天王を想定できるのは北氏が指摘したとおりである。ただ「天王」が、百済系史料である『百済新撰』や、『百済新撰』の文章をもとに書かれたと考えられる記事（雄略二十三年四月条）にしかみえないことから、北方騎馬民族系王朝が用いていた「天王」号を[56]『百済新撰』の編者が一君主号として援用した可能性も否定できない。「天王」号関連史料は二条しかないので詳細は不明とすべきと考える[57]。

三　「スメラミコト」の成立

前節の①②で確認したように、遣隋使の派遣期間（六〇〇～六一四）においては、「祭天の君」を意味する「アマキミ」と「穀霊降臨」にかかわる「アメタリシヒコ」という称号だけが確認できる。この段階では「天皇」あるいは「スメラミコト」の称号が隋に対して用いられた明確な徴証は確認できない。このことがただちに「天皇（スメラミコト）」称号の未成立を示すものではないが、少なくとも「アマキミ」や「アメタリシヒコ」のように、推古朝よりかなり以前から存在し、称号として定着していたものではないようだ。そこで「スメラミコト」の称号がどのような背景で、いつ成立したのかについて考察してみたい。ここで注目されるのが遣隋使が仏教と深くかかわっている点である。前節④で触れたように、遣隋使は「仏教外交」としての性格をもち、隋皇帝にあてた国書は仏典をもとに作成されている。

石上英一氏は、斉明三年七月の盂蘭盆会に際し飛鳥寺の西に須弥山像を作って都貨邏《とから》人を饗し、同六年には石上池辺に須弥山を作って粛慎を饗するなど、服属儀礼の場の中心に須弥山を造置したことに注目する。仏教の宇宙観では、水平の次元では中国を一部に含む世界が実在し、垂直の次元では須弥山を中心とする天に通じうることを倭は知り、仏法に帰依する国王として対等であることをもって「天子」の自称を行った(58)。

須弥山は仏教の構想する宇宙の中心の山であり、頂上は忉利天《とうりてん》（三十三天の住処）で、上空に天宮が存する(59)。河内春人氏は、須弥山を自己と同一視する自己中心意識は中華思想へと転化する基盤になると指摘している(60)。須弥山はもともとインド神話にみえる聖山であり、ヒマラヤの山のイメージから生まれたもので、梵語「蘇迷蘆 sumeru」の音訳である(61)。至高・妙高を意味する梵語「蘇迷蘆 sumeru」とスメラは音韻・意味が一致する(62)。森田悌氏は、七世紀前半の朝廷で須弥山は君主を象徴するのにふさわしいとされたため、須弥山に音韻・意味が一致するスメラに、尊貴な人物を意味するミコトが結びついてスメラミコトという称号が案出されたのではないかと考えた(63)。

『書紀』では用明二年（五八七）に厩戸皇子は四天王寺建立を発願したとするが、四天王は須弥山の中腹にいるとされるので、石上英一氏はこの段階で須弥山観念の存在が想定できるとする(64)。ところで法隆寺釈迦三尊像の台座の下座両側面には須弥山中腹を護る四天王の図がみられ、上座には山岳、禅定の羅漢、飛天などが確認されるが(65)、文様が古様であり(66)、六二一年（推古二十九）と考えられる「辛巳年」の干支(67)を含む墨書が存在することなどから、七世紀前半に製作されたことは疑いないという。四天王寺の創建は推古朝後半のことと考えられているが(68)、同時期、法隆寺釈迦三尊像の台座には須弥山世界が描かれていたことになる。

須弥山像は宗教的神聖物であるため園地に常設されておらず、行事のあるたびに建てられた。[69]現存最古の須弥山像は飛鳥石神遺跡出土伝須弥山像で斉明朝のものとされているが、[70]『書紀』推古二十年（六一二）是歳条に、

（前略）仍りて須弥山の形および呉橋を南庭に構えしむ（後略）。

とあるように小治田宮の南庭に須弥山が造置されており、推古二十年には須弥山観念が倭国に受容されていた。西郷信綱は、スメラミコトのスメラを、王の神聖・清澄な性格を示しているとしたが、[71]遣隋使の仏教外交的側面や用明～推古期における須弥山観念の存在を勘案すると、須弥山観念を基盤にしてスメラミコトの訓が発生したと考える余地はあると思われる。

四　「天皇」号の成立

中国の「天皇」の意味は、①天の神、天帝のこと、②古代伝説上の帝王の名、③天子の称の三種に大別できる。[72]①について古代中国の宇宙観では「昊天上帝」「天皇大帝」などが最高神とされた。

「昊天上帝」は『詩経』大雅の詩「雲漢」にみえるのを最初例とし、万物の上に位置してこれを主宰する宇宙の最高神とされた。『周礼』巻十八・春官宗伯「宗伯礼官之職」に「大宗伯之職。（中略）以禋祀祀昊天上帝」と記されており、帝王の親しく行うべき最も重要な礼典として規定されていた。[73]鄭玄（後漢）の注に「（鄭）玄謂う。昊天上帝とは、冬至に圜丘において、祀るところの天皇大帝なり」とあり昊天上帝と天皇大帝は同一視されている。『大唐開元礼』における昊天上帝の祭祀（大祀の首位に置かれていた）では、天皇大帝は紫微宮の北辰星が神格化されたものとして昊

天上帝とは別の神格とされ[74]、鄭玄の解釈とは異なっている。大崎正次《しょうじ》は、昊天上帝を政治上国家祭祀の最高神、天皇大帝を宗教上北極星信仰の最高神の名称と区別している[75]。

「天皇大帝」の語が最初にみえるのは中国古代の讖緯書『春秋緯合誠図』（『初学記』巻二六器物部所引）における「天皇大帝は北辰の星であり、元を含み陽を秉《と》り、精を紓《の》べ光を吐き、紫宮中に居りて四方を制御する」という記述中であり、天皇大帝は北辰（天の北極）の星であり、紫微宮のなかにあって宇宙の根源として全世界を統御するとされた。張衡《ちょうこう》（後漢）の『思玄賦《しげんふ》』では「天皇」と略記され神仙的な色彩を濃厚にし、宗教的な信仰の対象となっていた[76]。

『晋書』天文志「中宮」の条に「北極五星、鉤陳六星、皆在二紫微宮中一。北極、北辰最尊者也。（中略）鉤陳、後宮也、大帝正妃也、大帝之常居也。（中略）鉤陳口中一星、曰二天皇大帝一。其神曰二燿魄宝一、主二御群霊一、執二万神図一」とあり、神霊の世界の元首としての天皇大帝が宗教的最高神としての地位を確保している[77]。六世紀、梁朝では天皇大帝は帝王の執り行う国家祀典や道教における宗教的祭祀儀礼において、宇宙の最高神の地位を占めていた[78]。

天皇大帝は、天文学や占星学の発達に伴って神格化されたもので、北極星が神格化された「北極紫微大帝（北極大帝・紫微大帝）[79]」や、北斗七星が神格化された「北斗真君（北斗星君）」とは本来は別の神であるが、区別する場合と同一視する場合とがある[80]。

天帝の意味をもつがゆえに、天皇を日本の君主号に採用されたとする津田説に対しては、道教の最高神ならば元始天王、もしくは太帝か天帝になるはずとの反論がある[81]。しかし、日本で天皇号が採用された時期には両者の区別が明瞭でなくなっていたと思われるので、緯書や正史にみえる占星術的思想と混淆した道教、神仙説にもとづくとみてよいとする増尾伸一郎の解釈[82]が妥当と思われる。

中国の宇宙観という点で注目されるのが、段ノ塚古墳（舒明天皇陵）・叡福寺北古墳（伝聖徳太子陵、孝徳天皇陵か）・

岩屋山古墳（斉明天皇陵）・牽牛子塚《けんごしづか》古墳（斉明天皇・間人皇后陵）[83]・御廟野古墳（天智天皇陵）・野口王墓古墳（天武・持統天皇陵）・束明神古墳（草壁皇子陵か）、中尾山古墳（文武天皇陵）などの八角形墳である。[84]「八紘」（『書紀』神武天皇即位前紀己未年三月丁卯〈七日〉条）や「八荒」（『古事記』序）は、世界の全体を八角形として把握認識することを意味し、前漢代の思想書『淮南子《えなんじ》』原道編にも同様の世界観がみえる。[85]畿内の正八角墳の被葬者はいずれも斉明天皇の直系一族が想定されており、大極殿の高御座が八角であるのと同様に、天下四方八方の支配者にふさわしい形態として採用されたもので、古代中国の宇宙観との関連が指摘されている。[86]

七世紀中葉では、中国の陰陽五行的天下観・宇宙論的君主思想にもとづいて天皇統治の正統性や軌範の根拠が宇宙の生成に求められており、[87]「天皇大帝」など古代中国の天文知識や八角形世界観などが斉明天皇の直系一族周辺に受容され、新しい君主像を裏づける根拠として用いられた可能性が高い。

ところで天（天帝）は、北極星（天枢）・帝星・北辰のこととされるが、古代中国の天文書は三者を別のものとする。「北極五星」とは帝星（こぐま座β）・后宮（こぐま座四番星）・太子（こぐま座γ）・庶子（こぐま座五番星）・天枢（きりん座の微恒星）を指す。[88]鉤陳《こうちん》（勾陳）の第二星（こぐま座δ星、四等、HIP85822、[89]HD166205、[90]HR6789）[91]・第一星（同α星〈ポラリス＝現在の北極星〉、二等、HIP11767、HD8890、HR424）・第五星（ケフェウス座〈こぐま座二番星〉、四等、HIP5372、HD5848、HR285）・第六星（ケフェウス座、五等、HIP113116、HD217382、HR8748）で描かれる四辺形のことを「勾陳口中」と呼ぶ。（参考、図14・宋代の北極星宿図『蘇頌星図』）

「勾陳口中」のなかにある五等星（ケフェウス座、HIP109693、HD212710、HR8546）が天皇大帝である。[92]（図15・『偽象考成』の「北極5星」「勾陳6星」「天皇大帝」と現在の星の同定図）

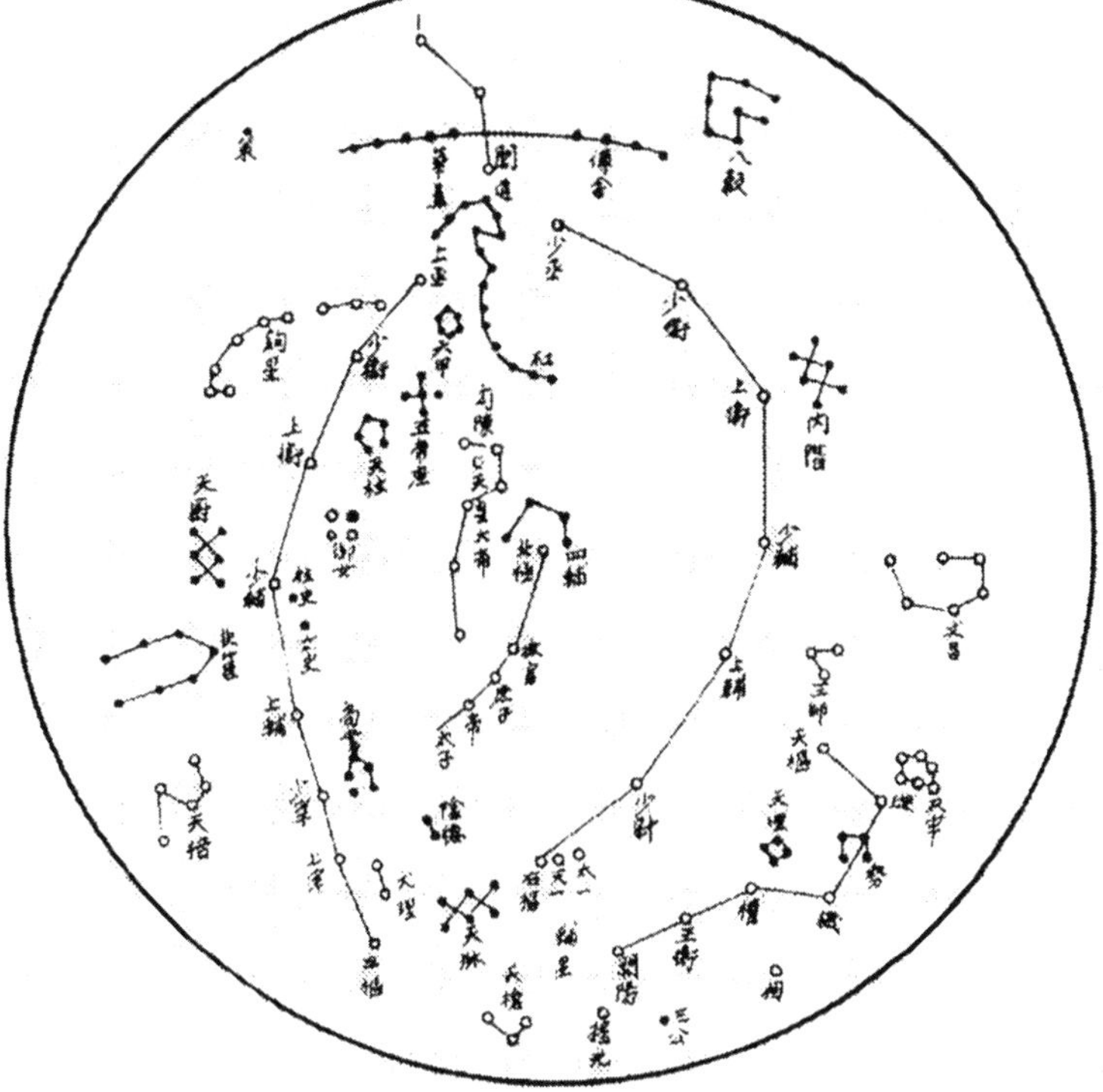

図 14　「蘇頌星図」にみえる天皇大帝と勾陳
「蘇頌星図」は、中国・北宋時代の天文学者・蘇頌（1020～1101 年）が著した水運儀象台の解説書『新儀象法要』三巻のなかに収められた星図

鉤陳は、『文選』佐思や『晋書』天文志では「天帝の後宮」、『文選』班固「西都賦」注や『大唐開元占経』鉤陳占では「天帝の紫微宮を守る護衛軍」、『淮南子』天文訓では「四獣（東・西・南・北を守護する蒼竜・白虎・朱雀・玄亀）に対するもう一つの天の中心北極の守護神」などと説明されている[93]。

天皇大帝は「勾陳口中」にある五等星であり、天枢（当時の北極星）とも北辰（天の北極）とも異なる。諸橋轍次『大漢和辞典』では北辰を北極星のこととしているが、『論語』巻一為政編第二の「子曰

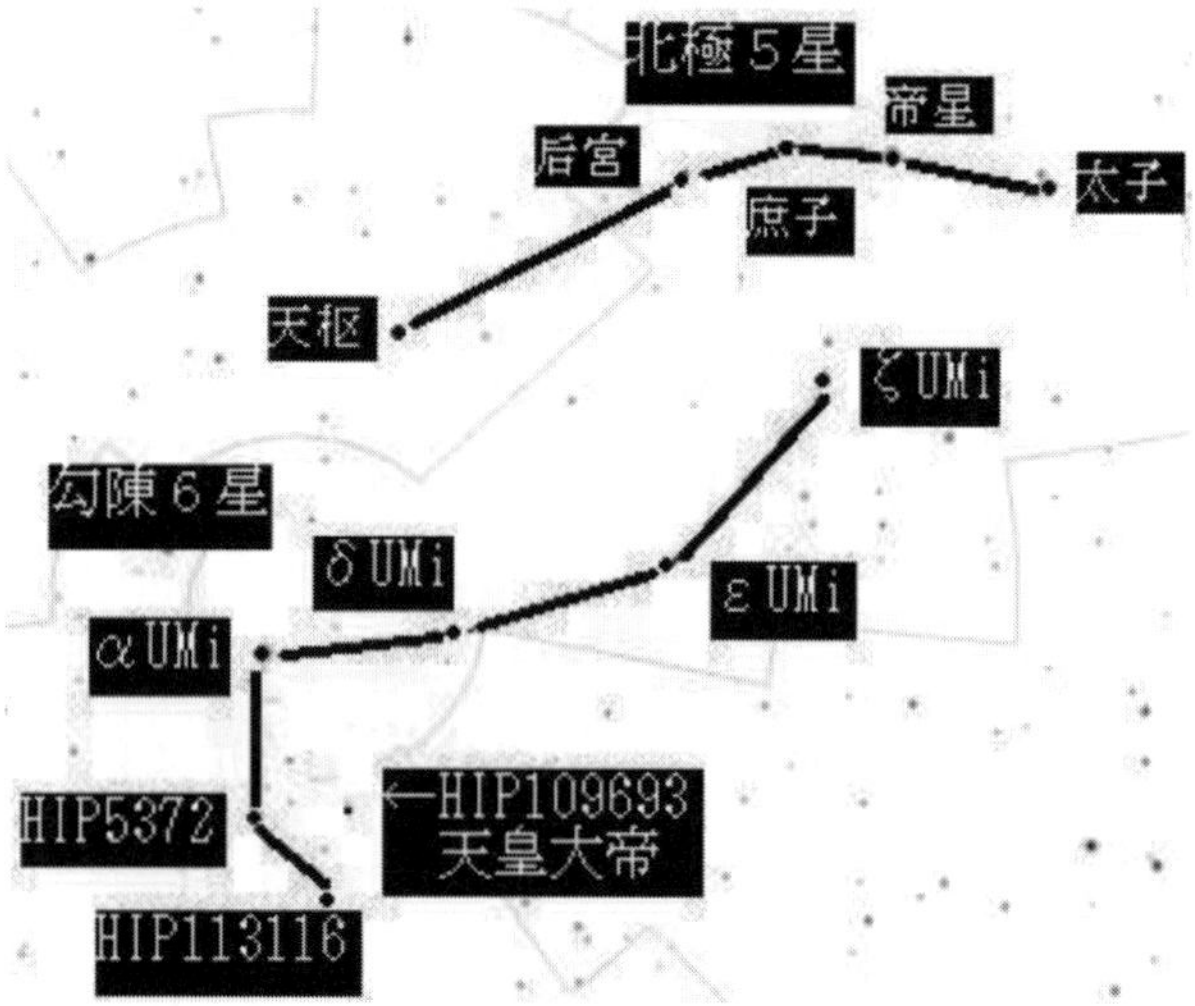

図 15 『偽象考成』に掲載された「北極５星」「勾陳６星」「天皇大帝」と現在の星の同定図

わく、政を為すに徳を以てすれば、譬《たとえ》ば北辰の其の所に居て衆星のこれに共《むか》うがごとし」に対する古注釈は、いずれも「北辰」を星のこととはしない。鄭玄は北辰を正北極（天の北極）とし(94)、何晏《かあん》（魏）は北辰を星とはいわず(95)、宋の朱熹は北辰を北極星とはいっていない(96)。福島久雄によれば、北辰は星ではなく「空《くう》」だった。帝星が后・太子・庶子とともに、星のない「空」を中心に回転している姿を孔子は「徳」と讃えたのである(97)。

ところで『書記』推古十年十月条に、

冬十月、百済僧観勒来る。仍りて暦本および天文地理書、ならびに遁甲方術之書を貢ずるなり。是の時、書生三四人を選び、以て観勒に学び習わしむ。陽胡史の祖玉陳、暦法を習う。大友村主高聡、天文遁甲を学ぶ。山背臣日立、方術を学ぶ。皆学びて業を成す。

とあり、百済僧観勒が天文書を将来し大友村主高聡に天文遁甲を学ばせている。この時、北辰・天皇大帝・北極星など天に関する中国の知識や祭天思想が受容され(98)、それを背景に「天皇」称号が成立したのではないだろうか。

『書紀』天武四年正月庚戌（五日）条に「庚戌、始めて占星台を興す」とあり、天体を観測する「占星台」がはじめて設置されたのは天武四年（六七五）のことである。しかし『書紀』の天文記事をみてみると、赤気(99)・日食は推古紀、彗星・流星は舒明紀、客星入月[100]・月食は皇極紀、隕石は天智紀にそれぞれ初見記事があり、推古朝から随時天体観測が行われていて天武朝で観測体制が整備されたようである。[101]観勤から中国暦法を伝えられた倭国では日月星辰の運動が算出可能となり、それから外れた異常な天体現象が注目され『書紀』に天文異変記事が現れるようになったと考えられている。[102]

天官書にあらわれた天人相関論（日月星辰の動きに人間界の変化が予知されるという考え方）では暦の作成が重視され、自然現象の変動とそれに伴う占候の記録は王朝ごとに集積されていき、後漢代に陰陽五行説が盛んになるとこれに取り入れられた。

『書紀』欽明十四年六月条に、内臣を百済に派遣して暦博士の来朝を要請し、翌年二月条には「暦博士固徳王保孫」が来たとの記事がある。欽明朝における暦作成の志向は、中華的な君主の聖的な側面を整備する作業の一環であり、これが右の史料にみえる観勤の「暦本」将来を経て、舒明朝〜天智朝における天体観測につながってゆくと考えられる。斉明六年五月と天智十年四月における漏刻設置により夜間の時刻が計測できるようになり、天体観測は一層精確なものとなったのではないだろうか。

五　天皇号成立の背景

百済が新羅・倭より早く、中央集権国家への道を歩んだのに対し、新羅と倭は六世紀前半から中葉にかけて急速に発展して政治体制を整備した。[103]また朝鮮半島（四世紀第2四半期〜五世紀第1四半期）や日本（古墳前期半ば〜中期前半）で出土している筒型銅器を中敬澈氏は加耶の文物の可能性が高いとし、[104]加耶の最高支配集団（大成洞古墳群の勢力）が威信財として製作したものとする説[105]がある。これを受けて田中晋作氏は、東アジアはきわめて高い社会的緊張関係にあったため、佐紀・馬見古墳群の勢力は加耶・百済から軍事的要請を受け、筒型銅器を朝鮮側から受け入れて各古墳の被葬者たちに供与したと想定した。[106] 四・五世紀のヤマト王権にとって金官国は重要な「同盟国」だった。倭と新羅は国家の発展段階がほぼ同じだったことに加え、倭が親密にしていた金官国を新羅が併合したことから、両者は対抗関係にあったと考えられる。倭国王が従来の「王」号を改め、周辺諸国の王より上位であることを示す新たな君主号を模索することになった契機は、六世紀初頭における新羅の王号成立であったのではないだろうか。

『三国史記』巻第四・新羅本紀第四・智証麻立干四年条によれば、

四年冬十月。群臣上言するに、「始祖創業已来、国名未だ定らず。或いは斯羅と称し、或いは斯盧と称し、或いは新羅と言う。臣ら以為《おもえ》らく、新は徳業日に新しく、羅は四方を網羅するの義なれば、則ちそれ国号となすに宜し。また観るに古より国家有らば、皆、帝を称し王を称す。我が始祖国を立つるより、今、二十二世に至る。但し方言を称え、未だ尊号を正さず。今、群臣一意、謹んで新羅国王と号《よ》び上《たてまつ》る」と。王これに従う。[107]

智証麻立干四年（五〇三）十月に、群臣の上奏を受けて、斯羅・斯盧・新羅などと称していた国号を新羅に統一した。また居西干・次次雄・尼師今・麻立干などと称していた君主号を王と定め、正式に新羅国王と号することとした。このような新羅の動向に対抗するため、倭国では王より上位の君主号が必要となった。また百済・新羅は中国の冊封を受けているので、倭国は中国の臣礼を受けるわけにはいかない。[108]

一方、『三国史記』巻第四・新羅本紀第四・法興王一五年条に、

十五年。肇めて仏法を行う。

とあり、法興王十五年（五二八）に仏教が公認されたことがわかるが、これに対抗するために倭国でも仏教を受容し

た可能性がある。その仏教思想にもとづき「天子」を自称したが、隋の煬帝に非難され、六〇八年に来日した裴世清に「宣諭」されたため、倭国は「天子」号の使用をあきらめ「天皇」号を案出したのではなかろうか[109]。『三国史記』法興王七年正月条の「律令を頒示し、始めて百官の公服・朱紫の帙を制す」という記事について、一九七九年に発見された丹陽・赤城碑（真興王代の建立か）や一九八八年に発見された蔚珍・鳳坪碑（五二四年建立）などに具体的な法令名がみえることから、国家統治の基本法が頒布されたとの理解が広がった[110]。近年では、法興王代の律令は編纂律令ではなく、単行法が随時追加された集成と考える傾向が強まっており、内容についても中国律令の影響を受けつつも新羅独自のものであるとされるようになっている[111]。六世紀第1四半期における新羅の国号や法制度の整備の動きが、倭国における君主号成立に大きな影響を与えたと考えられる。

新羅の国号・王号成立と日本・新羅への仏教伝来、それに推古朝における君主称号成立過程を一覧にしたものが表20である。

推古十六年に来日した裴世清の説得により「天子」号の対外的使用を放棄させられた倭王は、新たな対外的君主号を案出する必要に迫られた。百済僧観勒が将来した「天文地理書」から、天に関する知識や天帝・祭天の思想が受容されていて、そのなかから「天皇」称号が案出され、同時期に仏教の須弥山思想により宇宙の中心を意味する君主称号として「スメラミコト」と呼ばれた。同二十年には小治田宮の南庭に須弥山が造置され、同年から舒明二年には、須弥山の中腹に住むといわれる四天王にかかわる四天王寺が造営された。このように考えられるのであれば、「天皇」称号は推古十年から二十年ころに案出されていた可能性がある。

ところで、天皇の和風諡号のなかにみえる「天」は、どう解釈すればいいだろう。欽明〜平城までの天皇の和風諡号を一覧にしたものが表21である。

表20　新羅の国号・王号成立と日羅への仏教伝来と推古朝における君主称号成立過程

西　暦	日本元号	新　　羅	日　　本
503年		国号を新羅に、君主号を王と定める	
528年	継体22	仏教公認	
538年	?	新羅への対抗	**（『上宮聖徳法王帝説』・『元興寺伽藍縁起并流記資財帳』説）** 仏教公伝
552年	欽明13		**（『日本書紀』説）**
600年	推古　8	「任那の調」貢調使が「天皇は地上の神」	倭の使者が隋の高祖に**「多利思比孤」・「阿輩雞弥」**と奏上
602年	推古10		百済僧観勒、暦本・**天文**地理書・遁甲方術之書を将来→倭人に教授 →北辰・**天皇大帝**・北極星など天に関する知識や、天帝など祭天の思想が受容されたか？
607年	推古15		国書で**「天子」**と自称→煬帝は悦ばず
608年	推古16		裴世清来日→「天子」号の使用をやめるよう倭王を説得（堀説） →新しい君主号の模索 第三次遣隋使（小野妹子・吉士雄成など）裴世清を隋に送る →国書に**「天皇」**の君主号を用いた？
612年～630年	推古20 舒明　2		→小治田宮の南庭に**須弥山**を設置 四天王寺建立→四天王は**須弥山**の中腹にいる

註　四天王寺の建立年代は、森郁夫『日本古代寺院造営の研究』（法政大学出版局、1998年、177頁）により、推古二十年～舒明二年とした。

孝徳～元明までの天皇はすべて和風諡号に「天」を含む。ここまで述べ来たったように、「天子」の自称を隋皇帝に非難された推古朝為政者たちは、それに代わるものとして「天皇」号を案出したと推定されるが、その思想的基盤と考えられる仏教・道教・天文の知識は斉明・天智両朝において最も注目・活用されている。このような経緯が背景となって孝徳以降の天皇の和風諡号に「天」が加えられたのではないだろうか。

延暦八年（七八九）十二月二十八日に崩御した高野新笠皇太后について『続日本紀』

同月の末尾に、

明年正月十四日辛亥、中納言正三位藤原朝臣小黒麻呂、誄人を率いて誄を奉り、諡《おくりな》を上《たてまつ》りて、天高知日之子《あめたかしらすひのこ》姫尊《ひめのみこと》と曰す。〔一五日〕壬午。大枝山陵に葬る。皇太后、姓は和氏、諱は新笠。（中略）后の先は百済武寧王の子純陀《じゅんだ》太子より出づ。（中略）その百済の遠祖都慕《とぼ》王は、河伯の女、日精に感じて生める所なり。皇太后は即ちその後なり。因りて諡を奉る。(112)

とあり、太陽感精神話にもとづき「天高知日之子姫尊」の諡が奉られたとしている。「太陽（日神）の子孫」は「日之子」と記されており、「天」は天帝を中心とした宇宙の意味と思われる。太陽神を「天」神としていた天君段階と異なり、八世紀末では「天」と「日（太陽）」が明確に区別されるようになっている。

結語

本章で得られた結論をまとめると表22のようになる。なお扶余などの「天を祭る」や韓の「天神を祭る」は、最古の記録である『後漢書』が対象とする

表21　「天」を含む和風諡号一覧（代数、漢風諡号、和風諡号）

29	**欽明**	**天**国排開広庭
30	敏達	渟名倉太珠敷
31	用明	橘豊日
32	崇峻	泊瀬部
33	推古	豊御食炊屋姫
34	舒明	息長足日広額
35	**皇極**	**天**豊財重日足姫
36	**孝徳**	**天**万豊日
37	**斉明**	（35皇極に同じ）
38	**天智**	**天**命開別
39	弘文	－－－－－－－－
40	**天武**	**天**渟中原瀛真人
41	**持統**	高**天**原広野姫（『続紀』大倭根子**天**之広野日女）
42	**文武**	**天**之真宗豊祖父
43	**元明**	日本根子**天**津御代豊国成姫
44	元正	日本根子高瑞浄足姫
45	**聖武**	**天**璽国押開豊桜彦
51	**平城**	日本根子**天**推国高彦

註　太字の天皇は、和風諡号に「天」が含まれていることを示す。

後漢の存在した上限にあわせて一世紀とした。また朱蒙の日光感精神話は初出する『魏書』が対象とする魏の存在した三世紀に、韓の「穀霊降臨」は、新羅が成立したと考えられる四世紀[113]に置いた。

本章では、推古十年（六〇二）に来日したとされる観勒が将来した「天文地理書」から天皇大帝の知識が受容され、それを元に天皇号が成立したと考えたので、推古十六年に小野妹子が隋に持参した国書の原文に「東の天皇、敬みて西の皇帝に白す」という文言があったとしても不思議はない。もっとも遣隋使に関する推古紀の記事と『隋書』の記

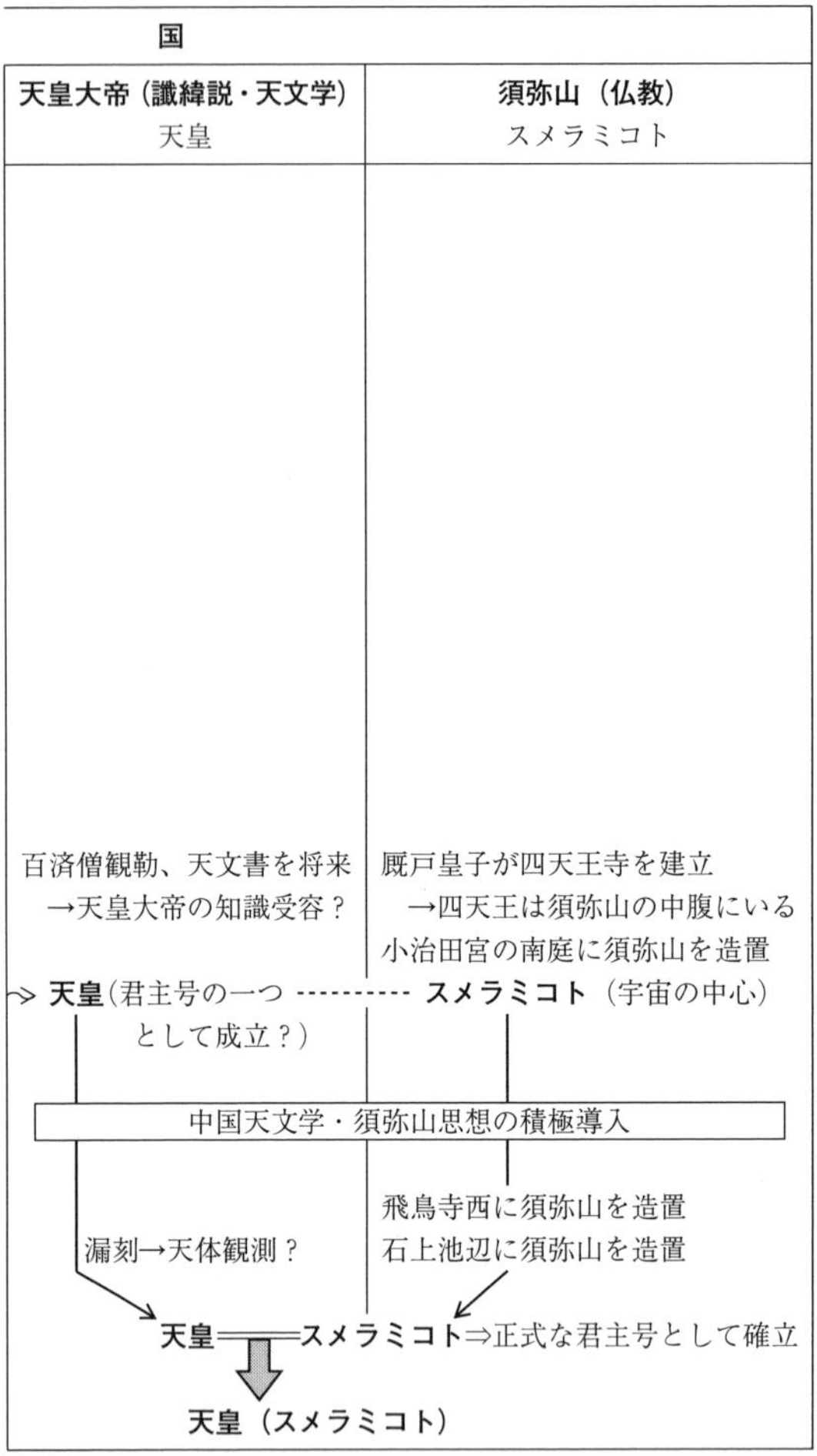

表 22　「タリシヒコ」「アマキミ」「天皇」「スメラミコト」の成立過程

西暦 世紀 （天皇）	**扶余** **濊** **高句麗**	**韓**	**倭**	
			穀霊降臨 タリシヒコ	**日神の祭主（祭天の君）** アマキミ
1c	**天を祭る**	**天神を祭る** **「天君」**		
2c				
3c	**朱蒙**（日光感精神話）			
4c		**穀霊降臨** 赫居世伝説？ 首露王伝説？ 金閼智伝説？	天孫降臨	日神を祀る巫女（神衣祭） 日光で妊む巫女（「大隅正八幡本縁起」）
5c				**「天王」**（『百済新撰』）？
6c		**新羅で王号成立**		
7c 推古朝			**「多利思比孤」** **＝天児**（『翰苑』） ⇒（仏教的）**「天子」** →煬帝の非難	**「阿輩雞弥」（アマキミ）** 〔祀られる者への転換？〕
斉明朝				
天智朝 8c			**スメミマノミコト** ⇒皇御孫命	**オホヒルメ** ⇒天ツ神（天照大神）

事を比較すると脱落・異同が多く、推古紀の紀年をそのまま信じて詳細な時期推定をすることには不安が残る。天皇号は対隋外交の葛藤のなかで推古朝後期に案出されたという程度にとどめておくべきである。

諸韓国にいた「天君」のような「祭天の君」が、弥生時代~古墳時代の倭国各地にも存在し、日神を祀っていたと思われる。四世紀以降、日神の祭祀権を独占していったヤマト王権の首長は、倭国内で唯一の「アマキミ」となっていった。また「大隅正八幡宮本縁起」にみえる日光で妊む巫女には、朱蒙の日光感精神話と類同性が見出せる。一方、新羅王や金氏、金官加羅王などの始祖伝説にみられる卵生神話の原態は穀霊降臨であり、大嘗祭において天孫が真床襲衾に包まれて降臨することと通ずる。記紀神話の天孫降臨の源流は新羅・加耶の卵生神話にあり、六世紀中葉までのヤマト大王の性格（「アマキミ＝祭天の君」と「降臨した穀霊」）は、百済・新羅・加耶などに淵源をもつものと思われる。『隋書』倭国伝にみえる「アマキミ」と「アメタリシヒコ」は、朝鮮半島南部の習俗との関連が想定される宗教的称号と考えられる。また天皇の系譜が父方に天神、母方に海神をもつ点は高句麗の開国神話に類似し、皇祖神・天照大神（＝日の神・太陽神）には高句麗神話の影響が推測される。一方「天を兄、日を弟」とする観念は、倭国固有の君主観（祭天意識）と解釈することができる。

これに対して「天皇」号は、中国の天文学や隋から唐にかけての中国思想全般を元にして案出された。[114] 正八角形墳は斉明天皇の直系一族のみが造営したと考えられるが、八角形で表される宇宙の最高神は前漢では太一神と呼ばれる一方、讖緯書にみえる天皇大帝と同一視され、天皇大帝は六世紀まで宇宙の宗教的最高神であった。[115] 漢語の天皇には、仏教の須弥山思想から派生した「スメラミコト」の訓が付された。推古朝における「天皇」号の案出は、朝鮮由来の従来の君主像を一変させ、中国思想にもとづく至高の存在としての新君主像を産み出した。[116]

秦の始皇帝が支配者の称号をこれまでの王に代わって皇帝と称した時、皇帝という称号は、司祭者としての呪術的性格と支配者としての絶対的性格とを統一調整しようとするものであったが、(117)倭国における天皇号の成立もまた、同様の歴史的意義を有していたと評価できる。

推古朝で使われはじめた天皇号は、あくまでも倭国王の称号の一つにすぎなかった。

津田左右吉は、天皇号が推古朝で成立したと唱えながら、公式始用は推古朝よりのちと考え、(118)竹内理三・栗原朋信は推古朝で私的に用いられ、大化改新以降に公的に使用されたとみた。(119)推古朝に天皇号が成立したものの、公的に用いられたのは天武・持統朝頃とする説(120)もある。本章で考察してきたように、倭王の君主号は六世紀から七世紀にかけて大きく変化しており、推古朝以来の天皇号は制度的には未だ不安定だった(121)とする石母田正の指摘が正しいと思われる。天皇号は推古朝で、複数の君主号の一つとして成立し、天智称制七年に天智が天皇として即位した時点で唯一最高の君主号として確立したと考えたい。

《大嘗祭において再現される、真床襲衾に包まれて「降臨した穀霊」（アメタリシヒコ）》《日神を祀り日光で妊む巫女を原態とする「祭天の君」（アマキミ）》《天神（父方）と海神（母方）の系譜をもつ天孫》《讖緯思想における「宇宙の最高神」（天皇大帝）》《仏教の須弥山思想にもとづく「宇宙の中心者」（スメラミコト）》などが重層的に融合したものが天皇称号の特質と考えられる。

註

（1）天皇号成立について、大和岩雄「『天皇』号の始用時期をめぐって」（『日本書紀研究』一五、一九八七年）は研究史を簡明に整理している。また森公章『古代日本の対外認識と通交』（吉川弘文館、一九九八年）の二三―二四頁の註（1）と二七頁の（付記）、河内春人『日本古代君主号の研究』（八木書店、二〇一五年）序章には詳細な先行学説紹介がある。

（2）中野高行「天智朝の帝国性」（『日本歴史』七四七、二〇一〇年）。同「推古朝と帝国性」（専修大学社会知性開発センター『東アジア世界史研究センター年報』第五号、二〇一一年)。
(3) 津田左右吉「天皇考」(『東洋学報』一〇―三、一九二〇年)。のち『日本上代史の研究』(岩波書店、一九四七年)に所収。『津田左右吉全集』第三巻(岩波書店、一九六三年)に再収。
(4) 吉田孝「プロローグ」(『飛鳥・奈良時代』岩波ジュニア新書、一九九九年)五頁。大津透『古代の天皇制』(岩波書店、一九九九年)。同『古代天皇制を考える』〈日本の歴史八〉(講談社、二〇〇一年)。
(5) 吉田孝「『史記』秦始皇帝本紀と『天皇』号」(『日本歴史』六四三号、二〇〇一年)九五―九六頁。
(6) 河内前掲註(1)、二八七頁。
(7) 堀敏一『中国と古代東アジア世界』(岩波書店、一九九三年)二〇五頁。
(8) 廣瀬憲雄「『東天皇』外交文書と書状」(『日本歴史』七二四、二〇〇八年)。のち同『東アジアの国際秩序と古代日本』(吉川弘文館、二〇一一年)に所収。
(9) 中宮寺天寿国繡帳の銘文について、大和岩雄氏は、全面的に信憑性があると断定する自信はないが天皇号の私的使用の例としては認められるとし(前掲註(1)、三五頁)、大橋一章「天寿国繡帳の制作年代」(『天寿国繡帳の研究』吉川弘文館、一九九五年)と義江明子「天寿国繡帳銘系譜の一考察」(『日本史研究』三二五、一九八九年)は推古朝のものとみてよいとする。しかし金沢英之「天寿国繡帳銘の成立年代について」(『国語と国文学』七八―一一、二〇〇一年)は銘文には儀鳳暦が使用されているとするが、これが正しければ七世紀末以降の成立となる。堀井純二氏は『船首王後墓誌』の「戊辰年」を天智七年と結論づけ(同「天皇号の始用時期について」〔『神道史研究』四六―四、一九九八年〕)、野中寺弥勒菩薩造像銘の「丙寅年」も天智五年とする(同「野中寺弥勒菩薩造像銘再考」〔『藝林』四八―三、一九九九年〕)。
(10) 藤堂明保監修『倭国伝』〈中国の古典17〉(学習研究社、一九八五年)別冊〈原文〉の三七頁。のち講談社学術文庫に所収、二〇一一年。
(11) 西嶋定生「皇帝支配の成立」(『岩波講座　世界歴史』四〈古代四〉岩波書店、一九七〇年)。のち『西嶋定生東アジア史論集』第一巻〈中国古代帝国の秩序構造と農業〉(岩波書店、二〇〇二年)に所収。

（12）殷代から漢代までの「天」と「天子」の関係については、戸川芳郎『古代中国の思想』（岩波現代文庫、二〇一四年）を参照。本書第五章で詳述。
（13）井上光貞『日本の歴史』一〈神話から歴史へ〉（中公文庫、一九七三年）四〇頁。
（14）折口信夫「天照大神」（『折口信夫全集』二〇、中央公論社、一九六七年）一〇〇頁。
（15）井上前掲註（13）、四五頁。
（16）中野前掲註（2）、「推古朝と帝国性」。
（17）大津前掲註（4）、第一章「天皇号の成立」。
（18）北康宏「天皇号の成立とその重層構造」（『日本史研究』四七四、二〇〇二年）六一・六四頁。のち同『日本古代君主制成立史の研究』（塙書房、二〇一七年）所収。
（19）同右、六五頁。
（20）井上亘氏のご教示による。
（21）朝鮮史編修会『中国史料』〈朝鮮史第一編第三巻〉（国書刊行会、一九七二年）別録二二頁。
（22）同右、三八頁。
（23）同右、四九頁。
（24）三品彰英『増補日鮮神話伝説の研究』三品彰英論文集四（平凡社、一九七二年）三五一―三五二頁。同『古代祭政と穀霊信仰』三品彰英論文集五（平凡社、一九七三年）四九二―四九三頁。井上秀雄によれば、天君は形式的には政治的・軍事的指導権をもっているが、政治・軍事の実務に関しては司令官たる主帥が責任者だった。当時の農耕生産が、天君の任務である天候の調整にほぼ全面的に依存し、農耕技術によってでは天候不順をほとんど克服できなかったため、政治の実務を担当する主帥に大きな権力が与えられなかったのである（同「朝鮮の王権とシャーマニズム」〔『東アジア世界における日本古代史講座』第一〇冊、学生社、一九八四年〕二二八頁。崔光植《チェグワンシク》氏は、天君は巫（シャーマン）より祭祀長（プリースト）に近いとする（同「韓国古代의 祭天儀礼」〔『国士舘論叢』一三輯、아름出版社、一九九七年〕六三頁、原文韓国語）。氏は天神を中心とし

た諸神の階層化は、中央集権化されていく権力と相関関係をなしているとみなし、天神を天君が主祭すればほぼ国家段階とする。氏によれば、天神に対する祭祀は単純な宗教的・信仰的意味のみならず、支配者の正当性を経済的に裏付ける支配イデオロギーの性格をもつという政治的意味がある（同、六五頁）。

(25) 同右、『古代祭政と穀霊信仰』一八四頁。

(26) 末松保和「朝鮮古代諸国の開国伝説と国姓に就て（一）」（『歴史』一―二、一九四八年）。のち同『高句麗と朝鮮古代史』（末松保和、朝鮮史著作集三、吉川弘文館、一九九六年）に所収。新羅二代王南解の「南」の訓（ar/arp）と「解」の訓（pur）はいずれも火や明の義と解釈され、昔氏・金氏系の諸王やその妃などの名にも多数指摘できるのであり、総じて太陽神に対する民俗信仰を反映するものであった（同『新羅史の諸問題』第二編、東洋文庫、一九五四年）。

(27) 都珖淳「韓国の道教」（『道教』三、平河出版社、一九八三年）六〇頁。

(28) 同右、六一頁。

(29) 同右、一〇九頁。

(30) 古代日本における昊天祭祀は、桓武朝に二回、文徳朝に一回の計三回しか実施されておらず、制度として受容されたとはみなせない（河内春人「日本古代における昊天祭祀の再検討」（『古代文化』四九二、二〇〇〇年））。佐野真人「日本における昊天祭祀の受容」（『続日本紀研究』三七九号、二〇〇九年）。高句麗・新羅では中国風の郊祀祭天の儀礼は行われず、百済でも東城王が行った祭天の礼は天子儀礼そのものではなかった（林陸朗「朝鮮の郊祀円丘」（『古代文化』二六―一、一九七四年））。

(31) 井上前掲註（13）、四〇頁。

(32) 津田左右吉『日本古典の研究』上（岩波書店、一九四八年）。のちに『津田左右吉全集』一（一九六三年）に所収。いずれも三七四頁。

(33) 井上前掲註（13）、四二―四三頁。

(34) 岩波日本思想大系『古事記』（岩波書店、一九八二年）五一頁。

(35) 三品前掲註（24）、『増補日鮮神話伝説の研究』二五一頁。

(36) 森公章「『天皇』号の成立をめぐって」(『日本歴史』四一八、一九八三年)二〇―二二頁。のち『古代日本の対外認識と通交』(吉川弘文館、一九九八年)所収、一四頁。
(37) 井上秀雄訳注『東アジア民族史』一〈正史東夷伝〉(東洋文庫、一九七四年)一九二頁の注一一で、「天皇制の起源をこの天君制に求めることもできるであろう」と述べている。
(38) 井上前掲註(24)、「朝鮮の王権とシャーマニズム」二三一頁。
(39) 三品前掲註(24)、『増補日鮮神話伝説の研究』二五五頁。
(40) 以下、『日本書紀』の引用は、日本古典文学大系『日本書紀』下(岩波書店、一九六五年)による。
(41) 三品前掲註(24)、『古代祭政と穀霊信仰』前編第一章。
(42) 金官加羅(南加耶)王の金氏については、①世祖(首露)が金卵より生まれたとする神話のほかに、②世祖は天神に加耶山神が感じて生まれたとする伝説や、③天から降った金合子のなかの金卵が九人の酋長に見出され、それから始祖の首露王が生誕したという伝説がある。武田幸男氏は、いずれも土着的な思想を前提としているとしたうえで、②は天神と地神の神婚から王者が生まれ出るという点で高句麗の朱蒙伝説に似ており、③は天降の卵(童子)が先往者に見出されるという点で、新羅の朴氏と金氏の始祖伝説と同巧であるとした(同「朝鮮の姓氏」〔『東アジア世界における日本古代史講座』第一〇冊、学生社、一九八四年〕六四頁)。
(43) 三品前掲註(24)、『増補日鮮神話伝説の研究』二四六頁。「真床追衾に包みて」について折口信夫は、天上から降る間に霊が鎮まり、地上で威力を発揮するという信仰の根底となったもので、天皇の代替わりごとに天上から天降り来る威力ある御魂があったとする(同「皇子誕生の物語」前掲註(14)、八三頁)。
(44) 川崎晃「天と日の周辺」(『古代学論究』慶應義塾大学出版会、二〇一二年)。
(45) 湯浅幸孫校釈『翰苑校釈』(国書刊行会、一九八三年)一一七―一一八頁(原文影印は三二七頁)。
(46) 森田悌『天皇号と須弥山』(高科書店、一九九九年)一一頁。
(47) 遠山美都男『聖徳太子はなぜ天皇になれなかったのか』(角川ソフィア文庫、二〇〇〇年)一一九―一二〇頁。

(48) 東野治之「『日出処』と『日本』」(『水茎』一〇、一九九一年)。のち「日出処・日本・ワークワーク」と改題して同『遣唐使と正倉院』(岩波書店、一九九二年)。
(49) 韓昇「《隋書・倭国伝》考釈」(『中華文史論叢』六一輯、上海古籍出版社、二〇〇〇年)八三頁。
(50) 河上麻由子「遣隋使と仏教」(『日本歴史』七一七、二〇〇八年)三頁。のち同『古代アジア世界の対外交渉と仏教』(山川出版社、二〇一〇年)に所収。
(51) 同右、一三—一四頁。
(52) 恵慈は厩戸皇子の仏教の師であり、法興寺(飛鳥寺)が完成すると百済の僧慧聡《えそう》と住し、ともに三宝の棟梁と称された。
(53) 坂元義種「推古朝の外交—とくに隋との関係を中心にして」(『歴史と人物』一〇〇、一九七九年)。
(54) 飛鳥寺(法興寺)が百済・王興寺と密接に関連していることが指摘されている(『古代文化の源流を探る　百済王興寺から飛鳥寺へ』國學院大學エクステンション事業課、二〇〇八年)。鈴木靖民編『古代東アジアの仏教と王権—王興寺から飛鳥寺へ—』(勉誠出版、二〇一〇年)。百済(熊津~泗沘期)の瓦生産体制と日本の初期瓦生産体制には、「遠隔地生産体制」「瓦陶兼業体制」「複数供給体制」「複数生産体制」という共通点があった(清水昭博「瓦の伝来」〔『考古学論攷』〈橿原考古学研究所紀要〉二七、二〇〇四年〕)。
(55) 森田前掲註(46)、七頁。
(56) 本位田菊士「古代日本の君主号と中国の君主号」(『史学雑誌』九〇—一二、一九八一年)。
(57) 角林文雄氏は、『百済新撰』記事に依拠して倭王武が「天王」号を採用したと推考し、七世紀初頭頃に天王から天皇への転換が行われたとした(同「日本古代の君主の称号」〔『日本史論叢』一、一九七二年〕)。のち同『日本古代の政治と経済』(吉川弘文館、一九八九年に所収)。しかし「天王」号は日神の祭主である朝鮮の「天君」か、北方騎馬民族王朝で用いられていた君主号のいずれかに由来するものと考えられるので、「天(帝)」あるいは「天皇大帝」から派生したと思われる「天皇」号とは思想的基盤が異なり、角林氏説には従えない。
(58) 石上英一「古代東アジア地域と日本」(『日本の社会史』1〈列島内外の交通と国家〉岩波書店、一九八七年)八四頁。

（59）定方晟『須弥山と極楽　仏教の宇宙観』（講談社現代新書、一九七三年）。和田萃氏は、出土した須弥山石の形状と表現が『倶舎論』にあわず、翁と媼が抱きあう道祖神像とのかかわりが不明であるとして、石造物は須弥山石ではなく神仙思想にもとづく崑崙山であり、道祖神は東王夫（東王公）と西王母を象ったものであるとする（同『飛鳥―歴史と風土を歩く―』〔岩波新書、二〇〇三年〕一三一―一三二頁。

道教的世界観にもとづいて聖なる山とされる崑崙山の別名を、北宋の道教類書『雲笈七籤《うんきゅうしちせん》』は須弥山としている。これは仏教が西方から中国に伝わった時に、仏教的な楽土思想が伝統的な中国の神仙思想と習合したためと考えられている（福永光司・千田稔・高橋徹『日本の道教遺跡を歩く』朝日選書、二〇〇三年）一九―二〇頁。

（60）河内春人「『天下』論」〈二〇〇四年度歴史学研究会大会報告〉（『歴史学研究』七九四〈増刊号〉、青木書店、二〇〇四年）二八頁。のち加筆のうえ「倭国における『天下』観念」と改題されて河人前掲註（1）『日本古代君主号の研究』に所収。

（61）和田前掲註（59）、一二八頁。

（62）大野晋・佐竹昭広・前田金五郎編『岩波古語辞典』（岩波書店、一九七四年）七〇六頁、「すめら【皇】」の項）。大野晋『古典基礎語辞典』（角川学芸出版、二〇一一年）六六一頁、「すめ【皇】」の項・北川和秀氏執筆）でも、スメは梵語「Sumeru（世界の中心にそびえ立つという高山）」の音写スメに由来するという説が当をえているとする。

（63）森田前掲註（46）、一四頁。

（64）石上前掲註（58）。

（65）『国宝法隆寺展』（小学館、一九九四年）九八頁（松浦正昭氏執筆）。

（66）水野敬三郎「釈迦三尊と止利仏師」（『法隆寺　金堂釈迦三尊像』復刊版、岩波書店、一九九二年）五頁。

（67）「辛巳年」は書風からみて六二一年にあたる（館野和己「釈迦三尊像台座から新発見の墨書銘」〔『伊珂留我』一五、一九九四年〕）。

（68）大橋一章「四天王寺の発願と造営について」（『風土と文化』一、二〇〇〇年）。三舟隆之「四天王寺の創立とその後」（『続日本紀研究』三三四、二〇〇一年）。

(69) 今泉隆雄『古代宮都の研究』(吉川弘文館、一九九三年)二二一―二二三頁。
(70)『飛鳥の石造物』(飛鳥資料館図録一六、一九八六年)。
(71) 西郷信綱「スメラミコト考」(『神話と国家』平凡社、一九七七年)。
(72) 大和前掲註(1)、四二頁。
(73) 福永光司『道教思想史研究』(岩波書店、一九八七年)一三〇―一三一頁。
(74) 同右、一三二―一三三頁。
(75) 大崎正次『中国の星座の歴史』(雄山閣出版、一九八七年)一七三頁。
(76) 同右、一三五―一三六頁。
(77) 福永前掲註(73)、一二六頁。
(78) 福永前掲註(73)、一二八頁。
(79) 山田利明「北極紫微大帝」(『道教事典』平河出版社、一九九四年)五四九頁。
(80) 野口鐵郎「北斗星君」(『道教事典』平河出版社、一九九四年)五四七頁。中国の皇帝や日本の天皇家の北斗信仰にもこの同一視がみられる。宮内庁所蔵の孝明天皇の礼服(即位の大礼、元旦の朝賀の際のもの)では、背中の中央上部にも北斗七星が置かれている。ただし織女はない(『孝明天皇　光芒残照　明治の御代へ』〈霞会館資料二七〉、社団法人霞会館、二〇〇四年)。
(81) 下出積與『神仙思想』(吉川弘文館、一九六八年)。
(82) 増尾伸一郎『日本古代の典籍と宗教文化』(吉川弘文館、二〇一五年)四三頁。
(83) 牽牛子古墳の埋葬施設は石郭内の中央に間仕切りがあり、それを境に二つの埋葬空間がある(明日香村教育委員会『明日香村発掘調査報告会』二〇一〇・二〇一〇年一一月二七日)。斉明天皇と娘の間人皇女(孝徳天皇の皇后)の合葬墓の可能性がある。
(84) 段ノ塚古墳の被葬者を舒明天皇、岩屋山古墳の被葬者を斉明天皇としたのは白石太一郎氏説による(同「畿内における古墳の終末」〔『国立歴史民俗博物館研究報告』第一集、一九八二年〕)。叡福寺北古墳の被葬者を孝徳天皇、牽牛子塚古墳を斉明天皇の改葬墓としたのは、今尾文昭氏説による（同「八角墳の出現と展開」〔『古代を考える　終末期古墳と古代国家』吉川弘文館、二〇〇五年〕）。束明神古墳の被葬者を草壁皇子としたのは河上邦彦氏説による（同「八角形の墳丘」〔『明日香風』一九、一九八六年〕）。同『飛鳥を掘る』（講談社選書メチエ、二〇〇三年、第二章5「古墳の被葬者決定」）が、白石太一郎氏は今後の調査を待つべきとしている（同「八角墳の出現―天皇陵の成立」〔『天皇の歴史01　神話から歴史へ　月報01号』講談社、二〇一〇年〕）。八角形墳の研究史や畿外の例については、河上邦彦『大和の終末期古墳』（学生社、二〇〇五年）第二章3「八角形の古墳」を参照。

（85）　日本古典文学大系『日本書紀』上（岩波書店、一九六七年）二一三頁、注一六頁。望月信成・藤沢一夫・井上薫・藤川正数・安井良三・和田萃・近江昌司各氏は、八角形古墳の形状は天武天皇の仏教信仰に由来し、インドの卒塔婆《ストゥーパ》、あるいは仏寺の八角円堂や舎利塔に関連するとした。これに対して網干善教氏は、八角形の意味するところは、仏教思想というより中国における政治制度・天祭地祀の思想を基調とするものと考えるべきとする（同「八角方墳とその意義」〔『橿原考古学研究所論集』第五、吉川弘文館、一九七九年〕）。

（86）　白石太一郎氏は、広い意味での中国政治思想の影響とする（同前掲註（84）、「八角墳の出現―天皇陵の成立」）。

（87）　山尾幸久「孝徳紀の品部廃止詔について」（『歴史における政治と民衆』日本史論叢会、一九八六年）四九八―五〇八頁。

（88）　能田忠亮『東洋天文学史論叢』（恒星社、一九四三年）一〇〇頁。なお、『蘇頌星図』には「北斗」にも「天枢」があるが（おぐま座αに同定される）、本文で問題にしている「北極五星」の「天枢」とは別の星である。

（89）　「HIP」とは、欧州宇宙機関（ESA）が星の距離を測定するために打ち上げた位置天文衛星ヒッパルコスのデータを元に作成されたカタログ（ヒッパルコス星表）。

（90）　「HD」とは、ハーバード大学天文台のエドワード・ピッカリングの監修の下、アニー・ジャンプ・キャノンとハーバード大学天文台の同僚が編集した星表（Henry Draper Catalogue）。プロジェクトにヘンリー・ドレイパー（Henry Draper）の未亡人が資金を寄付したため、その功績を称えて完成した星表に彼の名前が付けられた。一九一八年から一九二四年に発行され、約九～一〇等までの全天の恒星をカバーしている。

(91)「HR」とは、「D. Hoffleit: *Bright Star Catalogue.* 4ed. Yale Univ. Obsv. 1982」の略号。『ハーバード修正測光カタログ』（Harvard Revised Photometry Catalogue : HR）に掲載されている実視等級六・五等より明るい恒星の情報を収録している『イェール輝星目録』で、一九三〇年に初版が発行された。

(92) これらの星の現行星との同定は、『欽定儀象考成』所載の星表のデータに対して、土橋八千代氏とS. Chevalierno の星表を批判的に参考し、これをもとにして新しく作られた伊世同氏の同定星表、それに日本の渋川春海の『天文瓊統』をもとに計算された渡辺敏夫氏の同定表の二つを土台にして、それ以外の研究者の同定を整理したものである（大崎前掲註(75)、二九五―二九七頁）。渡部誠氏（富山市科学博物館）のご教示による。

(93) 大崎前掲註(75)、一五三頁。

(94)『文選』の李善注に「鄭玄曰く、北極之《これ》を北辰と謂う」とある。

(95)『論語集解《しっかい》』に「徳は無為なること猶《な》お北辰の移らずして衆星のこれに共うがごとし」とある。

(96)『論語集注《しゅうちゅう》』に「北辰は北極、天の枢《とぼそ》（戸の回転軸）なり。其の所に居りて、動かざるなり」と記されている。

(97) 福島久雄『孔子の見た星空』（大修館書店、一九九七年）七―一三頁。

(98) 東潮「キトラ・高松塚古墳壁画と東アジア」（『朝鮮史研究会論文集』五〇、二〇一二年）。道教では、医学・薬学・天文学・暦学・天候気象学などを教理・儀礼に大きく取り入れており（酒井忠夫・福井文雅「道教とは何か」〔『道教』一、平河出版社、一九八三年〕）、観勒が将来した書籍は道教にかかわる可能性がある。

(99) オーロラのこと。

(100) 星（新星や彗星）が月に隠されること。

(101) 谷川清隆・相馬充「七世紀の日本天文学」（『国立天文台報』一一―三・四、二〇〇八年）。ただし、両氏は皇極紀・天智紀の天文記録は観測の裏付けがないとしている。

(102) 細井浩志「中国天文思想導入以前の倭国の天体観に関する覚書」（『桃山学院大学総合研究所紀要』三四―二、二〇〇八年）五四頁。

(103) 土生田純之『埴輪』(吉川弘文館、二〇一一年)一一八頁。
(104) 申敬澈「加耶成立前後の諸問題―最近の発掘調査成果から―」(『伽耶と古代東アジア』新人物往来社、一九九三年)。柳本照男・山田良三両氏は筒型銅器を日本製としている(柳本「金海大成洞古墳群出土の倭系遺物」(『久保和士君追悼考古論文集』二〇〇一年)、山田「筒形銅器の再考案」(『橿原考古学研究所紀要考古学論攷』二三、二〇〇〇年))。
(105) 鄭澄元・洪漕植「筒型銅器研究」(『福岡大学総合研究所報』二四〇、二〇〇〇年)。申敬澈「筒型銅器論」(『福岡大学考古学論集―小田富士雄先生退職記念―』二〇〇四年)。
(106) 田中晋作「武器・武具から復元する古墳時代の常備軍」(西川寿勝・田中晋作『倭王の軍団』新泉社、二〇一〇年)一一五―一二〇頁。
(107) 以下、『三国史記』の引用は、『三国史記』学習院大学東洋文化研究所(中宗七年(一五一二)慶州重刊本の昭和六年京城の古典刊行会景印本を縮写したもの)、一九六四年四月)による。釈文は中野が付した。
(108) 堀前掲註(7)、二〇三頁。
(109) 同右、二〇七頁。増村宏『遣唐使の研究』(同朋舎、一九八八年)八六頁。中国の秩序体制から逸脱した内容の国書や称号を用いた夷狄の君長には説諭の使節が派遣される(増村「中国体制と『天子』」第一編第一章三)。
(110) 赤城碑については、井上秀雄「古代朝鮮における唐律令制の影響」(唐代史研究会編『中国律令制とその展開』一九七九年)、李基白「古代韓国における王権と仏教」(『新羅思想史研究』一潮閣、一九八六年)など。鳳坪碑については、朱甫暾「蔚珍鳳坪新羅碑と法興王代律令」(『金石文と新羅史』知識産業社、二〇〇二年、初出は一九八九年)を参照。
(111) 橋本繁・李成市「朝鮮古代法制史研究の現状と課題」(『法制史研究』六五、二〇一六年)五九―六四頁。
(112) 新日本古典文学大系『続日本紀』五(岩波書店、一九九八年)四五三頁。
(113) 『資治通鑑』巻一〇四・晋紀二六・烈宗孝武皇帝上之中に、「太元二年春、高句麗・新羅・西南の夷、皆、使を遣わし秦に入貢す」とあり、東晋の太元二年(三七七)に新羅がはじめて前秦に朝貢したと記されている。また『太平御覧』巻七八一・四夷部二・東夷二・新羅所引『秦書』に「符堅の建元十八年、新羅国王楼寒、使衛頭を遣わし、美女を献ず。『国は百済の東にあり、その人、美髪多く、髪の長さは丈余』と。また曰わく、『符堅の時、新羅国王楼寒、使衛頭を遣わして朝貢す』と。堅曰わく、『卿、海東の事を言すに、古と同じからず、いかん』と。答えて曰わく、『また猶、中国の時代変革により、名号を改易するがごとし』」とあり、前秦建元十八年（三八二）に新羅王楼寒《ヌハン》の使者衛頭が符堅に朝貢し、辰韓の斯盧国から新羅に国号を改めた経緯を述べたとする。

(114) 新川登亀男「『天皇』のなりたち」（『グローバリズムと韓日文化』韓国・高麗大学校日本学研究所、二〇〇〇年）。榎村寛之氏の「教団化されていない仏教、道士のいない道教、社会的背景のない儒教」という表現も同様の視点からのものである（同「『律令祭祀』と『律令天皇制祭祀』」〈二〇一三年度歴史学研究会大会報告〉〔報告レジュメ六頁、二〇一三年五月〕）。

(115) 五行思想から作り出された「天の五帝」は、漢の文帝の時に郊祀で祀られるようになる。ところが古い宗教思想に由来する上帝（天の精霊）観念が残っていたため、「太一（泰一）」の名で復活し、方士の説や占星術的思想と結合して神となった。天を万物の本原とする思想により太一と天は同一視され、「観念的存在としての天」はやがて「仰ぎ見られる天」ともなり、上帝と太一は同一視された。武帝以前から太一は紫微宮と特殊な関係を有するとされていたが、武帝の時には太一が天神の最も貴きものとして郊祀の対象となった。太一は上帝として天の五帝の上に立ち、彼らの首長となる。「一」は多を統一する、もしくはその最上位にあるという意義において考えられていた（津田左右吉「附録四　神としての太一」〔『津田左右吉全集』一八、岩波書店、一九六五年〕）。

(116) 倭王が中国思想にもとづく新君主号を創出した背景には、倭の五王以来の「天下」観念受容の歴史があった（河内前掲註(60)）。

(117) 西嶋前掲註(11)。

(118) 津田左右吉「天皇考」（『東洋学報』一〇—三、一九二〇年）。のち同『日本上代史の研究』（岩波書店、一九七二年）、さらに『津田左右吉全集』三（岩波書店、一九六三年）所収。

(119) 竹内理三「〝大王天皇〟考」（『日本歴史』五一、一九五二年）。のち『律令制と貴族政権』Ⅰ（御茶の水書房、一九五七年）所収。栗原朋信「東アジア史からみた『天皇』号の成立」（『思想』六二七、一九七六年）。のち同『上代日本対外関係の研究』

（吉川弘文館、一九七八年）所収。

(120)　本位田菊士氏は、推古朝では特定個人の尊称として始用され、普遍的君主号として公式採用されるのは天武・持統朝以降とする（同「『大王』から『天皇』へ」〔『ヒストリア』八九、一九八〇年〕）。同「古代日本の君主号と中国の君主号」（『史学雑誌』九〇―一二、一九八一年）。田中嗣人氏は、推古朝頃に創始され、天武の頃に公的に用いられることが決定されたとする（同『聖徳太子信仰の成立』吉川弘文館、一九八三年）。

(121)　石母田正『日本の古代国家』（岩波書店、一九七一年）三九頁。のち『石母田正著作集』三（岩波書店、一九八九年）に所収、四〇頁。

第九章　天武・持統朝

一　飛鳥浄御原令の性格

天武十年（六八一）二月二十五日、天武天皇と皇后が出御し、律令の制定に着手するよう命じた（出典は『日本書紀』。以下、『書紀』傍線部は中野）。

二月庚子朔甲子、天皇・皇后、共に大極殿に居し、親王諸王および諸臣を喚して、詔して曰く、「朕、今更《また》律令を定め法式を改めんと欲す。故に倶《とも》に是の事を修めよ。然《しか》も頓《にわか》に是のみを務に就《な》さば、公事闕《か》くことあらん。人を分けて行うべし」と。

詔文中に「律令を定め法式を改めん」とあるので、これ以前に「律令」「法式」が存在していることがわかる。それを改訂したのが飛鳥浄御原律令なので、「律令」「法式」は近江令のこととなる。

この「律令」「法式」は天武天皇の生前に完成することはなく、持統の即位儀式の前年（六八九）六月に、「令一部二二巻」（飛鳥浄御原令）が諸司に頒布された。青木和夫は、飛鳥浄御原令の条文や木簡はまだ発見されていないが、体系的な法典としては、日本最初の「令」法典と推定され、のちの大宝令もその大枠は浄御原令を継承しているとした。(1) しかし、その後の研究の深化により再検討が必要となっている。

大宝律令の完成を記す『続日本紀』(以下、『続紀』) 大宝元年 (七〇一) 八月癸卯条に「律令を撰び定めること、是に始めて成る。大略、浄御原朝廷を以て准正と為す」とあることについて、「准正」を「基本・基礎・根拠」といった意味に解し、浄御原令は大宝令と大差なかったとされてきた。しかし、東野治之氏によればこの一節は、隋開皇律令をもとに唐武徳律令を制定したことを伝える『唐会要』や『冊府元亀』の「大略以開皇為准正五十三条」を踏まえたものである。東野氏は、この文章の正しい読みを「大略、開皇を以て准と為し、五十三条を正す」とし、「准正」を一語とみたのは『続紀』編者が誤読したものとした。(2) 東野氏説の出現により、『続紀』の記事をもとに飛鳥浄御原令制と大宝令との関係を論ずることはできなくなった。(3)

現在、飛鳥浄御原宮と考えられている遺構 (飛鳥宮Ⅲ—B期、伝飛鳥板蓋宮跡最上層宮殿遺構) から、浄御原令文を明記した木簡などの文字資料は出土していない。『書紀』の記述から知られる七世紀末の国家機構については、未完成・過渡的な印象を受け、青木も飛鳥浄御原令は編纂を完了したとはいいがたいほど不完全かつ暫定的なものであったとしている。(4) 行政機関の設置規定として浄御原令がどれほど完成し機能していたのかは慎重に検討する必要がある。市大樹氏は、唐令をはじめて本格的に継受したのは大宝令であり、当時の人々の意識としては、飛鳥浄御原令の編纂は近江令の改訂であり、近江令は飛鳥浄御原令に発展吸収されたとする見解を再評価すべきとしている。(5)

戸籍作成には依拠法が必要であり、庚寅年籍作成時に戸令が作成されたと想定される。確実な日本最古の全国的戸籍である庚午年籍の作成にあたっても、作成手順・様式などを規定した法令が不可欠であり、戸令に相当する法令が公布されたことが推定できる。造籍の根拠になった法令としては浄御原令が最初のものとはできない。乙巳の変後の造籍がどのように実施されたのかは定かではないが、庚午年籍・庚寅年籍の作成にあたってはともに依拠法が制定・

公布されたと考えられる。庚午年籍作成に関する規定を定めた戸令が「近江令」の一部であったとすれば、庚寅年籍作成の直前に頒布された飛鳥浄御原戸令はその延長線上にあったということができる。造籍以外のカテゴリーに関しても同様に解釈して大過ないと考える。浄御原令は、唐令を個別に継受した単行法の集成である「広義の律令」であり、唐令を体系的に継受した「狭義の律令」が成立したのは大宝令であることを大隅清陽氏は指摘している(6)。日本の律令制支配機構は大宝律令制定段階をもって確立したとみるのが妥当であり、浄御原令に対する評価が過大にならないよう、慎重に判断すべきである。

二　天武朝における鸕野讃良皇后の再検討

天武朝の政治における鸕野皇后（のちの持統天皇）の史的意義を再評価することにより天武天皇の権力の特質を再検討したい。

壬申の乱に勝利して権力を掌握した大海人皇子は、天武二年（六七三）二月、飛鳥浄御原宮で即位し「正妃」だった鸕野《うの》（菟野）讃良《さら》皇女を皇后とした（以下、「鸕野皇后」と記す）。

二月丁巳朔癸未、天皇、有司に命じて壇場《たかみくら》を設け、飛鳥浄御原宮に帝位に即く。正妃を立てて皇后とす（後略）。

鸕野皇后は天武朝の重要な事業を開始する場面に天武とともに登場し、天皇とともに指示・命令をくだしている。

天武八年（六七九）五月、天武天皇と皇后、それに六人の皇子が吉野で盟約を交わした。

五月庚辰朔甲申、吉野宮に幸す。乙酉、天皇・皇后および草壁皇子尊・大津皇子・高市皇子・河嶋皇子・忍壁皇子・芝基皇子に詔して曰く、「朕、今日、汝等と倶に庭に盟いて、千歳の後、事なからしめんと欲す。奈之何《いかに》」皇子ら共に対えて曰く、「理《ことわり》実灼然なり」と。則ち草壁皇子尊、先ず進みて盟いて曰く、「天神地祇および天皇、証すなり。吾兄弟長幼、あわせて十余王、各、異腹に出ず。然れども同じと異なるとを別たず、倶に天皇の勅に随いて相扶けて忤《さから》うることなし。若し今より以後、この盟の如くにあらずば、身命亡び子孫絶えん。忘れじ、失《あやま》たじ」と。五皇子、次《ついで》を以て相盟うこと、先のごとし。然して後、天皇曰わく、「朕が男ら、各、異腹にして生れたり。然れども今一母同産の如く慈まん」と。則ち襟を披きて、その六皇子を抱く。因りて盟いて曰く、「若しこの盟いに違わば、忽に朕が身亡《ほろぼ》さん」と。皇后の盟うこと、且《また》天皇の如し。

天武は、鸕野皇后と諸皇子に対し、「今後長く事変のないように誓おう」と呼びかけた。これに対して、まず草壁が「我々兄弟は母を異にしますが、天皇の命のままに互いに助け合い、逆らうことはいたしません」と誓い、ほかの五人の皇子も同様に誓った。天武は「皇子らは異なった母から生まれたが、これからは一人の母から生まれたものとして慈しもう」と誓い、鸕野皇后も同様に誓った。

草壁皇子・大津皇子・高市皇子・忍壁皇子の四人は天武の子であるが母が異なり、川嶋皇子・芝基皇子は天智の子である。天武と鸕野皇后は、父や母が異なる六皇子に対し、互いに争いを起こすことのないよう、壬申の乱に関係の深い吉野の地で誓約させたのであり、中心的な役割を演じている草壁皇子が王位継承者であることを諸皇子に改めて認識させる意味もあった(7)。

ところで、皇子同士の対立を防止するための盟約なのであれば、天皇の御前で盟約すれば十分である。同様の盟約を皇后に対しても行っていることは注目される。この盟約は天皇・皇后両者への忠誠を誓う点に核心があったのではないかと思われる。

二年後の天武十年二月、本章の冒頭で触れたように、天皇と皇后が出御して律令制定の着手を命じたが、同じ日、草壁皇子を皇太子に立て万機を摂《おさ》めしめた。

この日、草壁皇子尊を立てて皇太子となす。因て万機を摂めしむ。

律令制定計画の発表と草壁立太子が同時に行われたこの日をもって、天武の政治は新しい段階に入ったといってよいほどの転換点である。(8)

さらにこの翌月十七日、天武は、川嶋皇子らに「帝紀」「上古諸事」を記し定めることを命じたが、これは『書紀』編纂の端緒と考えられている。

三月庚午朔（中略）丙戌、天皇、大極殿に御して、川嶋皇子・忍壁皇子・廣瀬王・竹田王・桑田王・三野王・大錦下上毛野君三千・小錦中忌部連首・小錦下阿曇連稲敷・難波連大形・大山上中臣連大嶋・大山下平群臣子首に詔して、帝紀および上古諸事を記し定めしむ。大嶋・子首、親ら筆を執りて録す。

天武十二年（六八三）二月には、大津皇子を国政へ参画させている。

二月己未朔、大津皇子、始めて朝政を聴く。

鸕野皇后は天武の崩後四年目に即位する（持統天皇）。持統即位前紀には、

（天武）二年、立ちて皇后となる。皇后、始従《よ》り今に迄《いた》るまで、天皇を佐《たす》けて天下を定め、毎《つね》に侍執《つかえまつ》る際、輙《すなわ》ち言《こと》、政事に及びて、毗《たす》け補《おぎな》う所多し。

とある。鸕野皇后は「始従り今に迄るまで」天武天皇を佐けまつって天下を定めたとするが、「始従り」は「壬申の乱の時から」という意味と思われる。

鸕野皇后は天武天皇の意思に従った妻というよりも、天武の行動や政策決定・遂行に積極的にかかわり提言をしていた《主体的な存在》と考えるべきなのではないだろうか。天武・持統朝の政治は「皇親政治」と呼ばれるが、吉野

で盟約をした六皇子が主体的に政権に参画したというよりも、天皇を補佐する皇后の意向・意志が色濃く反映されていたと考えるべきである。直木孝次郎氏は、壬申の乱で大海人皇子と行動をともにして苦楽をわかちあっていたため鸕野皇后は自然と大きな発言権をもったとし、背景には父天智の血を受けて生まれながらに政治的素養をそなえていたこともあるとしている(9)。

同時期の唐帝国では専制的統治体制がしかれていた。李世民（太宗）は、玄武門の変で兄（皇太子）と弟を謀殺することにより父帝（高祖）に譲位を強要して即位する一方、遊牧民族との長期間にわたる戦闘を経て北方の脅威を除去するとともに唐の領土を拡大した。軍事力を縦横に駆使して帝国の土台を築き、独断的に政治を遂行した太宗こそが専制的君主と呼ぶのにふさわしい。

これに対して、則天武后立后後の高宗の専制政治は趣を異にしている。太宗の第九子だった李治は、貞観二十三年（六四九）七月、太宗の崩御を受けて即位し高宗となった。高宗治世の前半は、永徽律令の公布や『律疏（唐律疏議）』・『五経正義』の完成などの成果をあげて太平だったが(10)、永徽六年（六五五）十月、紆余曲折の末、武照が皇后（則天武后）となってのち、東アジアは激動の時期を迎えることとなる。

顕慶五年（六六〇）、新羅の請願を容れ唐は百済討伐の軍を起こす。百済を滅ぼしたのち、百済復興をはかる百済残存勢力が倭国軍と連合して反抗すると、唐は新羅軍とともにこれを殲滅し（白江口の戦い・白村江の戦い）、その五年後には高句麗も滅ぼした。弘道元年（六八三）十二月、高宗の崩御により子の李顕が即位して中宗となったが、中宗の皇后韋氏が血縁者を要職に登用したことを口実に太平公主を使って中宗を廃位し、その弟の李旦を新皇帝（睿宗）に擁立した。しかし睿宗は武后の権勢のもと、傀儡に甘んじる事を余儀なくされた。天授元年（六九〇）、武后は自ら帝位に就いて国号を「周」に変え、自らを聖神皇帝と称し天授と改元した（武則天）(11)。睿宗は皇太子に格下げされ、李姓に代えて武姓を与えられた。この王朝は「武周」と呼ばれる。武則天は中国史上唯一の女性皇帝とされるが、即位前の段階で権力に深くかかわっていた。中宗・睿宗時代の垂簾政治も実質的な則天武后の権力とみなせる。永徽六年（六五五）の立后から弘道元年（六八三）の高宗崩御までは高宗との共同統治といっていい状態だった。先にみた鸕野皇后の積極的な政権参与はむしろ則天武后のそれに類同している。

天武の朝廷には太政大臣をはじめ左右大臣が置かれなかったため、畿内有力豪族の代表が大臣として天皇の政治を補佐する慣行が打ち切られた。天武天皇が自ら政務をとる親政を鸕野皇后が補佐し、後になると子の草壁皇子や大津皇子も政務に与るようになった[12]。天武天皇の治世一五年間は、この前後の時代に比べきわだって強力な天皇による専制政治の行われた時期であると評価されている[13]。一方で鸕野皇后・草壁皇太子・大津皇子が「朝政」に参画し、高級官職に一般の皇族・準皇族を配し、その下に畿内有力豪族を置いている。このような政治形態は「皇親政治」と呼ばれ[14]、皇族勢力の強い政治形態とされている[15]。しかし冠位四十八階にみるように、豪族とあわせて諸王の官人化も進展し、ともに天皇の手足となって律令成立期の国政を担ったのであり、豪族勢力対皇親勢力といった図式で捉えるべき事柄ではない[16]。皇后の意向・意志が強く反映されていたのであれば、天武朝は「強力な天皇による専制政治」というよりは「天皇・皇后共治による専制的統治体制[17]」と評価する方が適切である。

天武十四年（六八五）正月施行の爵位四十八階では、皇子・諸王の爵位と諸王の爵位が区別され、天皇の子といえども「天皇の臣[18]」となった。天武朝では官僚機構に編入された皇子・諸王は、官人としての立場はヤマトの豪族たちと何ら変わらず、天皇・皇后のみが真の権力核であった。その意味では、皇子・諸王たちが天皇・皇后の側近として格別な立場にいたかのように受け取れる「皇親政治」説は歴史の実態とは乖離した見解といわざるをえない。

三　壬申の乱の史的意義

壬申の乱で、ヤマトの伝統的豪族たちの大部分から構成される近江朝廷側に、なぜ大海人皇子側は勝てたのか。それは、天智朝と天武朝において志向された君主像に決定的な違いがあったためと思われる。

天武朝における天皇制イデオロギーの柱は三本あった。

一つ目は「中華的な天命思想」の受容である。『書紀』壬申紀には、大海人皇子が天文遁甲の術に長じていたとか、壬申の乱の最中に自ら筮竹をとって雲の運行を占い味方の勝利を予言したなどと記されている。天武朝では占星台が設置され、天武紀には多数の祥瑞記事が掲載されている。これらは、天人相関説を背景とした天命思想を天武朝の為政者たちが受容していたことを示している。天智七年に正式に君主号として採用された天皇号も継承され、中華的君主観が天皇制イデオロギーの中心に据えられた。

二つ目は「日本古来の神祇祭祀」の国家祭祀への再編成である。それまで各地で祀られていた、天つ神や国つ神（天神地祇）の祭祀を国家祭祀に組み込んだ。[19] 天武朝においては、天照大神を皇祖神とし伊勢神宮を国家的祭祀の対象とする制度が確立した。[20] 壬申の乱に際し、朝明《あさけ》郡の迹太《とお》川の辺で天照大神を望拝したとか、瀬田橋を挟む近江朝廷軍との戦闘時に東南から（伊勢の方向から）大風が吹いたなど、天皇の守護神としての伊勢神宮が印象づけられる。天武朝に天照大神を皇祖神とする神統譜が形成されたことと壬申の乱の時の加護が契機となり、「伊勢神宮は天皇を守護する国家第一の神社とされ、国家により維持されることになった[21]」のである。新嘗祭は国家の祭祀とされ、とくに天皇即位後はじめて行われる新嘗祭を大嘗祭として、即位儀礼の重要な儀式とした。[22] 新嘗祭に先立ち、畿内の主要神社に新穀を相伴せしめる相嘗祭は天武五年にはじめられた。相嘗祭の開始とともに、諸神社は班幣を通じて統制されるという律令制的神社統制もはじまった。勧農と全国の神社統制の機能をもつ国家祭祀である祈年祭も天武朝に開始されたと思われる。(23)毎年行われる新嘗祭と月次祭では、天皇が神と結合することにより新たな王として再生され、天孫降臨神話の視覚化が図られた。(24)天武四年（六七五）二月に開始された祈年祭は、仲春二月に（平安時代には二月四日）、天皇は宮中で御年《みとし》の皇神《すめがみ》（稲の稔りをつかさどる神）をはじめとする神々にその年の豊作を祈り、神祇官（天武朝では神官）から全国の神社へ奉幣を行う、律令制国家では最大の祭祀である。(25)御年の皇神は、大和国葛上郡の葛木御年神社（御所市東持田に鎮座）の祭神で、葛城地方に住んでいた渡来系の人々が祀っていた神である。祈年祭祝詞には、六御県の皇神、六所の山口神、四所の水分神《みくまり》がみえるが、いずれも奈良盆地やその周辺で祀られていた神々（地方神）である。天武四年からはじまった祈年祭では、これら地方神が国土全体の豊作を祈願する国家神に昇格させられたのである。(26)

三つ目は「仏教思想にもとづく仏事法会」の全国的な展開である。天武五年十一月、諸国に使者を遣わして金光明経と仁王経を説き、同九年五月、宮中や諸寺に金光明経を説かしめた。持統六年閏五月には京師・四畿内に金光明経を講説させ、同七年十月、諸国に仁王経を説かせ、同八年五月、金光明経を諸国に送付し、毎年の正月に当国の官物をもって読経の費用にあてることを命じている。金光明経の読誦は国家祭祀として恒例化し、国家が主催する仏教儀礼が宮廷・中央諸寺・地方諸国で一斉に執り行われるシステムが整備されていった。全国規模の護国法会を国家が主導・主宰することにより、天皇制イデオロギーが裏付けられることになった。

丸山裕美子氏は、天智朝までの礼制は中国的な礼の導入であるのに対し、天武天皇は新たな「ヤマトの礼」を創出したと指摘している。(27)白村江の敗戦により国家存亡の危機という未曾有の国難に遭遇した中大兄皇子は、中華帝国の皇帝を模した専制君主型の権力集中を志向したが、伝統的な畿内有力豪族たちには受け入れられなかった。それに対して、中華帝国のシステム導入により君主権力は従来の倭王に比べて集権的にする一方、日本古来の神祇思想にもとづく儀式も整備した天武・持統の統治姿勢が畿内有力豪族たちに支持されたと考えられる。

天智朝、とくに白村江敗戦以降の急激な中華的君主制への志向は、伝統的な畿内有力豪族たちを戸惑わせたに違いない。天智朝後期における天智と大海人皇子の対立は、〈新国家ビジョン〉をめぐる対立であったと想像される。近江朝廷の伝統的畿内有力豪族たちは天智天皇路線を継承する大友皇子を支持せず、ヤマト的イデオロギーを尊重した形で新君主イデオロギーを構築しようとした大海人皇子に期待したため、積極的な反撃を行わなかったのではないだろうか。

壬申紀の記述を分解して近江朝廷側・大海人皇子側・大和の情勢などを検討した和田萃氏は、近江朝廷側の挑発に大海人皇子グループが、やむにやまれず決起したとするのには無理があるとする。(28) 中華的君主制への性急な移行は畿内の伝統的豪族たちに受け入れられず、彼らの意向を受けた大海人皇子側が近江朝廷を襲撃して権力を簒奪したのが壬申の乱の実態と思われる。

四　天武・持統朝の歴史的意義

飛鳥宮Ⅲ—B期の遺構には、東南郭（エビノコ郭）が増設されているが、その正殿（SB七七〇一）は「大極殿」と呼ばれていた。内郭南区画の前殿（SB七九一〇）よりも「大極殿」の方が一回り大きいので、内郭・東南郭を含めた飛鳥宮全体の正殿とみられている。(29) 天皇の居住空間である内郭にあった公的な儀式空間が独立して一つの空間を形成し、天皇が重要な公的儀式の時だけ出御する殿舎として創出されたのが「大極殿（「東南郭」）」である。[30] しかしこの「大極殿」は伝統的建築様式の建物であり、天皇の独占空間とはなっていないなど、藤原宮以後の大極殿とはかなり異なっている。[31]

唐長安城・太極宮の「太極」は、中国古典の『易経』の用語では混沌とした宇宙の始原的状態を意味し、太極殿の北に位置する両儀殿の「両儀」は、その太極から生じた、万物の根源である陰と陽、ないし天と地を意味している。[32] 一方、中国の天文占星思想によれば「太極」は北極星周辺の星座を意味し、「紫微宮」の中核をなす位置にあたり、天の最高神である天帝（昊天上帝・天皇大帝）の常居と考えられていた。太極殿は、天帝の代行者として天下に臨む天子の居住地を意味しており、宇宙の中心に直結する場所として認識されていた。[33] 長安は天空の秩序を地上に投影させる宇宙の都であり、天からの命を受けた者が天子となる、天命の受け皿であった。受命した天子は皇帝となって地上を統治することになる。宮城の中核をなす太極殿（隋の大興殿）は、宇宙軸を通して北極につながり、天空の秩序と地上の秩序は、天子─皇帝を媒介に王都の長安で結びつけられた。[34] 前近代の王権は、自らを宇宙の中心とし、王都（帝都）を価値と道徳の源泉とみなした。[35] このような中国の宇宙論にもとづいた王都・王宮の造営理論は、皇帝による支配の正当性の根拠となっている。太極に通じる「大極殿」は、天武がこのような中国の宇宙観・統治思想にもとづいて創出した特別な殿舎であった。[36]

中華的都城の発展過程において、天武朝の飛鳥浄御原宮（飛鳥宮Ⅲ─B期遺構）は一定の段階に達したが、「大極殿」が伝統的建築様式であるように、ヤマト的イデオロギーも依然内包されている形態を取っている。中華的とヤマト的の混交形態が看取されるのが天武朝の特徴の一つである。

本書第六章で言及したように、皇極天皇は日本王権史上はじめて、群臣の推挙によらず大王家側の意志により生前譲位を行った。持統天皇は、軽皇太子に生前譲位したあと太上天皇となった。太上天皇を置く制度は中国にはみられない日本独特の王位継承システムだったが、このような変化の出発点が皇極から孝徳への大王交代であった(37)。本書第六章四節で考察したように、これ以降「王位継承に関する大権」をヤマトの大王が獲得することになるが、皇位継承について絶対的な権力を獲得したとまではいえない。

『続紀』文武即位前紀には「高天原広野姫天皇の十一年、立ちて皇太子となりたまう」とあるが、『書紀』には軽皇子立太子の記事がない。『懐風藻』によると、高市の死後、持統は群臣を「禁中」に集めて日嗣をたてることをはかった。群臣はそれぞれに意中の皇子を押してまとまらなかったが、葛野王（大友皇子の子。母は天武の娘）が「神代以来、子孫相承が国の法だ。兄弟相承すれば乱となる」と説き、軽皇子即位の流れを作りだした。持統ですら一存で皇位継承者を決定することはできず、群臣にはかるという手続きが必要だったのである。

しかし、従来のレガリア奉呈は即位以前に行われる即位者決定の儀式であり、群臣推戴の象徴であったが、持統はそれを即位式の儀式の一部に組み込んでしまっている(38)。王位（皇位）継承者の決定や継承儀式における群臣の役割を弱め、王（天皇）の側のイニシアチブを強化することに成功している点が持統朝の特徴である。

大宝律令編纂にかかわった人々を分析した青木和夫によれば、大宝律令編纂者には帰化系氏族が目立つ。薩弘恪は初代の帰化人だが(39)、伊吉・調・白猪・黄文・鍛・山口・田辺など、古くからの帰化人は全体の半数に近い。また、藤原・土部（土師）・坂合部のような日本古来の豪族でも、一族に大化改新以来、留学生・学問僧などを出して大陸文化に親しんでいる(40)。飛鳥池遺跡の工房は乙巳の変以後、蘇我氏配下の工人たちを再編したものと推測されている。天武朝に第二次の大規模な整備が行われた(41)。

木簡から確認できる浄御原令制下の中央官司は「○○官」が基本で、一部「○○職」があるにすぎず、官司間の上下関係はある程度定まっていたが未熟な段階であった。[42] しかし、官司に配属された下級官人たちが組織だった動きをするようになり、荒削りながらも官人制度が機能しはじめたことになる。斉明朝に饗宴施設が置かれた石神遺跡には、天武朝では官衙施設が建設された。天武朝における官僚機構、とくに下級官人層の整備・拡大に対応して官司が周辺部にまで展開されていったのだ。[43] 天武・持統朝の特徴の一つとして、律令制度の実務面で活躍する貴重な中小官人（テクノクラート）を再編成し、育成するシステムを構築したことが挙げられる。

註

（1）青木和夫『日本律令国家論攷』（岩波書店、一九九二年）。
（2）東野治之「『続日本紀』の「大略以浄御原朝廷為准正」」（『日本歴史』四五三、一九八六年）。
（3）市大樹「飛鳥浄御原令について」（『歴史と地理』六四五、山川出版社、二〇一一年）二六頁。
（4）青木前掲註（1）、八四頁。
（5）市前掲註（3）、二三頁。
（6）大隅清陽「大宝律令の歴史的位相」（大津透編『日唐律令比較研究の新段階』山川出版社、二〇〇八年）。
（7）篠川賢『飛鳥と古代国家』（日本古代の歴史　二、吉川弘文館、二〇一三年）二〇五頁。
（8）直木孝次郎『持統天皇』（新装版、吉川弘文館、一九八五年）一六九―一七〇頁。
（9）直木孝次郎『日本の歴史』二　古代国家の成立（中公文庫、一九七三年）三四七頁。
（10）布目潮渢・栗原益男『隋唐帝国』（講談社、一九九七年）一〇九―一一〇頁。
（11）日本では皇帝に即位してからも則天武后と呼ぶことが多いが、この名称は彼女が自らの遺言により皇后の礼をもって埋葬された事実を重視した呼称である。彼女が皇帝として即位した事実を重視して「武則天」と呼ぶことにする。
（12）和田萃『飛鳥―歴史と風土を歩く―』（岩波書店、二〇〇三年）一七八頁。

(13)『日本歴史大系』一（古代）（山川出版社、一九八四年）四二三頁（早川庄八執筆）。
(14) 直木前掲註(9)、三四五—三四八頁。篠川前掲註(7)、二〇六—二〇七頁。
(15) 直木孝次郎、前掲註(8)、一四〇頁。
(16) 義江明子『天武天皇と持統天皇』（山川出版社、二〇一四年）四一頁。
(17) 早川は前掲(13)、四二九頁で、「天武天皇の専制政治ないしは天皇と皇后との協同政治」と記しているが、皇后が専制的権力核の一員であるか否かは重大な差異であり、両者は峻別すべきである。なお北山茂夫は「天皇、皇后による排他的な共治体制」と表現している（同『天武朝』中公新書、一九七八年）一二八頁。
(18) 前掲(13)、四三〇頁。
(19) 和田前掲註(12)、一八一頁。
(20) 直木孝次郎「天照大神と伊勢神宮の起源」（『日本古代の氏族と天皇』塙書房、一九六四年）。
(21) 同右、一八三頁。
(22) 岡田精司「律令的祭祀形態の成立」「大化前代の服属儀礼と新嘗」（『古代王権の祭祀と神話』塙書房、一九七〇年）。
(23) 早川庄八「律令制と天皇」（『日本古代官僚制の研究』岩波書店、一九八六年）。
(24) 西郷信綱「大嘗祭の構造」（『古事記研究』未来社、一九七三年）。
(25) 前掲註(12)、一八三頁。
(26) 同右、一八四—一八五頁。
(27) 丸山由美子「律令国家と仮寧制度」、大津編前掲註(6)。
(28) 和田前掲註(12)、一六二頁。
(29) 林部均『飛鳥の宮と藤原京』（吉川弘文館、二〇〇八年）一三九頁。
(30) 同右、一四〇—一四一頁。
(31) 市大樹『飛鳥の木簡』（中公新書、二〇一二年）一〇四頁。

(32) 妹尾達彦『長安の都市計画』（講談社、二〇〇一年）一三九頁。
(33) 同右、一三九―一四〇頁。
(34) 同右、一五二頁。
(35) 同右、一五八頁。
(36) 林部前掲註(29)、一四四頁。
(37) 吉村武彦『古代王権の展開』（〈集英社版日本の歴史③〉、一九九一年）一六一頁。
(38) 熊谷公男「持統の即位儀と『治天下大王』の即位儀礼」（『日本史研究』四七四、二〇〇二年）。溝口睦子「神祇令と即位儀礼」（黛弘道編『古代王権と祭儀』吉川弘文館、一九九〇年）。
(39) 本書第一章五節の⑩で考察したように、天智朝以降は「帰化人」の用語が科学的に妥当と考える。
(40) 青木和夫『日本の歴史』三　奈良の都（中公文庫、一九七三年）四二頁。
(41) 義江前掲註(16)、五六頁。
(42) 市前掲註(31)、二二七―二三〇頁。
(43) 同右、一〇二頁。

終章　総　括

一　「天智系」・「天武系」の再検討

乙巳の変を契機にはじまる一連の政治的変革は、宮都の造営や律令法制の整備、それに国内支配のもととなる地方行政組織の構築など、諸点において画期性が垣間みられる。本書第六章で引用した石母田正の指摘のごとく「たんなるクーデターでも、政変でもない」特異な歴史的事件であった。政敵打倒に関する周到な計画と、権力の掌握後における国家改造プランの策定を前提とした大改革事業である。

この事業は、権力を独占的に執行する王権のみの存在では実現できない。王権の強化や国家機構変革に関する、中華帝国の支配イデオロギーに精通したイデオローグの存在が不可欠である。イデオローグとして想定されるのは、遣隋使に従って中国に留学し舒明朝に帰国していた南淵請安・高向玄理・僧旻などである。乙巳の変での勝利以後、「改新」政府のブレーンにすえられた彼らの改革事業を実行に移すためのテクノクラートを養成・編成するための方策を講じた。皇極朝に案出された国家改造プランは、その後の国際情勢の変化や実際の行政事務遂行のなかで修正されていき、大方針である《中華帝国的統治体制》が本格的に始動したのは天武・持統期からと考えられる。

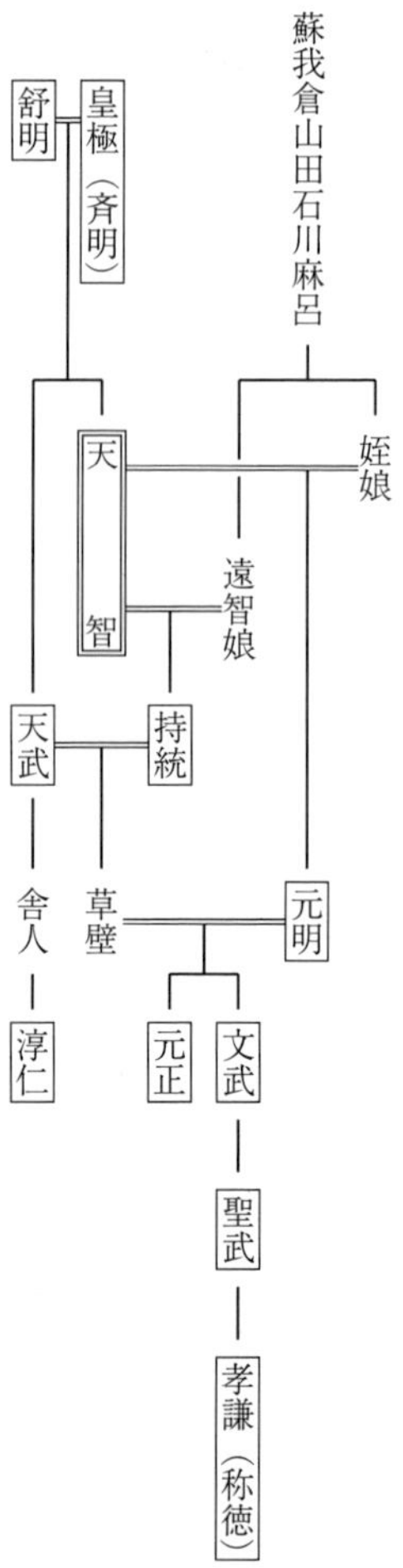

図16　天智を中心とした天皇系図
□内は天皇

ところで壬申の乱で自害した大友皇子は天智天皇の子であったことから「天智系」とされ、天武天皇以後、持統・文武・元明・元正・聖武・孝謙（称徳）・淳仁の歴代天皇は「天武系」とされる。このうち天武の子である草壁皇子の直系子孫である文武・元正・聖武・孝謙（称徳）、天武の直孫である淳仁などを「天武系」とするのは妥当と思われるが、持統・元明を「天武系」とするのには無理がある。当該天皇を天智との関係で整理すると図16のようになるが、持統と元明は天智の娘なので〈天智系女性天皇〉であり「天智系」とすべきである。天武天皇から称徳天皇までの歴代天皇を「天武系」と考える認識について、平安朝の皇統を「天智系」と考え天智朝を殊更に称揚しようとした三善清行の認識を参考に考察する。

三善清行は昌泰四年二月二十二日、「革命勘文」を朝廷に提出し、改元によって天道に応じ得る証拠四か条を列挙し、改元のあるべきことを論述した。第一条では、辛酉年を蔀首《ほうしゅ》として辛酉革命・甲子革令の説をとる『易緯』と、戊午年を蔀首として戊午革運・甲子革政の説をとる『詩緯』を比較して、『易緯』を採用する。以下、三善清行の「革命勘文」の一部を引用する(1)。

『易緯』に云う、「辛酉を革命となし、甲子を革令となす」と。鄭玄曰く、「天道は遠からず、三五にして反る。六甲を一元となし、四六二六交相乗じ、七元にして三変あり、三七相乗じて、廿一元を一蔀となす。合わせて千三百廿年」と。

辛酉の年は（天命が改まる、あるいは王朝が交代する）革命の年である、という『易緯』の説に対して鄭玄は、四六（二四〇年）と二六（一二〇年）の天道大変（変革年数）を相乗して得られる一三二〇年の周期を一蔀とする、との注を付している。

清行は「日本記（『日本紀』）」により、神武が即位した辛酉年（前六六〇）を「辛酉革命の首」とすべきとする。

謹みて日本記を案ずるに、神武天皇はこれ本朝人皇《にんこう》の首《はじめ》なり。然れば則ち、この辛酉は、一蔀革命の首となすべし。

『日本書紀』（以下、『書紀』）に厩戸皇子（聖徳太子）がはじめて宮室を斑鳩に興す、と記されている推古九年（六〇一）の辛酉年よりも、その六〇年後の斉明七年辛酉（六六一）の方を清行は重要視する。この年を「天智天皇即位辛酉の年」とみなし、神武天皇即位元年に匹敵する蔀首と設定した清行は、これこそ『易緯』の一蔀＝一三二〇年説に合致するものと明言している。『書紀』で天智「称制」元年とされている六六一年を天智「即位」元年とした清行は、この年から四六＝二四〇年経た「今年（昌泰四年）」こそ大変革の年に当たると主張する。[2]（〔　〕内の傍注は中野が付す）

天智天皇は、息長足日広額天皇〔舒明天皇〕の太子なり。位を母・天豊財重日足姫天皇〔皇極・斉明天皇〕に譲り、舅《おじ》・天万豊日天皇〔孝徳天皇〕に及ぶまで十一年間、なお太子となりて万機を摂《おさ》む。ここに内臣中臣鎌子連と与《とも》に、賊臣蘇我入鹿并びに入鹿の父大臣蝦夷臣を誅す。また新羅を伐ちて百済を救い、高麗を存し粛慎を服す。天豊財重日足姫天皇、七年辛酉秋七月に崩じ、

天智天皇即位す。【大唐高宗龍朔元年にあたる】
三年甲子春二月、詔して冠位の階を換え、更《あらた》めて二六階となす。織、縫、紫におのおの大小あり、錦・山・乙にもまた大小あり、大小の中に上中下あり、建もまた大小あり、これ二六階となす。その大氏の上には大刀を賜い、小氏の上には小刀を賜う。伴造などの氏上には干楯・弓矢をたまう。また民部・家部を定む。夏五月、大唐の鎮百済将軍劉仁願、朝散大夫郭務悰らをして、来たりて表を進《たてまつ》りて、物を献ぜしむ。【大唐高宗麟徳元年にあたる】
已上、革命・革令の徴、倭漢甚だ詳なれば、さらに具戴せず。
四六。
今年辛酉。【昌泰四年なり】

清行は神武即位元年以降、四六・二六の変革年数を挙げるが、千年以上経っても『日本記（紀）』には辛酉革命・甲子革令を証するにふさわしい史実がほとんどみあたらない。そこで清行は、日本の文字記録が「養老の間」にはじまり、それまでは口伝によったため「代々の事変、まさに遺漏あるべし」と苦しい説明を加えている。(3) 他にも、四六・二六の該当年ではない景行天皇五十一年を崇神天皇三十八年から一八〇年後の変革年としたり、壬子年である允恭天皇即位元年を辛酉と記載しているなど、「誇張や作為」がみられる。(4)

さらに第二条では前年秋の「彗星」を「これ旧を除き新を布《し》くの象」、第三条では前年秋以来「老人星」(5) がみえることを「聖主長寿、万民安和の端」とするなど、辛酉革命説とは直接関係のない天文現象を挙げて辛酉革命説の前兆とみなして自説の補強を図っている。(6)「誇張や作為」を重ねてまで「神武天皇の建国創業」と「天智天皇の中興基業」を強調し、改元による施政刷新を図るべきと醍醐天皇に進言している。(7) 清行によれば、神武即位元年から一蔀経った革命年は西暦六六一年のこととなり、革令年は六六四年のこととなる。革命年の六六一年は斉明天皇が崩御した年であり、清行は天智天皇の即位元年であるとする。革令年の六六四年（天智称制三年）には、甲子の宣が公布されている。清行が六六一年と六六四年を強調し、六六一年を天智天皇の即位元年とみなした背景には、光仁天皇即位以降、平安時代の歴代天皇が「天智系」だったとする認識があり、皇統の重要なメルクマールを天智天皇即位に求めたのではないだろうか。しかし前掲の図16をみれば持統と元明は天智の娘なので〈天智系女性天皇〉であり、天武を天智の弟として加えれば、この三天皇を「天智系」ということも可能である。平安朝の皇統への認識とは異なり、天武―持統―文武―元明は「天智系」と解釈することが可能である。少なくとも、天智の娘である鸕野皇后が政治に深く参画していた天武朝や鸕野自身が天皇となった持統朝を、「天武系」王統とするのは困難である。

乙巳の変が中華帝国をモデルにして倭国の君主像や国家体制を改変しようとするプランにもとづいた点に特徴をもつ政変であったとすれば、その後の正方位の宮殿造営や天皇号の正式採用、緻密な地方行政単位の設定や全国統一の税制の実施による「小帝国」建設の指向性は、舒明＝皇極夫妻の血脈に連なる天皇たちが継続的に実現していった統治機構構築の企てであったと評価すべきである。中核的存在であった歴代天皇の皇統をあえて抽出すれば、「舒明＝皇極の血脈」もしくは「押坂彦人大兄系」となり、「天智系」「天武系」と二分することに有意な差はない。

注目されるのは、持統と元明の母親（遠智娘《おちのいらつめ》と姪娘《めいのいらつめ》）がいずれも蘇我倉山田石川麻呂の娘だということである。本書第五章の二節で詳述したように、石川麻呂が発願した山田寺は、中国の思想・技能を習得した師となりうる出家者がいて、多くの書物が収蔵されている「カルチャー施設」であった。『上宮聖徳法王帝説』裏書によれば、山田寺は舒明十三年（六四一）三月に整地工事がはじめられ、二年後の皇極二年には金堂の建立がはじまり、大化四年（六四八）には僧が居住しはじめる。大化五年には、孝徳天皇により派遣された穂積咋が兵を率いて山田寺を包囲したため、石川麻呂は妻子と共に山田寺で自害した。天智二年（六六三）に塔の建設がはじまるのには、天智天皇の嬪であった姪娘の助力があったものと思われる(8)。しかし心柱を建てられたのは天武二年（六七三）のことで、塔の建設は順調ではなかったらしい。天武朝に入って造営が進捗したのは、石川麻呂の孫にあたる鸕野皇后の尽力によるものとみてよい。祖父石川麻呂への思いも偲ばれる。天武十四年八月十二日に天武天皇が「浄土寺（山田寺）」に行幸しているように、天武天皇も助力したものと思われる(9)。七世紀後半、中国思想受容の重要施設となっていた山田寺は、舒明＝皇極の血脈の治世と密接に関連しながら建設が進められており、いわゆる「大化改新」の改革事業の伸展と併行して伽藍が整備されていったのである。

『書紀』大化五年（六四九）三月是月条に、

「皇太子の妃蘇我造媛《みやつこひめ》、父大臣の（物部二田《もののべのふつたの》）塩の為に斬らるることを聞き、心傷《きず》つき痛み惋《なげ》く。塩の名を聞くことを悪《にく》む。ゆえに造媛に近侍する者、塩の名を称するを諱み、改めて堅塩《きたし》という。造媛、遂に心の傷つくに因りて死に致る」とある。造媛は遠智娘のこととされているが、遠智娘は白雉二年（六五一）に建皇子を産んでいるので、この直後に亡くなったのではないかと推測されている(10)。

遠智娘の死後、子の大田皇女・鸕野皇女・建皇子たちは父方の祖母である皇極上皇の手もとに引き取られたのではないかと北山茂夫は推定している(11)。斉明三年（六五七）に鸕野皇女は大海人皇子の妃となった（『書紀』持統即位前紀）。姉の大田皇女も大海人の后になっていたが、天智三年から六年の間に亡くなっており、鸕野は大海人皇子第一の妃の地位を獲得していた(12)。

山田寺は、鸕野皇女（持統）・阿閇皇女（元明）にとっては祖父の発願した寺であり、乙巳の変以降、長期にわたる国制改革の動きを背後で支える思想的・文化的拠点であった。七世紀後半、中華的統治理念や中国思想などを受容していくヤマト王権中枢において、鸕野皇女・阿閇皇女は権力の変化の最前線に同席し、新たな国家体制の運営当事者として重要な位置を占めていたはずである。開明的な祖父・石川麻呂を思慕し、政治改革の中心にいた皇極（斉明）の傍らで、父・中大兄皇子（天智）の政策遂行を目のあたりにしていた鸕野皇女は、乙巳の変以来の大変革の意味を最も正確に理解していた人物であるとも評価できる。

『書紀』が、乙巳の変の実行行為者としての中大兄皇子を称揚し、大部の壬申紀で大海人皇子の行動を正当化し律令制度整備の功労者として大海人を印象づけているという特徴をもつことは、《中大兄の娘》であるとともに《大海人の妃》でもあった鸕野（持統）の治世に『書紀』の実質的な編纂作業が進められていたことと無関係ではなかろう。舒明＝皇極夫妻の治世に設定された《中華帝国的統治体制》の確立という方向性を、天智―鸕野の父娘が完成させたのが、「大化改新」と呼ばれた事業であったと結論づけたい。

二　日本古代国家成立過程と「国際的契機」「帝国性」

本書では日本の国家成立過程を石母田正の提言に従い国際的契機に注目して考察しようと試みた。国際的契機といった場合、一般的には「外交交渉」や「外交的対立」、それに「戦争」や「周辺国における政変」などを指すが、本書ではそれに加えて「動乱の朝鮮半島からの避難民・亡命者集団の移住による社会の変動」に注目した。

とくに六世紀前半における加耶諸国の滅亡と、それに伴う避難民・亡命者などが日本列島各地に定住する過程で先進文化を移植したことに着目した。上毛野における地域開発の「尖兵（先兵）」として貢献した朝鮮半島系移住民が馬匹生産・製鉄・治水・森林資源活用など先進技術を将来したことが典型例である。

彼らにより伝播した先進文化・技術は、畿内から直接、あるいは上毛野などの関東経由で東北地方にも伝えられた。

継体朝以降における仙台～大崎平野への東国勢力の進出は、ヤマト王権の強い影響力のもとに遂行された動きであると考えられる。六世紀前半以降、ヤマト王権の強い関与の下に上毛野が馬と軍団の供給拠点として整備されていく動向は、東北における後期古墳文化の様相と連動している。

一般的な外交関係による日本国家体制の成立過程については以下のように考えた。推古朝においては、「天皇大帝」「北辰」など古代中国の天文知識や八角形世界観にもとづく中華的君主像が受容され、それにもとづく朝鮮半島諸国に対する帝国的な振る舞いが確認できる。中華的君主像にもとづく倭国君主像の改変は舒明＝皇極夫妻の直系一族周辺が進めていった。皇極元年に倭国に渡来してきた百済王族の豊璋の存在は、倭国の帝国性志向を強化し、天智初年における豊璋の百済王冊立で完成をみる。天皇称号は、推古朝には中国思想の一部として受容されていたが、倭国王の正式な君主号として確立したのは天智七年と思われる。日本国号についても天智年間に唐王朝に国号変更の申し出があり、大宝度の遣唐使に対して武則天が正式に承認したものと思われる。

序章でみた明治維新の国際的契機は、「ペリー来航」による世界資本主義の来襲という対外的契機からはじまり、明治維新政府の樹立によって一応の結末を得る。しかし、幕末維新期の日本に対する対外的契機は他にもある。「ペリー来航」以前でも、一八〇八年（文化五年）のフェートン号事件、一八三七年（天保八年）のモリソン号事件、一八四〇～四二年のアヘン戦争などが挙げられる。

フェートン号事件では、日本側に人的・物的な被害はなく、人質にされたオランダ人も無事に解放されて事件は平穏に解決した。(13) しかし家老数人が切腹し、藩主鍋島斉直《なりなお》が幕府から百日の閉門を命じられるなど屈辱を味わった鍋島藩は、次代鍋島直正の下で近代化に尽力し、明治維新の際に大きな力をもつに至った。この事件を契機とし、知識人の間で英国は侵略性をもつ危険な国「英夷」であるとみなされ、研究対象となった。幕府は一八〇九年に本木正栄ら六名の長崎通詞に英学修業を命じ、それに続いてオランダ語通詞全員に英語とロシア語の研修を命じた。本木らはオランダ人商人ヤン・コック・ブロンホフから英語を学び、一八一一年には日本初の英和辞書『諳厄利亜《あんげりあ》興学小筌《こうがくしょうせん》』一〇巻が完成し、一八一四年には幕府の命による本格的な辞書『諳厄利亜語林大成《ごりんたいせい》』一五巻が完成した。[14] しかしフェートン号事件ののち、オランダ商館長（カピタン）ドゥーフや長崎奉行曲淵景露らは臨検体制の改革を行い、秘密信号旗を用いるなど外国船の入国手続きが強化された。モリソン号事件については、モリソン号が商船で非武装だったうえ、日本人漂流民の送還のために来航していた事実が一年後に判明すると、異国船打払令に対する批判が強まった。渡辺崋山が『慎機論』、高野長英が『戊戌夢物語』を著して幕府の対外政策を批判したため捕らえられて獄に繋がれるなど罰を受ける蛮社の獄が起こった。

　このように欧米船舶の来航に強硬姿勢を崩さなかった幕府を震撼させたのがアヘン戦争である。清朝の敗戦は清の商人によっていち早く幕末の日本にも伝えられ、清の半植民地化という現実は日本に衝撃を与えた。とくに異国船打払令を出すなど対外強硬政策をとっていた幕府は驚愕し、一八四二年（天保十三）、異国船に薪・水の便宜を図る薪水給与令を発するなど欧米列強への態度を軟化させた。[15] これらの事象から得られる歴史的教訓は、国外における変化を正しく理解し、適切な対応を施せないでいると、改革を実行することはできない。強硬な政策に固執し改革をせずにいると、決定的ないし致命的な衝撃（軍事的敗北や経済的打撃など）を受けてから改革に着手することとなり、最悪の場合は体制崩壊が不可避となる、ということである。

　本書では、一貫して〈国際的契機〉が国内体制（内政）に変革を誘引するという視点から考察してきたが、適切な国内統治体制を築かなければ危機は克服できない。七世紀倭国の為政者たちが選択した、中華的国家体制（小帝国）の構築による事態打開の企図は、少なくとも天皇中心の統治体制が南北朝期まではまがりなりにも維持できたという歴史的事実をみるかぎり、成功したと判断できる。しかし、政治的・文化的中心から遠隔の地域やその住人を「夷狄」と蔑み、外国人を忌避・差別する態度は時代の変化に応じて様態を変形させながら受け継がれ、昭和初期には「神功伝承」の国家的承認・史実化という形で《結実》し、八紘一宇という世界観を《完成》させた。その結果、日本国民が受けることとなった不利益を考えると、正反対の評価も可能である。七人制ラグビー男子の日本代表チームが、[16]リオデジャネイロ五輪の予選トーナメント初戦で優勝候補のニュージーランドを撃破する歴史的快挙のすえ、四位となったり、二〇一五年、一五人制ラグビーW杯で日本代表チームが[17]優勝候補の南アフリカに勝って「W杯史上最も衝撃的な結果」「スポーツ史上最大の番狂わせ」などと報じられたが、いずれも外国出身の選手が日本チームの一員として大活躍しているのは、日本社会に深く根付いている中華的夷狄観が少しずつ溶け落ちている証左なのではないだろうか。[18]

最後に二点確認しておく。

〈国際的契機〉論においては石母田・芝原拓自・田中彰各氏はいずれも、日本（倭国）国内における諸条件が成熟した段階で〈国際的契機〉が重要な役割を果たすことを再三強調している。〈国際的契機〉のみを過度に取り上げて、国内状況に[19]影響を与え変革をもたらすなどという一方的な言説ではない。また、EUを「規制帝国」とみなす近年の研究動向にみられるように、「帝国」「帝国性」は近代特有の現象・特徴ではなく汎時代的にみられる現象である。

註

（1）日本思想大系8『古代政治社会思想』（岩波書店、一九七九年）五〇—五五頁。一部改変。

（2）所功『三善清行』（新装版）（吉川弘文館、一九八九年）九一—九三頁。

（3）同右、九一頁。
（4）同右、九一―九二頁。
（5）りゅうこつ座α星（カノープス、Canopus）。シリウスにつぐ全天第二の明るい恒星である。赤緯マイナス五二度四〇分に位置するため、南半球では容易に観測できるが、北半球では南の地平線すれすれにみえるだけで、大気の吸収のために減光して赤みがかってみえる。中国の伝説では寿老人の星、南極老人星・老人星・寿星などと呼ばれた（原恵『星座の神話―星座史と星名の意味』〈新装改訂版〉恒星社厚生閣、一九九六年）八二―八三頁。戦争や治安不良の際にはみえず、天下泰平の時にのみみえるというので、人々はこの星があらわれると、争って幸福と長寿を祈った（窪徳忠『道教の神々』講談社学術文庫、一九九六年）一六四頁。そのため、この星をみた者は長寿になるという伝説も生まれた。
（6）所前掲註（2）、九四―九五頁。
（7）同右、九七頁。
（8）和田萃『飛鳥―歴史と風土を歩く―』（岩波書店、二〇〇三年）一七三頁。
（9）同右、一七四頁。
（10）直木孝次郎『持統天皇』（新装版）（吉川弘文館、一九八五年）五二頁。
（11）北山茂夫『日本古代政治史の研究』（岩波書店、一九五九年）。
（12）直木前掲註（10）、九二頁。
（13）長崎奉行松平康英は切腹した。
（14）ザビエル渡来四五〇周年記念シンポジウム委員会編『薩摩と西欧文明―ザビエルそして洋学、留学生』（鹿児島純心女子大学、二〇〇〇年）。
（15）猪木正道『軍国日本の興亡―日清戦争から日中戦争へ』（中公新書、一九九五年）三―五頁。
（16）トゥキリ＝ロテ（フィジー出身）やレメキ＝ロマノ＝ラヴァ（ニュージーランド出身）・副島亀里ララボウラティアナラ（フィジー出身）などがいる。

(17) ヘッドコーチがエディー＝ジョーンズ（オーストラリア出身）、キャプテンがマイケル＝リーチ（ニュージーランド出身）であったのをはじめ、ホラニ龍コリニアシ（トンガ出身）・アマナキ＝レレィ＝マフィ（トンガ出身）・マレ＝サウ（ニュージーランド出身）など。埼玉工業大学深谷高校（現・正智深谷高校）在学中にラグビーをはじめたホラニ龍コリニアシ選手が「僕は自分が外国人だとは思っていない。日本でここまで成長したから」と述べ、左腕に「大和魂」のタトゥーを入れているように、まさに日本人である。

(18) 現代的事象を古代史研究と結びつけることはできないとの批判に対しては、二〇一六年六月に日本で封切られた映画『帰ってきたヒトラー』の撮影をめぐるエピソードが回答になるかも知れない。この映画でヒトラーに扮したオリヴァー・マスッチが、実際にベルリンなどの街中に現れ市民と対話するアドリブ形式の撮影をしたところ、「ヒトラー」との《自撮り》を希望する者が殺到し、約二万五〇〇〇回も応じることになった。マスッチはインタビューで、「まるでポップスターだった」と振り返っている（「現代ドイツにヒトラー出現、強制収容所に大衆は『いいね！』」〔『AERA』二〇一六年六月二七日号〕）。監督のデヴィッド・ヴェンドは「多くの人々がヒトラーを見て嬉しそうだった」「彼らはヒトラーを受け入れ、ヒトラーに心を開いたんだ」と述べている（「プロダクションノート」〔映画パンフレット『帰ってきたヒトラー』GAGA、二〇一六年六月一七日〕）。ヒトラーは過去の人物であるが、彼にまつわる〈課題〉は、現代社会が抱える〈課題〉なのである。

(19) ＥＵ（ヨーロッパ連合）が指向する欧州統合の動きは、本来、「帝国」の復活を目指したものではなく、米ソ冷戦の狭間に置かれて呻吟していた欧州の自衛策であった。ところが既存の主権＝国民国家を超えた統合が進むことにより、中央に統一機構をもちながら下位に国家や社会を包含する新たな支配秩序が形成されるヨーロッパは、「帝国」イメージと重ねてみることが可能になる。このような観点からＥＵを「完全な意味での帝国」ではないが、グローバルな市場経済の発展に伴って出現した「新しいタイプの帝国」ないしは「帝国性を含んだ政治主体」であるとする仮説に立ち、ＥＵを「規制帝国（Regulatory Empire）」と位置づけた鈴木一人氏の研究（「『規制帝国』としてのＥＵ」〔山下範久編『帝国論』講談社選書メチエ、二〇〇六年〕）によれば、米同時多発テロ以後に唱えられたブッシュ・ドクトリン（先制攻撃論）は「典型的な一九世紀の世界帝国」としての主張であり、その提唱と同時期にＥＵが「規制帝国」として登場してくるのだ。ＥＵは中東欧諸国と旧植民地諸国に対して「規制帝国」としての影響力を行使し帝国的な支配権を形成してきたが、あくまでも地域的な「規制帝国」であり、その「帝国性」は限定されている。限定される原因は「規制帝国」が究極的には暴力によって支配を確立するという権力をもたないからであり、その未来像は不明とされる。

初出一覧

序　章　問題の所在

「三　『国家』の定義」は、書評「鈴木靖民著『倭国史の展開と東アジア』」（『唐代史研究』一六号、二〇一三年八月）の一部に加筆修正し、「六　『世界帝国』論および『帝国性』」は、書評「廣瀬憲雄著『東アジアの国際秩序と古代日本』」（『日本史研究』六〇二号、二〇一二年一〇月）の一部に加筆修正した他は、新稿。

第一章　天智朝の帝国性と東アジア情勢

「天智朝の帝国性」（『日本歴史』七四七号、二〇一〇年八月）に加筆修正した。

第二章　日本国号の成立（新稿）

第三章　加耶諸国滅亡と吉備

「推古朝と帝国性」（専修大学社会知性開発研究センター『東アジア世界史研究センター年報』第五号、二〇一一年三月）の一部に加筆修正した。

第四章　加耶諸国滅亡と上毛野・東北（新稿）

付　論　榛名山二ツ岳と浅間山天明三年の噴火（新稿）

第五章　舒明朝—遣唐使・百済大宮・八角形墳—（新稿）

第六章　皇極朝～孝徳朝—百済大乱・中華的王権・阿倍氏・「大化改新」—（新稿）

第七章　斉明朝—百済滅亡・「興事」・蝦夷—（新稿）

第八章　天皇号成立と中国・朝鮮の祭天思想（新稿）

第九章　天武・持統朝（新稿）

終　章　総括（新稿）

あとがき

昨年七月、小口雅史氏と佐藤信氏から論文集執筆のご提案を受けた。一年間という短期間で論文集を執筆するのには不安が先立ったが、最近、課題にしているテーマについて自説をまとめる絶好の機会とも思った。平成二十年に刊行した前著『日本古代の外交制度』を、國學院大學に博士論文として審査していただいた時、主査の鈴木靖民先生から「中野さん。対外関係というのは外交史を研究するのではないんですよ。国家成立史の研究なんですよ」とのお言葉をいただいた。千鳥足状態ながら日本古代国家の成立過程について考えをまとめつつあったので、しばらく悩んだあとお受けすることにした。

日本の国家成立過程を石母田正の提言に従い国際的契機に注目して考察しようと試みた。国際的契機といった場合、一般的には対外的危機（戦争や外交的対立、周辺国における政変など）を指すが、本書ではそれに加えて「動乱の朝鮮半島からの避難民・亡命者集団の移住による社会の変動」に着目した。また「自然災害からの復興」という視点も設定した。

私が大学院生時代、慶應義塾大学には国史研究会という学生組織があったが、その幹事のような立場になった時、峰岸純夫先生にご講演をしていただくという話がもちあがり、私が依頼することとなった。その時にお話になったのが「女堀」の話であった。峰岸先生は、自然現象が人間社会に及ぼす影響の大きさにもっと注目すべきだとおっしゃって、上野国（群馬県）が火山噴火の被害に遭ったことを契機に、それまでの所有関係・生産関係が解消される一方、その時点での在地の情勢や支配関係の強い影響下で、新たな耕地・居住地・生産関係が再構築されていることを指摘なさった。当時の私には、「女堀」という名称の不思議さばかりが印象的で、先生の仰りたいことはほとんど理解できなかった。*

* 「女堀」に関する峰岸先生の研究については、能登健・峰岸純夫『浅間火山灰と中世の東国』（よみがえる中世5）平凡社、一九八九年）、とくに「3　女堀の謎を解く」を参照。峰岸先生は、東日本大震災を受けて自然災害史研究の重要性をあらためて強調されている（同「自然災害史研究の射程」〔『歴史学研究』九〇三、二〇一三年三月）。

先生のお話を思い出す契機になったのが、東日本大震災の被災地見学である。震災の翌年（平成二四年）のゴールデンウィーク、立ち入り禁止が解除されたばかりの南相馬市を東京農業大学の門間敏幸先生と視察して回った。三台の車が並んだ姿でガードレールに乗り上げ、タバコの自販機が田んぼのど真ん中に立ち、家と背後の崖の間に自動車がタテに挟まっている。海抜二〇～三〇メートルの高台の道ばたに船があり、丘の上には、家の二階部分だけが乗っかっていた。自然の力はすさまじい。

翌二五年、一橋大学名誉教授の鈴木良隆先生がコーディネートされた被災地見学ツアーに便乗し、津波で市街地が壊滅状態になった陸前高田市を訪れた。その後も数度訪れたが、行くたびに復興に向けた動きが形になっていく。被災者の方々の日常的努力はもとより、外部から支援に入り込んでいるＮＰＯやボランティア団体、大学当局や学生団体など、様々な人たちの地道な力添えも大きい。自然災害は社会を破壊すると同時に、復興に向けた動きのなかで人々は今まで以上の結束をみせ、むしろ新しい社会秩序や連帯を作り上げていく。地震・火山噴火・洪水・津波・地滑り・台風など自然災害の「百貨店」ともいうべき日本列島は、自然災害を乗り越えることで社会を作りかえ「脱皮」を繰り返しているのではないか。そう思うようになった。

昨夏、古代史サマーセミナーが企画した群馬県金井東裏遺跡を中心としたシンポジウムに参加した時、六世紀の榛名山噴火後の復興に、同時期に祖国が滅亡して倭国に渡ってきた加耶諸国の人々が貢献したのではないかとの思いを抱いた。二度にわたる榛名山の噴火により耕作地が荒廃した六世紀後半の上毛野でも、製鉄や馬匹生産などの先進技術をもった朝鮮系（加耶や百済）の人々が復興に携わったのではないだろうか。武蔵国に高麗郡が建郡されて、今年はちょうど一三〇〇年にあたり、一般社団法人「高麗一三〇〇」を中心に記念行事が多く催された。朝鮮系移民の定住は、単なる移住ではなく、地域の開発や被災地復興の一翼を担った点に注目すべきである。

最後に、前著『日本古代の外交制度史』刊行後、永遠の別れを迎えた方々について触れたい。

大学時代の指導教授だった村山光一先生が、平成二十六年三月二十五日に逝去された。学部生時代、先生の授業（国史概説Ⅰ）を拝聴し、詳細に学説を整理したのち、緻密な史料批判を施されたうえで結論を提示する姿勢に説得力を感じた。先生のゼミに参加させていただき、多くのことを学んだ。とくに大学院では、『令集解』を講読する授業で、日中の法制度や古代社会の実相に関する知識を増やすことができた。日本古代史の研究者としての基礎は、先生に鍛えていただいた。

こののち同年代の研究者の訃報に立て続けに接することとなる。同年七月二十五日、増尾伸一郎氏が急逝された。天皇称号について研究するなかで、道教に関する多くの論文を教えていただいた。それらを読んでは、感想や疑問点をファックスで送った。しばらくすると電話が掛かってきた。出だしこそ「よく読みましたね」というお褒めの言葉からはじまるのだが、すぐに説教になる。「口の利き方がなってない」「考え方が問題だ」など、一時間ほどのお説教が続く。増尾さんのお叱りが一段落ついたところで、疑問点をぶつけると丁寧な説明や参考文献を教えてもらえた。シンポジウムや研究会の懇親会でお目に掛かっても、笑いながら「中野さんとは、難しい話はしないよ」と煙に巻かれるが、こちらも引き下がらずいろいろ質問をした。いつも内容の濃い教示を得られた。本書の「第八章　天皇号成立と中国・朝鮮の祭天思想」は氏のご教示がなければ執筆できなかった（拙論の内容については増尾氏の見解と相違する部分が少なくなく、すべて中野に文責のあることはいうまでもない）。

増尾氏とは、亡くなる直前の五月一七日に東京女子大学で行われた「新しい古代史の会」でお会いしたのが最後となった。会の終了後、参加者一同で西荻窪駅近くまで移動し、増尾さんたちは居酒屋に入って行ったのだが、私は実家に戻る用事があり失礼した。増尾さんの背中に手を当て「すみません。次は一緒に呑みましょう」と謝罪した私に、振り返って笑顔で許してくれた姿は忘れない。この時の報告で増尾さんは、鳥居龍蔵の研究に関する本をいくつか紹介したのだが、それらを購入して読み進めていたところ、訃報に接し驚かされた。

同年十一月七日、三橋正氏が逝去された。黒板伸夫先生が慶應で小右記の購読会をはじめられた時、三橋さんに声を掛けてメンバーに加わってもらった。講読会が発行した『小右記註釈　長元四年』（八木書店、二〇〇八年）は、三橋さんがいたからこその成果である。黒板伸夫先生は、この翌年の五月十一日に亡くなられた。

平成二十七年七月六日、石井正敏先生が逝去された。私が対外関係史に興味をもちはじめた頃、石井先生は東京大学史料編纂所にお勤めで、史料批判に関してはすでに高い評価を受けていた。史学会の懇親会では武田幸男・田中健夫両先生と談笑する、背の高いダンディーな姿がまぶしく、私のような者が声を掛けられるような存在ではなかった。抜刷をお送りすると必ずお手紙を下さり、やや角張った特徴のある文字で拙論の内容について誉めてくださった。私が『日本歴史』に掲載した論文の注で、「国書開封権」に関する史料を取り上げて私見を述べたところ、石井先生は拙稿の批判をされた。該当論文は前著『日本古代の外交制度史』に収載されたのだが、國學院大學に学位申請した時、石井先生のご批判について再反論するよう指示された。相手は、史料解釈に関しては学界の第一人者ともいうべき石井先生である。正直、胃が痛く、精神的にかなり負担だったが、どうにかこうにか付論として書き上げた。しばらくして石井先生が「国書開封権」という用語を「外交文書調査権」に変更されたことを知った。私の主張をお認めいただいたのかも知れない。「国書開封権」をめぐるやりとりがあったあと、中央大学で行われた研究会にお邪魔することがあったが、石井先生からはきわめて丁重で紳士的なおもてなしを受けた。私信のやりとりも従前のごとく、丁寧な応対であった。研究上ではお互いの見解を激しくぶつけあったが、人間同士のつきあいという面では、非常に礼儀正しい方という印象だった。石井先生の急な訃報に接して驚いていた時、石井先生の学位論文の主査が鈴木靖民先生であることを知った。私も鈴木先生の主査で、博士（歴史学）の学位を授与していただいたが、石井先生に少し遅れて授与されていたのは大変名誉なことである。博士号に関しては、石井先生の弟弟子にあたるとの自負をもっている。

今年に入ると四月二五日に矢野建一氏が急逝された。専修大学の学長にまで登られた方だが、私に対しては常に穏やかで気さくに接してくださった。対外関係史を学んでいると文化的な事象について触れざるをえない場面があるのだが、門外漢の私の戯れ言を黙って聞いてくださった。

増尾さんからは「中途半端な報告はするな。中途半端な論文は発表するな」と叱られ続けていたが、まったく正論である。しかし増尾さんに合格点をもらえるまで努力している間に、自分の身に何かが起こるかも知れない。とりあえず現段階で、自分が最善と思える内容を世に問いたい。そのような覚悟で本書を認めた。そう遠くない日に増尾さんと冥界で再会することだろう。その時、厳しく叱責されるのだろうけれども、甘んじて受けるつもりである。

平成二十八年十月二十一日

中野　高行

〔付記〕

本書執筆にあたり、次の方々からご教示・ご便宜をいただいた。菅沼愛語・速水大・毛利英介・土生田純之・亀田修一・高久健二・内山敏行・黒田智章・眞保昌弘・深澤敦仁・若狭徹・宮島一彦（敬称略・順不同）。また、久禮旦雄・河野保博・福田陽子・堀井佳代子各氏には校正作業でご助力いただいた。文末ながら特記して深甚の謝意を表する。

なお土生田純之・亀田修一共編「特集　古墳時代・渡来人の考古学」（『季刊考古学』一三七号、雄山閣、二〇一六年一一月）、若狭徹『前方後円墳と東国社会』（吉川弘文館、二〇一七年）は本書第四章に関係する内容を少なからず含んでいるが、入稿後のためほとんど反映させることができなかった。両書の執筆者に心底よりお詫びする。

索　引

Ⅰ　人名　Ⅱ　天皇・皇族名　Ⅲ　研究者名
Ⅳ　史料・書籍名　Ⅴ　遺跡・古墳名　Ⅵ　事項

凡　例

項目は日本古代史の慣例的な読みに従った。
韓国人研究者の名前はハングル読み、中国人研究者の名前は音読みとした。
参照すべき項目を（→〇〇）と表記した。

Ⅰ　人　名

【あ　行】
阿曇連比羅夫　20, 159
阿倍臣人　166
阿倍倉梯麻呂　164～166, 168, 169
阿倍火（大）麻呂　166, 170
阿部引田臣比羅夫　195, 196, 203, 204
閼智（アルジ）　221, 222, 237
安勝　29, 30, 33, 56
韋皇后　258
市辺押磐皇子　170
稲飯（いない）命　220
犬上御田鍬　153
睿宗（李旦）　258, 259
栄留王　78, 144
恵慈（えじ）　143, 154, 223, 244
恵日→薬師恵日
淵（泉）蓋蘇文　5, 29, 76～78, 144
大野東人　204
多蒋敷（おおのこもしき）　161
太安万侶　161
忍海漢部（おしぬみのあやべ）真麻呂　88
小野妹子　212, 213, 234, 236
【か　行】
何晏（かあん）　230
郭務悰　76, 78, 272
膳傾子（かたぶこ）　170
葛城山田直瑞子（みずこ）　85
河辺麻呂　189～191, 195
義慈王　5, 26, 31, 144, 159～161
鬼室福信　76, 190～193, 196
紀大人　42
黄書造本実　202, 209
岐味（きみ）　160
糺解（→翹岐・扶余豊・豊璋）　191, 193, 196
翹岐（→糺解・扶余豊・豊璋）　159～162, 181
草壁吉士磐金　159
草壁吉士真跡（まと）　160
薬師恵日　153, 189～191
百済王敬福　26
百済王善光　26～28, 55, 83, 133
百済王良虞　27
国勝吉士水鶏（くにかつのきしくいな）　160
契苾何力（けいひつかりき）　77
玄奘法師　190, 191, 195
高侃（こうかん）　30
高宗（李治）　49, 51, 54, 58, 68, 76～78, 80, 190～192, 204, 258, 259, 272
高徳武　30～32
巨勢人臣　42
高麗若光　31～34, 51
剣牟岑（コンムゴン）　29, 30, 33
【さ　行】
境部摩理勢　145
坂合部石布連　190～193, 195, 204
坂本吉士長兄（ながえ）　160
薩弘恪　264
朱蒙　216～220, 236～238, 243
鄭玄　226, 227, 230, 271
聖徳王　67
白猪史膽津（いつ）　85, 87～89, 142
真興王　85, 92, 233
任昉（じんぼう）　69
首露（スロ）王　221, 237, 243
泉蓋蘇文→淵（泉）蓋蘇文
善徳女王　146
曹仁師　52
僧清安→南淵請安
僧旻　153, 269
蘇我赤兄　42, 200
蘇我稲目　85, 162, 166
蘇我入鹿　170, 271
蘇我馬子　85, 90, 168
蘇我蝦夷　145, 160, 175, 271
蘇我倉山田石川麻呂　146, 165, 270, 273
蘇我果安　42
則天武后（武照、武則天）　258, 259, 265, 276
蘇定方　26
孫万栄　52, 53
孫愐　70
【た　行】
太宗　5, 48, 49, 52, 59, 144, 192, 258
太平公主　258
高野長英　277
高向玄理　153, 189～191, 193, 269
竹田川辺連　171
丹比宿禰　171
襷多治比（たすきのたじひ）　171
脱解尼師今（タレイサグム）　221
智積（ちしやく）　160
智証麻立干　232
道守臣麻呂　27
中宗（李顕）　258, 259
張九節　50, 53
張玄遇　52
津守連吉祥　76, 160, 190～192, 195, 204
大解（テヘ）朱留　216
H. ドゥーフ　277
東城（とうせい）王　224, 242
董仲舒　151
【な　行】
鍋島斉直（なりなお）　276
根岸九郎左衛門　134, 135
【は　行】
裴世清　90, 233, 234
赫居世（ヒョッコセ）王　221, 222, 237
比里古（ひりこ）郎女　170
武三思（ぶさんし）　53
武則天→則天武后
扶余豊（→糺解・翹岐・豊璋）　159
J・C・ブロンホフ　277
文翽（ぶんかい）　52
文帝　54, 212, 213, 222, 250
解明（ヘミヨン）　216
解慕漱（ヘモス）　216
法興王　85, 87, 232, 233
豊璋（→糺解・翹岐・扶余豊）　14, 20, 26, 28, 29, 33, 37, 47, 76, 83, 159, 161, 162, 181, 190, 193, 196, 276

【ま　行】
曲淵景露（まがりぶちかげみち）　277
麻仁節　52
南淵請安　153, 269
三善清行　270
物部麁鹿火　166
（物部二田（もののべのふつたの））塩　274
物部守屋　166
文斤（もんきん）王　224
【や　行】
倭漢書直県　159, 165
姚璹（ようじゅ）　53
煬帝　48, 213, 222, 233, 234, 237
延烏郎（ヨノラン）・細烏女（セオニヨ）　220
【ら　行】
落下閎（らっかこう）　201
李尽忠　49, 50, 52, 53
李多祚　52
劉仁願　272
劉仁軌　26, 54
瑠璃王　216
霊雲　153
【わ　行】
渡辺崋山　277

Ⅱ　天皇・皇族名

【あ　行】
阿閇皇女→元明天皇
天豊財重日足姫（あめとよたからいかしひたらしひめ）天皇→皇極天皇
天万豊日（あめよろずとよひ）天皇→孝徳天皇
鸕野皇后→持統天皇
鸕野讃良（うののさらら）皇女→持統天皇
厩戸皇子（聖徳太子）　39, 149, 154, 162, 169, 170, 175, 225, 227, 236, 244, 271
大海人皇子→天武天皇
大田皇女　148, 190, 274
大津皇子　36, 255～257, 259
大友皇子　13～15, 42, 47, 48, 262, 264, 270
忍壁皇子　255～257
押坂彦人大兄　89, 273
遠智娘（おちのいらつめ）（造媛、天智天皇妃）　148, 270, 273, 274
【か　行】
葛野王　264
軽皇太子　179, 264
河嶋皇子　255
草壁皇子　148, 149, 155, 168, 228, 247, 255～257, 259, 270
久米皇子　170
元明天皇（阿閇皇女）　13, 14, 40, 47, 80, 148, 234, 235, 270, 273, 274
皇極天皇　90, 146, 148, 150, 153, 163, 165, 166, 169, 171, 177～180, 235, 263, 264, 269～271, 273～276
　宝皇后　166
　斉明天皇　36, 37, 60, 76, 146, 149, 150, 155, 163, 165, 166, 168, 169, 172, 189～190, 192～195, 197～207, 226, 228, 234, 235, 237, 238, 246, 247, 265, 270～272, 275
【さ　行】
斉明天皇→皇極天皇
芝基皇子　255, 256
持統天皇　6, 8, 9, 13, 15, 26, 48, 71, 143, 148, 149, 168, 169, 178, 197, 228, 235, 239, 251, 253, 255, 257, 262, 264, 265, 269, 270, 273～275
　鸕野皇后　255～259, 273, 274
　鸕野（うのの）（菟野）讃良（さらら）皇女　148, 255
聖徳太子→厩戸皇子
舒明天皇（息長足日広額天皇）　145, 146, 148～150, 152～154, 163, 165, 166, 168, 169, 171, 177, 180, 197, 227, 231, 235, 246, 269～271, 273～276
　田村皇子　145, 166, 168
推古天皇　5, 6, 39, 71, 84, 86, 89～91, 141, 143～145, 153, 162, 163, 168, 169, 175, 206, 211, 212, 214, 221, 224～226, 231, 233～235, 237～239, 251, 276
【た　行】
高野新笠　234
宝皇后→皇極天皇
高市皇子　255, 256, 264
建皇子　148, 274
田村皇子→舒明天皇
天智天皇　6, 8, 9, 13～15, 25, 36～38, 40～42, 44, 46～49, 60～62, 71, 76, 78, 141, 143, 146, 149, 163, 165, 166, 168, 169, 171, 172, 178, 180, 197, 202, 203, 207, 211, 228, 231, 234, 235, 237, 239, 256, 258, 260～262, 267, 270～273, 275, 276
　中大兄皇子　12, 36, 37, 40, 60, 76, 148, 166, 196, 199, 200, 202, 261, 275
天武天皇　6～8, 12～15, 36, 39, 47～49, 58, 59, 73, 143, 146, 149, 156, 168, 169, 172, 178, 180, 202, 211, 228, 231, 235, 239, 247, 251, 253, 255～257, 259～265, 269, 270, 273, 274
　大海人皇子　13, 255, 258, 260, 262, 274, 275
【な　行】
中大兄皇子→天智天皇
【は　行】
菩岐岐美郎女（ほききみみのいらつめ）（厩戸皇子妃）　170
【ま　行】
造媛（みやつこひめ）→遠智娘（おちのいらつめ）
姪娘（めいのいらつめ）（天智天皇妃）　148, 270, 273, 274
【や　行】
山背大兄皇子　6, 145, 175

Ⅲ　研究者名

【あ　行】
青木和夫　21, 253, 254, 264, 265, 267
青柳泰介　119
青山博樹　122
東潮　209, 248
麻生敏隆　120
網干善教　60, 156, 247
甘粕健　121, 156
新井喜久夫　156, 184
新井悟　118
新井房夫　128, 129, 135～137
荒井秀規　32, 57
荒木敏夫　15～17, 22, 183, 207, 208
飯島忠夫　208
家永三郎　59
李基白（イキベク）　249
池内宏　77, 81
諫早直人　119
石上英一　18, 20, 95, 183, 225, 244, 245
石橋宏　118
石村智　10, 21
石母田正　1, 5, 6, 9, 10, 16, 18～20, 22, 25, 34, 35, 54, 57, 67, 79, 84, 92, 179, 181, 186, 187, 239, 251, 269, 275, 278
市大樹　78, 82, 173, 174, 179, 185, 187, 254, 265, 266, 267

伊藤茂　118, 136
伊藤循　205, 206
井上薫　156, 247
井上公夫　133, 137～139
井上秀雄　70, 80, 218, 220, 241, 243, 249
井上通泰　22
井上光貞　7, 42, 59, 62, 184, 214, 219, 241, 242
井上亘　68, 69, 75, 78, 79, 241
猪木正道　279
猪熊兼勝　209
井乃香樹（こうじゅ）　79
李炳魯（ピョンノ）　56
今井啓一　63
今泉隆雄　207
今尾文昭　155, 247
今村啓爾　61
岩井克人　62
岩橋小弥太　79
上田正昭　73, 81, 209
上野祥史　119
上原真人　182
請田正幸　64
内田銀蔵　74, 81
内山敏行　93, 118, 120
梅沢重昭　97～99, 106, 118, 120, 137
江草宣友　41, 62
榎村寛之　186, 250
近江昌司　156, 247
大賀克彦　122
大川原竜一　93, 123, 154
大河内隆之　60
大崎正次（しょうじ）　227, 246, 248
大澤武男　81
大隅清陽　42, 63, 78, 82, 255, 265
大津透　185, 211, 214, 240, 241, 265
大野健一　19
大橋一章　240, 245
大橋信弥　63, 93, 184
大山誠一　58
大和岩雄　79, 239, 240, 246
大脇潔　165, 183
小笠原好彦　60, 61
岡田精司　26, 186, 266
岡本東三　60
奥田尚　207
小澤毅　186, 207
折口信夫　214, 241, 243
【か　行】
角林文雄　244
筧敏生　18, 31, 55, 56
葛継勇　72, 80
角井博　82
加藤謙吉　22, 87, 93, 141, 154
金沢英之　240
金子修一　80
金子裕之　63, 186
狩野久　96
鎌田元一　59, 154, 172, 174, 175, 185
亀田修一　86～88, 92～95, 105, 107, 110, 116, 119, 121～123, 163, 183
河上邦彦　61, 155, 208, 247
河上麻由子　214, 223, 244
川崎晃　243
川西宏幸　119
韓昇　222, 244
菊地芳朗　116, 122
岸俊男　7, 208
岸本直文　118
北川和秀　245
北康宏　215, 216, 220, 222, 224, 241
北山茂夫　274, 279
鬼頭清明　55
木下正史　147, 155, 183, 198, 200, 202, 207～209
木下礼仁　70, 80
木村茂光　20
木村正辞　74, 81
金田（きんだ）章裕　14, 44, 45, 47, 64
久保哲三　121, 156
窪徳忠　279
熊谷公男　172, 185, 206, 209, 267
栗原朋信　239, 250
黒板勝美　74, 81
黒田晃　104, 108, 109, 119～121
河内春人　14, 36, 37, 47, 58, 61, 80, 81, 205, 209, 225, 239, 240, 242, 245, 250
神野志隆光　67, 69, 70, 74, 79～81
胡口靖夫　63
小林紘一　118, 136
小林哲夫　136
小林敏男　67, 73～75, 79, 81, 82
小林正春　121
【さ　行】
西郷信綱　226, 246, 266
佐伯有清　184, 206
酒井忠夫　248
栄原永遠男　61, 63
坂上康俊　58
坂野潤治　19
坂本太郎　21, 22, 71, 80
坂元義種　55, 143, 154, 223, 244
坂靖　119, 187
酒寄雅志　18, 57
定方晟　183, 245
佐藤長門　167, 184
佐野真人　242
滋賀秀三　62, 63
志田諄一　167, 184
篠川賢　21, 265, 266
柴田実　61
芝原拓自　2, 19, 278
清水昭博　244
志水正司　81, 82
志村哲　149, 156
下垣仁志　118
下出積與　246
白石太一郎　155, 156, 163, 166, 182, 183, 246, 247
新川登亀男　21, 79, 146, 155, 250
申敬澈（シンギョンチョル）　231, 249
末松保和　96, 216, 242
菅沼愛語　64, 65
杉井健　123
杉山正明　23
鈴木治　55
鈴木一人　280
鈴木重治　207
鈴木拓也　206, 209
鈴木英夫　56, 92, 96
鈴木靖民　9, 10, 20, 21, 79, 82, 161, 181, 244
関晃　21
妹尾達彦　181, 267
千田稔　43, 63, 245
相馬充　248
【た　行】
高木晃　122, 123
高田貫太　95, 119
高田良信　60
高橋照彦　149
高橋徹　245
高橋誠明　121, 123
高橋正樹　136
滝沢修　11, 21
竹内理三　239, 250
武澤秀一　39, 60, 182
武田幸男　64, 243
田中彰　3, 19, 278
田中勝久　169, 170, 184
田中晋作　184, 232, 249
田中卓　42
田中嗣人　251
田中史生　32, 55, 56, 62

田中良之　105, 119
谷川清隆　248
崔光植（チェグワンシク）　241
張全民　80
鄭澄元（チヨントゥンウォン）　249
鄭東俊（ドンジュン）　42, 63
津田左右吉　211, 219, 227, 239, 240, 242, 250
都出比呂志　9～11, 20, 21
藤堂明保　92, 240
東野治之　58, 61, 67, 68, 72, 79, 80, 222, 244, 254, 265
遠山美津男　222, 243
戸川芳郎　151, 157, 241
都珖淳（ドグワァンスン）　218, 242
所功　278
砺波護　64
外山軍治　82
S. トピック　123
冨谷（とみや）至　62
【な　行】
内藤虎次郎　82
直木孝次郎　22, 86, 92, 164, 183, 184, 207, 208, 258, 265, 266, 279
長島榮一　204, 207, 209
長瀬一平　26～28, 55, 92
中田薫　62
中野高行　22, 63, 182, 184, 239, 241
中村賢太郎　118, 136
奈良勝司　20
西川寿勝　171, 184, 185, 249
西口寿生　209
西嶋定生　17, 22, 58, 240, 250
西谷正　93
西宮秀紀　21
西本昌弘　181
仁藤敦史　94
布目潮渢　59, 64, 265
能田忠亮（のうだちゅうりょう）　247
野口鐵郎　246
【は　行】
朴天秀（パクチョンス）　119
橋本繁　249
花谷浩　208
土生田純之　93, 106, 107, 119, 120, 136, 148, 149, 156, 249
早川庄八　157, 176, 186, 266
早川万年　21
早川由紀夫　118, 128, 136, 138
林博通　60, 63
林部均　155, 181, 186, 207, 208, 266, 267
林陸朗　242
原恵　279
伴信友　15, 74, 81
樋上（ひがみ）昇　21
肥後和男　61
菱田哲朗　164, 165, 183, 186
J. ヒックス　62
日野開三郎　30, 56
平野邦雄　59
廣瀬憲雄　18, 22, 23, 34, 35, 37, 89, 95, 206, 240
広田正史　118, 136
深澤敦仁　118
福井文雅　248
福島久雄　230, 248
福永光司　245, 246
藤川正数　156, 247
藤沢敦　121, 122
藤沢一夫　156, 247
藤沢長治　121, 156
藤田覚　19
藤根久　118, 136
藤野一之　121
藤原哲　171, 184
古市晃　177, 186
古内絵里子　187
星野良作　22, 61, 64
細井浩志　248
K. ポメランツ　123
堀井純二　240
堀敏一　62, 212, 240
本位田菊士　244, 251
洪潽植（ホンポシク）　249
【ま　行】
前田金五郎　245
前田直典　17, 22
増尾伸一郎　227, 246
増村宏　249
松久保秀胤　209
松原弘宣　172, 185
松本新八郎　17～18, 22
松村恵司　61, 208
丸山裕美子　261, 266
三上喜孝　61
右島和夫　110, 118, 119, 121
三品彰英　71, 80, 216, 220, 221, 241～243
水野敬三郎　245
水野正好　60, 62
水野祐　183
溝口睦子　267
光谷拓実　60
光永真一　93
三舟隆之　245
三宅和朗　208
宮瀧交二　32, 56
村上幸造　82
村上裕次　122
村上四男　30, 56
望月信成　156, 247
森郁夫　39, 60, 181, 182, 234
森公章　20, 34, 35, 42, 55, 57, 58, 62, 123, 172, 185, 220, 239, 243
森田悌　222, 224, 225, 243～245
【や　行】
八木光則　112～115, 122
安井良三　156, 247
柳沢一男　102, 119
柳本照男　249
山尾幸久　18, 42, 59, 62, 71, 80, 93, 124, 150, 154, 157, 247
山下範久　23, 35, 57, 280
山田俊輔　118, 119
山田利明　246
山田良三　249
義江明子　155, 186, 240, 266, 267
吉川真司　42, 62, 156, 176, 186, 208
吉田晶　96, 123
吉田敦　123
吉田孝　7, 20, 40, 41, 44, 61～63, 211, 240
吉村武彦　22, 60, 61, 64, 123, 185, 186, 267
吉村忠典　23
【ら　行】
羅振玉　82
李成市（リソンシ）　82, 249
【わ　行】
若井敏明　60
若狭徹　99, 100, 104, 108, 118, 119, 121
和田萃　62, 145, 155, 156, 198～200, 207～209, 245, 247, 262, 265, 266, 279
渡部誠　248

Ⅳ　史料・書籍名

【あ　行】
『浅間大変覚書』　132
『浅間山大焼無二物語』　132
『浅間山大変日記』　132
『浅間山津波実記』　132
「浅間山噴火大和讃（わさん）」　134
『浅間山焼荒一件』　133
『浅間山焼けに付見分覚え書き』　134
『諳厄利亜興学小筌（あんげりあこ

うがくしようせん)』 277
『諳厄利亜語林大成(ごりんたいせい)』 277
『伊吉連博徳書』 204
『惟賢比丘(いけんびく)筆記』 219
『易緯』 270, 271
『易経』 151, 263
『淮南子(えなんじ)』 149, 228, 229
『延喜式』践祚大嘗祭式 167
「大隅正八幡宮本縁起」 219, 238
【か 行】
『海外国記』 78
『懐風藻』 48, 264
「革命勘文」 270
『翰苑』蕃夷部 222, 237
『元興寺縁起』 162, 234
『漢書』 12, 201
『偽象考成(ぎしようこうせい)』 228, 230
『公式令』詔書式条 73
『百済記』 70
『百済新撰』 70, 237
『百済本記』 70, 71, 74
『芸文類聚』 69
『広韻(こういん)』 70
『後漢書』 12, 216, 217, 219, 235
『五経正義』 258
『古事記』 12, 13, 149, 214, 219, 228
【さ 行】
『西宮記』裏書 13, 47
『冊府元亀』 30, 254
『三国遺事』 85, 146, 218, 220, 221
『三国志』 216, 217, 219
『三国史記』 14, 47, 50, 67, 68, 76, 78, 79, 85, 92, 96, 159, 221, 232, 233
『詩緯』 270
『史記』 79, 211, 212
『史記正義』 68
『詩経』 226
『思玄賦(しげんふ)』 227
『資治通鑑』 64, 65, 77, 249
『信濃国浅間岳之記』 132
『釈日本紀』 70
『述異記』 69
『周礼』 226
『首楞厳(しゅりょうごん)三昧経』 223
『春秋緯合誠図』 227
『上宮聖徳法王帝説』裏書 146, 234, 273
「上古諸事」 257
『正倉院文書』「備中国天平十一年大税負死亡人帳」 86, 88
『慎機論』 277
『晋書』 48, 69, 216～219, 227, 229
『新唐書』 68～70, 75～77, 79, 205, 218,
『隋書』 74, 84, 211, 212, 214, 215, 217, 218, 220, 221, 223, 236, 238
『泉男生(せんだんせい)墓碑銘』 76～78, 82
『善隣国宝記』 78
『宋書』 193
『蘇頌(そしょう)星図』 228, 229, 247
【た 行】
『大安寺伽藍縁起并流記資財帳』 164, 168
『大唐開元占経』 229
『大唐開元礼』 226
『通典』 216～218, 222
「帝紀」 12, 257
『禰軍墓誌』 71, 72, 74
『天明浅間山焼見聞覚書』 132
『天明雑変記』 132
『唐会要』 54, 76, 192, 254
『藤氏家伝』 14, 42, 47, 72
【な 行】
『難波吉士男人書』 204, 205
『南斉書』 15
『日本外史』 15
『日本国見在書目録』 69, 70
『日本書紀私記』丁本 69
『日本世記』 72～74
【は 行】
『常陸国風土記』 172, 178
『扶桑略記』 13, 47, 61
『平家物語』 16
『戊戌夢物語』 277
【ま 行】
『耳袋』 134
『文選』 229
【ら 行】
『律疏(唐律疏議)』 258
『論語』 229

V 遺跡・古墳名

【あ 行】
飛鳥池遺跡 36, 179, 180, 264
飛鳥池工房遺跡 40, 200
飛鳥京跡→伝飛鳥板蓋宮跡
飛鳥浄御原宮→伝飛鳥板蓋宮跡
飛鳥寺西方遺跡 197
飛鳥宮遺構→伝飛鳥板蓋宮跡
天川二子山古墳 100, 103
網野銚子山古墳 99
有瀬古墳一・二号墳(有瀬遺跡) 106, 107, 130
石神遺跡 165, 197, 198, 204, 207, 226, 265
井出二子山古墳 100, 102, 105
稲荷山古墳(埼玉県行田市) 102, 103
伊熊古墳 106, 107
入の沢遺跡 111～114, 116
岩鼻二子山古墳 100, 101
岩屋山古墳(斉明天皇陵) 149, 155, 168, 228, 246
後(うしろ)二子古墳 100, 103
叡福寺北古墳(伝聖徳太子陵) 149, 155, 168, 169, 227, 246
江田船山古墳 102
尾市(おいち)一号墳 149
王山(おうやま)古墳 100, 106, 107
太田御富士山古墳 101
太田朝子塚(ちようしづか)古墳 99, 100
太田天神山古墳 100, 101, 103
太田八幡山 100
岡ミサンザイ古墳 102
御三社(おさんしや)古墳 100, 102
【か 行】
金井東裏遺跡 104, 107
金山丘陵(太田市) 105
上小塙(かみおばな)稲荷山古墳 100, 107
上丹生(かみにゆう)屋敷山遺跡 108
空沢(からさわ)遺跡 127
川額軍原(かわはけいくさばら)I遺跡 107
狐井城山古墳 102
窪木(くぼき)薬師遺跡 86, 93, 95
黒井峯遺跡 98, 102, 129, 130
牽牛子塚(けんごしづか)古墳(斉明天皇・間人皇后陵) 149, 155, 168, 169, 228, 246
剣崎長瀞西遺跡 104, 105, 107～109, 116
郡山遺跡 203, 204
五色塚古墳 99
御廟野古墳(天智天皇陵) 149, 168, 228
小山田(こやまだ)古墳(滑谷岡(なめはさまのおか)陵?) 153
【さ 行】
酒船石遺跡 196～198
佐紀陵山(みさささぎやま)古墳

99, 232
桜塚古墳群　170
笹ノ森（笹森）古墳　100, 103
下（しも）里見宮貝戸（みやがいと）遺跡　108
下芝谷ツ古墳　100, 104, 105
正円寺古墳　100, 102
城生野（じようの）遺跡（伊治城跡）　111, 112
白井遺跡群　106, 107
白石稲荷山古墳　156
白石二子山古墳　100
新金沼遺跡　111, 112, 116
千引（せんびき）かなくろ谷遺跡　86, 88
浅間山（せんげんやま）古墳　99, 100, 101
総社二子山古墳　100
【た　行】
大成洞古墳群　231
高崎情報団地Ⅱ遺跡　105
段ノ塚古墳（舒明天皇陵）　149, 153, 155, 168, 177, 180, 227, 246
断夫山古墳　102
束明神古墳（草壁皇子陵か）　149, 155, 168, 228, 247
伝飛鳥板蓋宮跡（飛鳥京跡）　36, 197, 254
Ⅰ期遺構（飛鳥岡本宮）　145, 197
Ⅱ期遺構（飛鳥板蓋宮）　162, 180, 194, 195, 197
Ⅲ－A期（後飛鳥岡本宮）　197, 199
Ⅲ－B期（飛鳥浄御原宮）　197, 254, 262, 263
天王山（てんのうやま）式土器　111
【な　行】
中尾山古墳（文武天皇陵）　149, 168, 228
中筋（なかすじ）遺跡　127
中ノ峯古墳　106, 107
中二子古墳　100, 103
七輿山古墳　100, 102, 103
南郷遺跡群　179
西大山一号墳　105
野口王墓古墳（天武・持統天皇陵）　149, 168, 228
後飛鳥岡本宮→伝飛鳥板蓋宮跡
【は　行】
波志江（はしえ）台所山古墳　105
八幡塚古墳　100, 102
平塚古墳　103, 104
不動山古墳　100, 101
別所茶臼山古墳　100, 101
保渡田古墳群　100～102
本郷稲荷塚古墳　100, 102, 106
【ま　行】
前橋寺山古墳　99, 100
前橋天神山古墳　98～101
前橋八幡山古墳　99, 100
前二子（ふたご）古墳　100, 102
摩利支天塚古墳　103
水落遺跡　198, 199
三ツ寺Ⅰ遺跡　108
南滋賀町廃寺　38, 163
宮崎遺跡　115
宮田諏訪原遺跡　127
元島名（もとしまな）将軍塚古墳　99, 100
【や　行】
梁瀬二子塚古墳　100, 102, 105
大和コナベ古墳　100, 101
八幡（やわた）観音塚古墳　100, 103, 106, 108
【わ　行】
綿貫観音山古墳　100, 103, 105, 108
和田山桜庭古墳　100, 102, 107

Ⅵ　事　項

【あ　行】
相嘗祭　261
朝倉橘広庭宮　191, 193, 196
浅間A（As―A）　132
浅間B（As―B、→天仁テフラ）　129, 132
浅間C（As―C）　126, 132
飛鳥板蓋宮　162, 180, 194, 195, 197
飛鳥岡本宮　145, 194, 195, 197, 199, 200
飛鳥川原宮　60, 194, 195, 197
飛鳥浄御原宮　36, 197, 199, 254, 255, 263
飛鳥浄御原律令　253
飛鳥浄御原令　8, 15, 42, 48, 58, 143, 173, 212, 253～255, 264
飛鳥寺　146, 154, 162, 163, 169, 180～182, 195, 197, 198, 200, 201, 223, 225, 236, 244
穴太廃寺　38, 43, 60, 163
阿輩鶏弥　211, 212
甘檮丘　195, 197, 198, 203
天都神乃御子（あまつかみのみこ）　214
天照大神　213, 214, 219, 220, 237, 238, 260
阿毎多利思比孤　221～223
麁蝦夷（あらえみし）　205
漢氏　84, 86～88, 93, 141, 154, 179, 180
安羅加耶　90, 96
伊福部　171
異国船打払令　277
石田川式集団　98～101
石の山丘　196, 200
伊勢神宮　178, 219, 260
石上（いそのかみ）山　195, 196
乙巳の変　7, 12, 40, 165, 167, 170, 180, 181, 200, 254, 264, 269, 273～275
猪名県主　170
伊予温湯宮　145
磐井の乱　117
磐瀬行宮　191, 193, 196
陰陽五行説　150～152, 167～169, 180, 231
厩坂（うまやさかの）宮　145
盂蘭盆会　195, 198, 225
蔚珍（ウルチン）・鳳坪（ポンピヨン）碑　233
永徽律令　258
益山（えきさん）弥勒寺　146
蝦夷　34, 111, 116, 190, 194～198, 201, 203～206
圜丘　219, 226
苑池（白錦後苑（しらにしきのみその）・御苑（みその））　199
近江大津宮　13, 38, 45, 46, 60, 61, 76, 144, 163, 202
近江令　8, 14, 15, 42, 47, 48, 62, 143, 253～255
王位継承に関する大権　179, 264
大津宮→近江大津宮
大友村主高聡　230
大日孁貴（おおひるめのむち）（於保比屢美能武智）　214
小郡宮　177
小墾田宮　144, 145
【か　行】
開皇律令　254
部曲（カキ）　38, 59, 174
膳部　166, 167, 171
甲子の宣　8, 14, 37, 47, 59, 62, 143, 174, 180, 273
加耶諸国　28, 84～91, 93, 97, 110, 111, 117, 141～143, 275
川原寺　38, 60, 146, 163, 164, 167, 169
冠位　5, 14, 27, 28, 37, 38, 44, 47, 59, 143, 172, 173, 176, 180, 259, 272
桓因（桓雄）　218

漢城の小高句麗　29, 30, 33, 50, 83
神衣祭（かんみそのまつり）　219, 237
観勒　153, 223, 230, 231, 233, 234, 236, 248
規制帝国　278, 280, 281
吉備氏（吉備上道（かみつみち）臣田狭（たさ））の乱　87, 88
客星入月　231
休祥災異思想　151, 152
金官加羅国　84〜86, 89〜91, 117, 141, 143, 221
金馬渚の小高句麗　29, 30, 33, 50, 51, 83
百済王権　26〜28, 31, 33, 36, 55, 83
百済大寺（吉備池廃寺）　145, 146, 152, 154, 163〜169, 180
百済宮　145, 152, 165
公羊家春秋学　151
化外　34, 201
月食　231
遣唐使　51, 68, 69, 75, 76, 146, 153, 181, 189〜193, 195, 202, 204, 205, 209, 276
庚寅年籍　142, 174, 254, 255
后宮　228
庚午年籍　8, 14, 38, 47, 49, 142, 172, 174, 254, 255
興事　194, 200
皇親政治　257, 259
鉤陳（こうちん）（勾陳）　227〜230
皇帝　34, 36, 48, 51, 58, 86, 150〜152, 199, 204, 206, 207, 211, 212, 223, 225, 234, 236, 238, 246, 259, 262, 263, 265
昊天上帝（→天帝）　152, 219, 226, 227, 263
貢納−奉仕関係　18, 90, 95, 206
国際的契機（→対外的契機）　4〜6, 11, 25, 275〜278
児島屯倉　85, 87, 88, 91, 93, 95
戸別之調　94, 180
評（コホリ）　7, 142, 172〜176, 180, 204
金光明経　165, 223, 261
渾天儀（こんてんぎ）（渾儀）　202

【さ　行】

佐野屯倉　103
三皇（天皇・地皇・秦皇）　211, 212
三統説　151
四天王　165, 225, 233, 234, 236
四天王寺　162, 164〜166, 168, 169, 182, 225, 233, 234, 236
紫微宮　226, 227, 229, 250, 263
仕奉　117
十七条憲法　5, 175
粛慎　195, 196, 198, 201, 203, 204, 206, 225, 271
首長制　9〜11
須弥山　164〜167, 169, 177, 180, 195〜198, 201〜203, 225, 226, 233, 234, 236, 238, 239, 245
小百済国　31, 33, 35, 37, 49, 51, 83, 84
小高句麗国　29〜33, 35, 49〜51, 56, 83, 84
小中華世界　193, 201, 203, 205〜207
上帝　151, 152, 213, 218, 250
白猪史　85, 87〜89, 142
白猪屯倉　84〜89, 93〜96, 141〜143
白髪部五十戸　172
白錦後苑（しらにしきのみその）→苑池
代（しろ）　173
晋尺　100, 101
壬申の乱　6〜8, 13, 14, 48, 171, 197, 255〜258, 260, 262, 270
薪水給与令　277
辛酉革命　270〜272
崇福寺　14, 38, 41, 47, 60, 61, 163, 169
皇御孫命（すめみまのみこと）　214, 237
蘇迷蘆　225
世界帝国　17, 18, 280
赤気　230
前期難波宮（難波長柄豊碕宮）　44, 168, 172, 175〜178, 180, 203, 205
占星台　202, 230, 260
創建法隆寺（若草伽藍）　60, 162, 163, 182
蘇我・物部戦争　171

【た　行】

対外的契機（→国際的契機）　3〜5, 189, 276
大化改新　5〜7, 59, 172〜174, 181, 197, 239, 264, 274, 275
大加耶（高霊加耶）　89, 90, 96, 104〜106, 108, 142
太極殿（隋の大興殿）　263
大極殿　150, 175, 228, 253, 257, 262, 263
大宝律令　8, 78, 254, 255, 264
丹陽（タニャン）・赤城（チョクソン）碑　233
狂心（たぶれごころ）の渠（みぞ）　195, 197, 200
田身嶺（たむのみね）　194
壇君神話　218
治天下王　15, 37, 49, 76
中華　2, 32, 34, 37, 46, 54, 75, 78, 90, 152〜154, 162, 167, 180, 181, 205〜207, 225, 231, 260〜263, 269, 273〜278
朝堂院　175, 176
都加留（つがる）　205
月次祭　261
筒型銅器　231, 232, 249
帝国性　18, 35〜37, 46, 48, 49, 78, 85, 86, 89, 90, 141, 143, 276, 278, 280, 281
帝星　228, 230
天　54, 151〜153, 178, 212〜214, 216〜219, 222, 225, 226, 228〜230, 233〜235, 237, 243, 244, 248, 250, 263
天王　215, 223, 224, 237, 244
天君　216〜218, 220〜222, 235, 237, 238, 241〜244
天皇大帝　150, 153, 226〜230, 234, 236, 238, 239, 244, 263, 276
天子　48, 143, 144, 151〜153, 204, 205, 211, 213, 214, 222, 223, 225, 226, 233, 234, 237, 242, 263
天児　222, 223, 237
天神　216〜220, 235, 237〜239, 241〜243, 250, 256, 260
天人相関思想（論）　151, 152, 213, 231, 260
天枢　228, 229, 247
天孫降臨神話　221, 222, 237, 238, 261
天帝（→昊天上帝）　152, 213, 214, 219, 226〜229, 233〜235, 263
天仁（てんにん）テフラ（As−B、1108 年）　126, 129, 132, 133
田之調　180
天命思想　152〜154, 260
天文地理書　230, 233, 234, 236
東夷の小帝国　18, 28, 34, 35, 57
東牟山（とうむさん）　53
忉利天（とうりてん）　165, 225
都貨邏（とから）人　190, 195〜198, 225
突厥　30, 49, 52, 53
豊浦宮　144
遁甲方術　230, 234
東盟（トンミョン）祭　216〜218

【な 行】
難波長柄豊碕宮（→前期難波宮）
娜大津　191, 193, 196
新嘗祭　260, 261
熟蝦夷（にぎえみし）　205
日食　230
仁王経　261
根岸九郎左衛門（別名鎮衛（やすもり））　134, 135
後飛鳥岡本宮　194, 195, 197, 199, 200
【は 行】
白村江の戦い　6, 8, 20, 25, 26, 28, 33, 44, 76, 83, 171, 258, 261, 262
丈部　166
八角形墳　149, 150, 152, 153, 155, 156, 166～168, 177, 180, 228, 238
八紘（八荒）　149, 150, 228, 278
ハヌニム（天神・天仙）　218, 219
榛名山二ツ岳　97, 106～108, 110, 117, 125, 127, 129, 132
榛名─渋川テフラ層（Hr─S）　126
榛名二ツ岳伊香保テフラ（Hr─FP）　97, 106, 107, 125～127, 129
榛名二ツ岳渋川テフラ（Hr─FA）　97, 102, 104, 106, 107, 125～127
榛名二ツ岳伊香保テフラ層（Hr─I）　129
蕃客　27, 28
蛮社の獄　277
日祀部（ひまつりべ）　219
フェートン号事件　276, 277
不改常典　13, 14, 40, 47
藤原京　43, 173, 199, 204
藤原宮大極殿　150
両槻宮（天宮）　165, 194, 195, 200, 225
二ツ岳渋川火砕流堆積物（Sbf）　127, 128, 131
武徳律令　254
舟形石棺　100, 101
富本銭　40, 41, 142, 200, 205
平城宮　88, 175
ペリー来航　2～4, 19, 276
報徳国　29, 33, 50, 51
蓬莱山　200
法隆寺　14, 38, 39, 47, 145, 162～164, 225
法隆寺釈迦三尊像　225
北辰　150, 226～230, 234, 276
菩薩天子　214, 223
星川稚宮（ほしかわわかみや）皇子の乱　87
墨家　151
北極五星　227, 228, 247
北極紫微大帝（北極大帝・紫微大帝）　227
北極星　162, 227～230, 234, 263
【ま 行】
靺鞨国　30, 32, 53
真床襲衾（まどこおふすま）　221, 222, 238, 239, 243
莫離支（マンニジ）　77, 78, 144
水臬（みずばかり）　202
御苑（みその）→苑池
緑野（みどの）屯倉　103, 110, 148, 156
任那の調　28, 56, 84, 85, 87, 89～92, 142, 143, 220, 234
任那四県　90
任那四邑　85, 87, 89, 143
屯倉（ミヤケ）　84～89, 91, 93～95, 103, 110, 117, 141～143, 148, 156, 161, 166, 167, 174, 175
武蔵国造家　103
陸奥国府　204
儛天（ムチヨン）　218
無文銀銭　14, 40, 41, 47, 142
水取　166, 171
モリソン号　276, 277
【や 行】
山田寺　146, 148, 164, 165, 273, 274
湯部竹田連　171
吉野誓約　255～257
吉野宮　194, 195, 200, 255
迎鼓（ヨンゴ）祭　216～218
【ら 行】
遼東の小高句麗国　30, 32, 51, 56, 83
醴泉　199, 200
暦博士　231
漏刻（ろうこく）（台）　196, 199, 201～203, 231, 236
老人星　272, 279
【わ 行】
和同開珎　40
和白　5, 6
若草伽藍→創建法隆寺

古《こ》代《だい》国《こっ》家《か》成《せい》立《りつ》と国《こく》際《さい》的《てき》契《けい》機《き》

■著者略歴■

中野　高行（なかの　たかゆき）

昭和35年（1960）　東京都生まれ
慶應義塾大学大学院文学研究科博士課程単位取得中退
博士（歴史学）
日本古代外交制度史専攻
現職、東京農業大学第三高等学校教諭
高麗浪漫学会理事
熊本城復興城主

主要著書・論文

『日本古代の外交制度史』（単著）岩田書院、2008年
『訳注　日本古代の外交文書』（共著）八木書店、2014年
「『令集解』の注釈書」（山中裕・森田悌編『論争　日本古代史』河出書房新社、1991年）

2017年7月27日発行

著　者　中野高行
発行者　山脇由紀子
印　刷　三報社印刷㈱
製　本　協栄製本㈱

発行所　東京都千代田区飯田橋4-4-8
(〒102-0072) 東京中央ビル　**㈱同成社**
TEL 03-3239-1467　振替 00140-0-20618

ISBN978-4-88621-768-4 C3321

同成社古代史選書

①古代瀬戸内の地域社会　松原弘宣著　八〇〇〇円
②天智天皇と大化改新　森田　悌著　六〇〇〇円
③古代都城のかたち　舘野和己編　四八〇〇円
④平安貴族社会　阿部　猛著　七五〇〇円
⑤地方木簡と郡家の機構　森　公章著　八〇〇〇円
⑥隼人と古代日本　永山修一著　五〇〇〇円
⑦天武・持統天皇と律令国家　森田　悌著　五〇〇〇円
⑧日本古代の外交儀礼と渤海　浜田久美子著　六〇〇〇円
⑨古代官道の歴史地理　木本雅康著　七〇〇〇円
⑩日本古代の賤民　磯村幸男著　五〇〇〇円
⑪飛鳥・藤原と古代王権　西本昌弘著　五〇〇〇円
⑫古代王権と出雲　森田喜久男著　五〇〇〇円
⑬古代武蔵国府の成立と展開　江口　桂著　八〇〇〇円
⑭律令国司制の成立　渡部育子著　五五〇〇円
⑮正倉院文書と下級官人の実像　市川理恵著　六〇〇〇円
⑯古代官僚制と遣唐使の時代　井上　亘著　七八〇〇円
⑰日本古代の大土地経営と社会　北村安裕著　六〇〇〇円
⑱古代天皇制と辺境　伊藤　循著　八〇〇〇円
⑲平安宮廷の儀式と天皇　神谷正昌著　六〇〇〇円
⑳律令国家の軍事構造　吉永匡史著　六〇〇〇円
㉑古代王権の宗教的世界観と出雲　菊地照夫著　八〇〇〇円
㉒古代貴族社会の結集原理　野口　剛著　六〇〇〇円
㉓律令財政と荷札木簡　俣野好治著　六〇〇〇円
㉔古代信濃の地域社会構造　傳田伊史著　七五〇〇円
㉕古代国家成立と国際的契機　中野高行著　七〇〇〇円
㉖古代都城の形態と支配構造　古内絵里子著　五〇〇〇円

（全て本体価格）